重新定义风控

从0到1

建设小微信贷大数据智能风控体系

黄丁聪　宋梦超　◎　著

西南财经大学出版社
中国·成都

图书在版编目(CIP)数据

重新定义风控:从 0 到 1 建设小微信贷大数据智能风控体系/黄丁聪,
宋梦超著 .—成都:西南财经大学出版社,2022. 3(2022. 9 重印)
ISBN 978-7-5504-5294-7

Ⅰ. ①重…　Ⅱ. ①黄…②宋…　Ⅲ. ①人工智能—应用—信贷管理—
风险管理—研究—中国　Ⅳ. ①F832. 4

中国版本图书馆 CIP 数据核字(2022)第 044107 号

重新定义风控:从 0 到 1 建设小微信贷大数据智能风控体系

CHONGXIN DINGYI FENGKONG:CONG 0 DAO 1 JIANSHE XIAOWEI XINDAI DASHUJU ZHINENG FENGKONG TIXI

黄丁聪　宋梦超　著

策划编辑:何春梅　周晓琬

责任编辑:周晓琬

责任校对:肖　翀

封面设计:冯单单

责任印制:朱曼丽

出版发行	西南财经大学出版社(四川省成都市光华村街 55 号)
网　　址	http://cbs. swufe. edu. cn
电子邮件	bookcj@ swufe. edu. cn
邮政编码	610074
电　　话	028-87353785
照　　排	四川胜翔数码印务设计有限公司
印　　刷	四川新财印务有限公司
成品尺寸	185mm×260mm
印　　张	15
字　　数	301 千字
版　　次	2022 年 3 月第 1 版
印　　次	2022 年 9 月第 2 次印刷
书　　号	ISBN 978-7-5504-5294-7
定　　价	68. 00 元

推荐语

利用新兴智能风控技术发展小微金融服务是各界普遍期待的。作者在书中不但清晰精炼地总结了这一领域的业务挑战，阐述了相关技术原理与应用，还基于自身金融从业与技术开发的综合经验，论述了前沿优化创新的重要实践。作者对这一领域的深刻认识和独特探索，非常值得同业人士学习借鉴。

——陈文　同盾科技合伙人、副总裁

全球多个国家采取共同行动，致力于治理中小企业融资的“麦克米伦缺口”问题。在当前经济下行和疫情冲击的双重压力下，治理这一问题更具紧迫性和挑战性。而在数字金融时代，探索建立并不断完善小微信贷智能风控体系，进而为小微企业提供更好的金融服务，具有重大意义。《重新定义风控：从 0 到 1 建设小微信贷大数据智能风控体系》的作者基于自身多年的丰富实践，总结出若干经验和方法，值得认真一读。

——董希淼　招联金融首席研究员、复旦大学金融研究院兼职研究员

以金融服务小微企业，推动实体经济发展是时代赋予商业银行的使命。本书作者结合过往知名金融机构在数字小微信贷方面的相关实践，创新风控技术，开拓性地建立了小微信贷全流程数字风控体系，对于商业银行尤其是中小银行打造具有核心竞争力的数据风控体系具有很强的借鉴意义。

——顾建忠　上海农商银行行长

小微信贷是普惠金融体系中最重要且数字化难度最大的。能够打通传统信贷与数字信贷之间通道的专门人才奇缺。结合在大型商业银行的数字小微信贷设计开发经历，以及在中小金融机构积累的数字化经验，本书作者对数字小微信贷风控体系建设进行了梳理。这对中小银行小微信贷数字化，尤其对中小银行决策层深刻理解数字小微信贷体系构建有很大帮助和启发意义。

——刘澄清　消费者保护与赋能行动计划（CPCP）联合创始人兼秘书长、中国人民大学小微金融研究中心原执行主任

小微信贷是全球性难题，数字时代的大数据和人工智能技术提供了新机遇。但是新的技术背景需要重新定义小微信贷风控，更需要从 0 到 1 的深入实践。两位作者黄丁聪先生和宋梦超先生不仅在多家知名金融机构实战多年，还是技术创新的思考者，相信该书的面世会给小微信贷风控带来新思路。

——刘新海　北京信用学会副会长

“麦克米伦缺口”是一个困扰小微企业生存和发展的全球性难题，而本书为纾解小微融资困境提供了启发性思考。本书从业务背景、风控体系架构、建模方法、数据基础等方面全方位介绍了如何建立小微信贷大数据风控体系，是作者多年来深耕小微信贷风控一线的智慧结晶，为奋战在小微信贷风控战场的同行提供了宝贵的实践指导。

——徐琅朗　毕马威（中国）智慧之光主管合伙人

小微信贷业务开展最大的挑战是风控，因此，商业银行面对小微信贷蓝海市场，踯躅不前，顾虑重重。众所周知，传统的风控更多基于企业主体的财务数据等硬信息建模，小微市场主体天然缺乏这样的硬信息，而数字时代，大数据的应用使采集加工软信息，或称“替代信息”成为可能。作者对小微信贷风控有着深刻的理解，能洞察其中的难点和痛点。本书对小微信贷市场的参与者具有特别重要的参考价值，对相关问题的研究也是一个非常有益的补充。

——徐晓萍　上海财经大学教授、博士生导师、小企业融资研究中心主任

小微企业融资难、融资贵而商业机构不敢贷、不愿贷的困局，在大数据时代终于有了可行的破解之策。但是，破解困局的举措并不是放之四海而皆准的，需要在实践之中因地制宜。本书系统地分享了小微企业大数据风控建模的全流程，更融入了作者在实践中的思考，相信必能给熟读深思的读者带去“鱼渔”兼得的收获。

——魏秋萍　某国有大型银行数字资产管理部副总经理

大数据时代，服务小微企业需要新的思路、新的工具与新的方法。本书作者长期从事和研究大数据应用及数据产品创新，并基于其在该领域的经验，对大数据的应用从理念到实践进行了归纳和创新。本书对有志于服务好小微企业的银行，致力于为小微企业提供有针对性的产品设计和服务的相关机构提供了很好的参考，也体现出支持实体经济的价值。

——郑承满　厦门银行副行长、首席信息官

探索、实践与情怀

小微企业在国民经济中发挥了十分重要的作用。从全球范围来看，美、德、日的中小企业对经济发展的贡献在50%左右，对就业的贡献在60%~70%。在中国，小微企业具有“56789”的特征，即小微企业贡献了全国50%以上的税收、60%以上的GDP、70%以上的技术创新、80%以上的就业、90%以上的企业数量。全球金融危机后，为加快经济转型发展和经济结构调整，中国出台了一系列支持小微企业发展的政策和措施，发展小微企业成了国家的重要战略。然而，小微企业一直存在着融资难的问题，难就难在小微企业的生命周期短、抗风险能力弱，不仅缺乏判断其履约能力的规范资料，还缺乏有效的抵质押物。而商业银行作为经营风险的企业，对不确定性有着天然的敏感性，虽然说不同的银行有不同的风险偏好，但风险偏好往往受经济资本、股东期望、监管要求以及银行自身的管理水平等各种因素的约束。这些因素客观上决定了大部分商业银行对于小微企业贷款采取更为审慎的态度，小微企业融资难就在所难免了。

我在担任建设银行风险管理部总经理和首席风险官期间，曾经试图破解这个困扰银行与社会的难题。一方面，对于小微企业产生的庞大市场需求银行不能无视其存在，而高企的风险成本又让银行望而却步；另一方面，繁荣的经济生态和稳定的社会基础离不开小微企业，而政府基于弱势群体推出的普惠金融政策始终未能如愿。我尝试从理解小微企业行为特征的角度探索解决小微企业风险识别问题，希望能在传统的建模方法之外找到一条新的风险计量路径，既解决小微企业的信用评价问题，又解决贷款调查的成本和效率问题，从而支撑大型银行走出具有大银行特色的小微企业信贷业务之路。为此，我们在借鉴国际经验的基础上开展了一系列的探索，其中有两个比较重要的实践：

一是推进小微企业业务专业化运营。借鉴国外领先银行“流程银行”的理念，从2007年开始逐步推进“信贷工厂”模式，在全行建设小企业经营中心，推进产品销售和后台作业分离，实现信贷操作一站式集中作业，在全行执行统一、标准化的业务操作规范，基于标准化作业，大幅提升了处理效率，通过关键岗位分离，增强了风险的控制能力。

二是研发实用的风险计量工具。参照国际银行业的通行做法，针对单户人民币 500 万元以下的贷款客户，建立并运用小微企业申请评分卡和行为评分卡，支持贷前风险评估和贷后主动监控，实现客户评价从单纯依靠财务信息转向重点关注客户履约能力、账户结算、履约行为等方面，以解决小微企业财务报表不规范、财务数据缺乏且可信度相对较低的问题。基于小微企业评分卡，推出了专门的以信用贷款为主要形式的小微企业评分卡信贷业务模式，参照零售贷款进行资本计量，对推动小微企业信贷业务向"小额化""标准化"业务转型起到了积极的作用。

这些探索虽然在一定程度上解决了贷款慢、贷款难的问题，但仍然主要依赖于人工调查和人工审批。结构化数据的自动收集，非结构化数据的采集、储存与加工，准确描述不同类型小微企业风险特征的模型构建，等等，仍然是一道道无法解决的难题，这无疑是一种遗憾。

2011 年，麦肯锡发布了《大数据：下一个创新、竞争和生产率的前沿》的研究报告，引发了大数据热潮，给一直处于困惑之中的银行业带来了新的启迪，我也感觉到大数据将给商业银行风险管理带来重大的影响，大数据能够有效提升风险计量工具的有效性，提高商业银行风险管理的智能化水平，特别是为商业银行改变小微企业信贷风控模式带来新机遇。2014—2015 年，我作为高管团队成员曾经短暂地分管过数据工作，参与了建设银行大数据前期研究与应用战略规划工作，以及上海数据分析中心的组建工作。当时，成立上海数据分析中心的初衷是借鉴花旗银行等国外银行组建卓越中心的实践经验，建立国内银行业第一个卓越中心，作为数据分析挖掘的"特种部队"，带动全行数据应用水平的提升，支持全行业务转型。2018 年，随着内外部环境的变化，为了更好地支撑全行发展战略的实施，上海数据分析中心更名为上海大数据智慧中心并组建风险计量中心，推动全行数据应用水平迈上了一个新台阶，风险管理的智能化水平也得到了大幅的提升，我的"风险管理智能梦"在一步步变成现实。本书作者之一黄丁聪全程参与了这一过程，从大数据应用战略规划的资料收集和报告撰写，到数据分析中心的组建，再到后来的大数据应用实施，他所做的工作体现出专家的价值。

上海数据分析中心的成立及后续的调整发展，为推动大数据在建设银行小微信贷业务风控领域的应用奠定了重要的基础。2016 年开始，建设银行在借鉴富国银行、邓白氏公司、Kabbage 公司等国际机构在小微企业信用评分成熟应用经验的基础上，立足国内数据、市场环境，结合自身业务、数据优势，从借鉴经验起步，经过持续的迭代演化，在新数据和新技术的应用上做了些开创性的探索工作，建立了全新的小微信贷大数据智能风控体系。这些探索工作主要有两方面：一是新数据的应用。相比国际同行主要以企业征信数据为主，我们引入了工商、税务、进出口等更多元的数据，丰富了风控的数据维度。二是新技术的应用，相比于国际同行以逻辑回归等传统机器学习为主，我们引入了图计算、GBDT 等前沿的大数据技术，丰富了模型体系。

小微信贷大数据智能风控体系结合互联网技术，催生了建设银行现在的明星产品——“小微快贷”，实现了小微信贷业务风险控制从人控到数控、机控的重大转变，从根本上改变了大型银行小微信贷的业务模式，走出了具有大型银行特色的小微信贷之路，颠覆了以往“大银行做大客户，小银行做小客户”的“门当户对”逻辑。

新的小微信贷模式经过几年的实践检验，总体来说，从风险的角度看，比较有效地解决了小微企业的融资难问题，但是随着实践的深入，新模式带来的一些新问题也逐步暴露出来：

一是欺诈风险日渐凸显。随着业务受理的互联网化以及风险控制从人控到机控的转变，数据成为风控的关键要素，伪造数据骗取贷款、虚增数据提高贷款额度、团伙式欺诈等欺诈方式日益增多，加上小微贷款的价格比较优势，骗贷甚至形成了一条产业链，可谓触目惊心，给银行信贷资产安全带来了巨大的威胁。

二是数据和模型风险成为新的挑战。大数据智能风控模式在带来风控效率和客户体验双提升的同时，其潜藏的一些问题也逐步暴露出来，数据合规、数据质量、数据可持续性、数据真实性、模型准确性、模型稳定性、模型可解释性等都可能对风控体系产生重大的影响。一方面，数据在业务中发挥的作用越来越大，一些关键数据中断可能导致业务无法开办，威胁到业务的连续性。另一方面，数据或者模型出现质量问题可能导致实际业务的审批结果和模型研发结果偏离，造成的结果是要么审批过严，大量的好企业被拒贷，客户体验变差；要么审批过松，大量的骗贷者或者资质很差的企业获得贷款，威胁银行信贷资产安全。

新问题、新挑战总是伴随着人类社会的创新发展进程，这并不可怕，不能因此而否定创新，重回老路。“魔高一尺，道高一丈”，风险管理本身就是在和新问题、新挑战的斗争中不断前行的，面对新问题、新挑战，我们需要不忘初心，坚定梦想，严肃对待，认真研究，找到新的思路、新的技术手段去解决和应对。作为一名风险管理的老兵和大数据的爱好者、研究者，对此，我抱有充分的信心和期待。很高兴的是，在这本书中，我也看到了作者关于解决新问题的一些思考。

这本书是黄丁聪和宋梦超两位作者结合自身在大型银行小微信贷大数据智能风控领域的创新实践经验，对小微信贷大数据智能风控体系构建方法的系统性梳理和总结。难能可贵的是，本书还针对现有小微信贷大数据智能风控模式存在的问题，提出了一些有借鉴意义的创新解决方案。与现有小微信贷大数据智能风控模式相比，本书的几个创新思考，值得关注：

一是对风控体系的创新思考。针对当前银行业小微信贷大数据风控对小微企业需求关注不足带来的供需错配问题，作者提出了围绕小微企业所属区域、行业以及生命周期资金需求的特点，细分客群和场景，探索运用新算法，构建细分模型，丰富模型体系，建立以小微企业需求识别为核心的大数据智能风控体系。该体系通过精准识别企业的个性化需求，提供相应的信贷额度、期限、价格等个性化服务，力求为真正踏实经营的企业提供符合其需求的贷款，减少供需错配、逆向选择带来的风险。

二是对新技术的创新应用方向的思考。作者结合过往在大型银行图计算技术方面的创新实践经验，创造性地提出了风险传导和社交关系量化思路，使得现有以单一企业个体为对象的风控模式向个体与社群相结合的风控模式转变成为可能。这有助于拓宽风控边界，增强大数据智能风控的风险识别能力和反欺诈能力。

三是对新问题破解对策的思考。针对数据风险、模型风险，作者从制度和技术的视角，系统性地阐述了其对数据和模型风险管理的思考，特别是对于联邦学习、多方安全计算等前沿的隐私计算技术在银行外部数据合作方面的应用，进行了较为全面的介绍，相信对于正在探寻新问题解决对策的读者会有所帮助。

一直以来，我对于给他人的著作作序一事兴致不高，但当黄丁聪找到我，希望我帮他们的著作写序时，我欣然应允。破例的原因不仅是因为他们曾经作为我的同事在工作中帮过忙，还有一些职业情怀：一是他们在小微信贷风控领域对大数据应用的一些探索，为破解小微企业融资难问题做了些贡献，这些经验总结需要拿出来交流，为进一步推动中国普惠金融事业向前发展贡献力量；二是我对于他们的普惠情怀及大数据梦想的认可，期望更多的专业人士能够在这条路上继续探索，找到适合中国国情的一揽子解决方案；三是他们的探索实践客观上帮我圆了一部分风险管理智能化梦想，解答了我原来的一些困惑，也期待有更多的困惑得到解答。我相信这本书对同样有梦想、有困惑的同行会有帮助和启发，不论是对有意运用大数据改变小微信贷风控模式的金融机构，还是对有志于从事相关工作的读者，均具有参考价值，至少可以避免踩坑，少走弯路，减少试错成本。希望尽可能多的具有普惠情怀、怀抱大数据梦想的读者，通过本书和作者一起碰撞、探讨，形成志同道合的专业群体，持续探寻适合中国市场特点的小微信贷大数据智能风控的创新之路。

中国建设银行前首席风险官、原首席经济学家

黄志凌

2021年11月于北京

序言之二

寻找中国普惠金融大数据智能风控的现实之路

融资难、融资贵是我国企业当前面临的重大问题，中小微企业更是如此。由黄丁聪和宋梦超共同完成的《重新定义风控：从 0 到 1 建设小微信贷大数据智能风控体系》，基于作者在大行的数字小微融资产品研发和大数据风控体系建设的实践，从框架、技术、大数据三个维度系统整理了传统银行小微信贷大数据智能风控体系。本书可为有志于利用数字技术改变小微企业融资现状的专业人士提供技术参考，从而能帮助更多的金融机构利用数字风控技术为中小微企业提供成本适宜、风险可承受的信贷服务。

金融的本质是基于信任的商业合作。“看得见、看得懂、信得过”是实现普惠金融的关键。各国包括中国，采取各种方法使得中小微企业相对金融机构“可见”“可理解”和“可信”，并降低这些行为的难度和成本。例如，政府会搭建银企对接平台、构建政策性中小企业担保体系、完善企业的征信体系等，还通过财政贴息、监管的强制性要求，或者特殊的治理结构设计，如合作制和特殊的股权结构安排，甚至考虑提高中小微企业的报表可得性、真实性和一致性等一系列工作，降低甄别难度，延伸“有价值的”中小微企业的边界，有效形成普惠金融的供给体系。

这些努力取得了一定成效，但距离解决问题还有很大差距。中小微企业并不是经济活动的中心，不在光环的中心，没有规模效应，加上往往缺乏抵质押品，会计报表缺乏或质量较差，在传统的金融价值标准下，其金融需求往往被忽视，无法得到充分满足。普惠金融之所以成为世界性难题，就在于难以发现中小微企业的价值，缺乏有效渠道甄别“有价值的”和“没有价值的”企业，从而较难建立商业信任或者说建立成本较高。

关键是，一个国家经济的生命力在于中小微企业能及时创立和退出。或者说正是通过中小微企业的高“死亡率”，通过其生死的循环，实现资源的优化配置和产业的转型升级。大部分的情况是，中小微企业并不作为独立的业态存在，也并不以完整的价值链存在于世。中小微企业依附于核心企业，其价值主要存在于经济生态中。如果不将中小微企业群和核心企业作为一个整体评估，中小微企业的内在价值就不会突出。一旦将中小微企业所在的生态作为一个整体，就会发现中小微企业的价值就在于其存在于这个生态中。经济的生命，在于通过个体的合作，形成价值流的良性循环。因此，从中小微企业的个体价值判断的框架中超脱出来，着眼于整个生态中的价值流，包括物流、债权债务流等，着眼于判断整个生态的价值，以及中小微企业在不在这个生态中，并发挥多大的作用，是金融回归价值本源，构建中小微企业信任的另一渠道。在这方面，政府、金融机构和金融科技都可以发挥出巨大的作用。

经济行为的数字化，为全面刻画中小微企业所处的生态提供了基础，特别是拥有交易场景的金融科技公司在这方面探索出了较多的模式。但是对于传统金融机构如银行，构建数据驱动的交易却面临较多困难。典型的例子：如银行积累了大量结构化数据，但数据间缺乏有机联系，甚至存在大量错误，记录标准和维度也不统一，距离形成可分析的数据集还有一定差距；又如在银行的收入和利润结构中，传统的信贷业务贡献了绝大部分，而基于大数据推动的交易，其初期成本和风险较大，对收入、利润的边际贡献有限，难以获得足够的支持；再如银行的传统文化与数据驱动的科技文化有较大的差异，要么容易出现业务驱动的数字化，要么形成两张皮，以传统的理念、组织管理数据驱动交易。传统银行的数字化转型任重道远，涉及理念、业务和组织的重构，需稳步推进。

《重新定义风控：从0到1建设小微信贷大数据智能风控体系》提供了一套有一定实践经验基础的大数据智能风控体系，可为传统银行利用大数据开展小微企业贷款提供风控体系建设的参考基点，减少不必要的实验成本，尽可能避免可能的风险损失。

是为序。

国务院发展研究中心金融研究所副所长

陈道富

2021年10月

序言之三

数字时代破解小微企业融资“麦克米伦缺口”难题的探寻方向

11 月的厦门，气候宜人，正是旅游的好时候。然而，受疫情的影响，厦门旅游业较以往要萧条得多，我所在的厦门大学，以往每天游客排长队申请入校的情景已经很少出现。不仅是旅游业，餐饮、娱乐等服务业也受到了疫情带来的巨大影响。尤其是一个多月前，莆田、泉州、厦门、漳州等地相继发生疫情，一些地方被迫按下了暂停键。这几个城市都是民营经济十分活跃的地方，小微企业遍布各行各业，疫情无疑给这些小微企业带来了沉重的打击。如何在“黑天鹅事件”下尽可能地确保小微企业顺利渡过难关，不论是对于就业还是对于社会稳定都具有重要的现实意义，尤其对于像福建这样一个民营经济高度发达的省份来说，更是如此。改革开放以来，福建人以爱拼才会赢的精神，在市场经济的大潮之中闯出了一片天地，福建民营经济快速发展，成为福建社会经济的重要支柱，也成为福建一张闪亮的名片。

我长期在厦门大学管理学院从事教学和科研工作，由于工作需要，经常和民营企业、商业银行交流。通过长期观察福建本地一些民营企业的发展历程，我发现融资难问题往往伴随着企业初创期、成长期，能否有效解决融资难问题常常是决定企业市场竞争力强弱，以及企业能否发展壮大的重要因素。信贷本身具有外部性，并不仅仅是金融机构的一项业务。信贷对于帮助一家企业从小微企业成长为上市公司，对于帮助千家万户走向共同富裕，都具有十分重要的作用。小微企业融资难的问题既有企业本身发展不稳定、抵质押物缺乏的问题，又有银行不敢贷、不能贷的问题。不敢贷归根到底是无法有效解决信息不对称的问题。不能贷主要是没有解决成本收益平衡的问题，依靠银行传统经营大企业贷款的方式来办理小微企业贷款，成本难以覆盖。从去年以来的几波疫情来看，解决小微企业融资难问题更加凸显，尤其是在疫情最严重的时候，一些银行的线下网点暂停营业，传统的贷款模式难以为小微企业提供融资服务。这对于深受疫情影响的小微企业来说，无疑是雪上加霜。

数字时代，万事万物都数据化，数据就像旧时代的土地一样成为关键生产要素，数据是破解信息不对称的核心，这给破解小微企业融资难的问题带来了机遇。少数大型银行开始探索利用互联网、大数据技术，创新小微信贷产品模式，从整个社会来看，这在一定程度上缓解了小微企业融资难的问题。尤其是在疫情最严重的时候，在国家政策的引导和支持下，互联网小微信贷模式充分发挥了无接触、24小时在线的优势，为很多小微企业送来了及时雨，银行第一次不再让人觉得只是锦上添花，而有了雪中送炭之感。

虽然互联网信贷模式有效破解了小微企业融资难的问题，但其在整个金融机构小微企业信贷中的占比并不高，主要原因在于：长期以来，我国服务小微企业的主力是大量的中小银行，而这些银行由于理念、人才以及技术和数据基础薄弱等原因，并不能像大银行一样快速推进小微信贷的互联网业务模式，这背后亟待解决的核心问题是风险控制的问题，即如何利用大数据、人工智能技术破解小微信贷风险管理难题，这成为很多中小银行亟需解决的问题。

很高兴的是，我的MBA学生黄丁聪同学全程参与了大型银行小微信贷大数据智能风控的探索实践，对于这个领域有比较丰富的实践经验和深入的思考。出于普惠金融情怀的驱动，他和他的前同事宋梦超基于以往的实践经验，结合前沿技术动向，融合个人的思考，合著了《重新定义风控：从0到1建设小微信贷大数据智能风控体系》一书。该书系统性地介绍了小微信贷大数据智能风控系统的构建方法，提出了一些业务和技术的创新方向，对新的风控体系面临的新挑战也做了思考，相信这本书对于正在或者计划构建小微信贷大数据智能风控体系的中小金融机构能够起到抛砖引玉的效果，引发小微信贷风控模式讨论，推进小微信贷风控模式创新。本书提供了一个基于实践视角的生动案例，对于正在从事小微企业融资问题研究的学者，相信也会有所启发和帮助。

厦门大学管理学院教授、博士生导师

王志强

2021年11月于厦门大学

前言

小微企业融资难一直是一个老生常谈的话题，也是一个世界性的难题，对商业银行来说，更是一个尴尬的问题，国家很重视，银行自身也不能说不努力，但长期以来，却与社会期望值一直存在较大的差距。舆论往往将小微融资难问题简单归结为银行不愿贷，银行可以说是哑巴吃黄连，有苦说不出。

长时间以来，真正困扰银行小微信贷业务发展的关键问题并不是愿不愿的问题，而是能不能的问题。一是如何控制小微融资风险。小微企业大多处于初创期，业务不稳定、抗风险能力弱，依靠传统的信贷风控手段，很难有效控制风险。二是如何降低小微信贷业务成本，提高收益。小微信贷金额小，通过银行传统的标准化的企业信贷模式，成本高、收益低，成本收益不成正比。

随着互联网、大数据等新兴信息技术的发展与应用，以网商银行为代表的互联网银行基于阿里生态内沉淀的数据，利用数字技术解决了风险控制问题，大幅降低了小微信贷业务成本，开创了数字小微融资模式的先河，探索出了一条全新的小微信贷之路，在机会均等和商业可持续原则下，以可负担的成本为小微企业提供信贷服务的普惠梦想变得近在咫尺。然而，受限于资金规模及小微企业触达面，单靠互联网银行远远满足不了国内小微市场主体的融资需求。作为小微融资服务主力军的传统商业银行能否创新数字小微融资模式，成为破解小微融资难题的关键。

2015 年，国务院出台《推进普惠金融发展规划（2016—2020 年）》，对商业银行发展普惠金融，尤其是对小微信贷提出了更高的要求。一些大型商业银行开始探索利用新兴数字技术，创新互联网小微融资模式，基于大数据风控，全流程线上业务办理，即申即贷，推动小微信贷业务呈现高质量、高速度发展态势。相比于商业银行传统的小微融资模式，新模式解决了长期困扰商业银行的小微信贷风控问题，大幅降低了小微信贷不良率，极大提升了小微企业的融资效率，借助互联网的触达优势，大幅提高了小微企业融资的覆盖面，降低了小微信贷业务成本，提升了商业银行开展小微信贷业务的收益水平，打破了传统的成本收益不成正比的困局。

大型商业银行开展数字小微融资模式探索对于普惠金融发展具有重要意义，让业界看到了通过商业银行这一信贷主力军实现小微融资“普”和“惠”的曙光。然而，这一模式虽然取得了一定的成效，但是，距离实现真正的普惠金融还有很长的路要走。从整体上来看，小微企业贷款覆盖率仍然不高，这主要有两方面的原因：一是银行参与率低。除了少数几家大型银行在数字小微融资方面有所突破，大量的股份制银行、城商行、农商行等中小银行受限于思维、技术、资源等因素，要么不敢做，要么想做但不知道怎么做。二是大型银行现有的数字小微融资模式准入门槛高、需求覆盖度不足等问题依然在一定程度上存在。而这些问题背后的核心是风控，如何利用数字技术解决风控问题，让不敢做的银行敢做，让想做的银行学会做，让已经在做的银行更大胆地做，是提高银行参与率、推动银行服务下沉的关键所在。

2020 年，因为新冠肺炎疫情，国内经济社会运行一度按下了暂停键，小微企业大面积陷入困境，国家第一时间推出了强有力的信贷扶持政策，帮助很多小微企业度过了最艰难的时期，为国家保住了市场主体，稳住了就业。“黑天鹅事件”的出现，让我们从来没有像今天这样如此深切地感受到小微信贷的重要性，小微企业融资问题不仅事关小微企业自身的生死存亡，更是牵涉数以亿计的老百姓的福祉，事关国民经济发展和社会稳定大局。尤其是疫情期间，在很多银行一线网点尚未复工的情况下，少数银行的数字小微融资模式更是充分发挥了其免接触、即申即贷的巨大优势，担负起了小微信贷融资主力的角色，为小微企业第一时间获取信贷资金提供了保障，为舒缓小微企业的生存危机提供了有力的资金保障。从中，我们更深感推动数字小微融资模式发展的必要性和紧迫性。

时不我待。作为曾有幸参与国内传统商业银行第一个数字小微融资产品研发并伴随其快速发展的银行人，作为多年从事小微信贷大数据风控体系建设的数据人，作为有着深刻普惠金融情怀的金融人，我们深感重任在肩。在当前小微信贷大数据智能风控模式相关实践类书籍尚较缺乏的情况下，我们有必要将自身的实践经验与些许思考做个小结，系统地整理小微信贷大数据智能风控体系，为有志于利用数字技术改变小微企业融资现状的金融人和数据人提供参考，以期帮助更多的金融机构利用数字风控技术破解小微企业融资难题，从而帮助更多的小微企业解决融资难问题，让小微企业融资不再难，让金融活水精准滴灌更多踏实经营的小微企业。

本书将首先从小微信贷的发展现状出发，基于数字时代视角，预判小微信贷发展趋势。然后在此基础上，整体性地介绍小微信贷大数据智能风控体系，详细阐述小微信贷大数据智能风控业务流程、大数据模型的体系和特点、与消费信贷数字风控的差异，并深入介绍需要考量的风控维度。再进一步围绕大数据智能风控体系，深入阐述主要大数据风控模型的建模思路和建模方法。最后，数据是数字风控的基础，是核心生产资料，本书结合应用实践与数据安全管理现状及未来发展趋势，提出相应的数据应用策略。

本书内容不仅是我们对过往实践经验的简单总结，更多的是面向未来，以发展的角度对于现有数字风控弊端的深刻反思，并基于此进行的大量创新，是对现有小微信贷数字风控体系的进一步补充和完善，希望对于尚未找到方向以及正在实践的读者均有所启发。当然了，受限于经验及认知，本书难免会出现一些有争议的观点，欢迎感兴趣的读者一起交流探讨，共同推动小微信贷大数据智能风控体系的完善。

黄丁聪　宋梦超

2021 年 10 月

目录

背景篇　数字时代的小微信贷

架构篇　小微信贷大数据智能风控体系

技术篇　小微信贷大数据智能风控模型建模方法

数据篇　小微信贷大数据智能风控的数据基础

Background

背景篇 数字时代的小微信贷

我们正大踏步走进数字时代，“变”已成常态，在开始了解新的风控体系之前，我们需要了解小微信贷业务的今天与未来，掌握变的方向。

第一章

小微信贷的定义与发展现状

本书所说的小微信贷是指，商业银行为按照四部委企业规模认定标准确定为小型和微型的企业提供的，旨在满足其生产经营发展需要的资金融通服务。这几年，随着我国《推进普惠金融发展规划（2016—2020 年）》的实施，小微信贷业务迎来了高速发展的时期，呈现出几个新的特征：

第一，国家大力推动，小微信贷业务快速发展。

国务院出台了《推进普惠金融发展规划（2016—2020 年）》，对商业银行发展以小微信贷为核心的普惠金融业务提出了明确的要求，国有大型银行纷纷设立普惠金融事业部，一些领先的股份制银行也跟进设立了普惠金融事业部。随着监管机构加大对商业银行尤其是国有大型银行普惠金融业务的考核力度，小微信贷业务呈现爆炸式增长态势，小微企业信贷可得性得以提高，这在一定程度上缓解了小微企业融资难的问题。

在政策的推动下，加上数字技术的助力，小微信贷业务迅猛发展。按照银保监会公布的数据，截至 2020 年年底，全国普惠型小微企业贷款余额为 15. 3 万亿元，增速超过 30%，其中，五家大型银行增长 54. 8%。难能可贵的是，小微信贷业务在快速发展的过程中保持了较低的风险水平，这进一步激发了商业银行发展小微信贷业务的积极性和主动性，形成了良性循环。可以说，商业银行小微信贷业务正处于历史上最好的发展时期。

第二，大型银行发力小微信贷，中小银行受挤压。

在小微信贷业务发展形势一片大好之下，我们也应该看到背后的隐忧。在大型银行携技术、渠道、资金成本等优势大力推进小微信贷业务的背景下，产生了明显的虹吸效应，大量优质的小微企业纷纷从城商行、农商行等中小银行转到大型银行办理信贷业务。这使得原本以经营小微信贷业务为主的中小银行受到较大的冲击。优质的小微企业转向大型银行，中小银行只能进一步下沉，选择一些资质更差的客群。虽然对于小微企业整体来说，这有利于进一步提高信贷的可得性，但是，对于风控能力本身就比较弱的中小银行来说，无疑加大了其业务风险。

同时，大型银行为小微企业提供的超低贷款利率打破了小微信贷业务的市场风险定价机制，中小商业银行为了应对市场竞争，只能跟着降价。这不仅降低了中小商业银行小微信贷业务的利润率，也降低了其业务抗风险能力。长期来看，对于小微信贷业务的可持续发展并不见得是好事。

第三，小微信贷业务模式多元化。

目前，国内小微信贷业务模式大体上可以分为线上生态模式、线上贷款模式、线下贷款模式。

第一种模式是线上生态模式，主要是以网商银行为代表的互联网银行基于线上商业生态打造的小微信贷业务互联网闭环模式。这一模式的优点是银行可以掌握企业的资金流、信息流和物流信息的闭环，可以有针对性地为企业提供满足其在电商平台经营资金需求的信贷额度，可以在合适的时间为需要资金的企业提供合适的信贷额度。但这一模式的缺点也十分明显，即可复制性不强，需要银行具有强大的平台生态掌控能力。在国内，只有少数几家诞生于平台生态之内的互联网银行具有这方面的天然条件。

第二种模式是线上贷款模式，主要是以建设银行为代表的国有大型商业银行推出的纯线上办理的信贷模式。这一模式的优点是打破了银行长期以来人工审批的模式，极大地提升了贷款办理效率，提高了贷款的覆盖面，改善了用户体验。这一模式的缺点就是银行掌握的企业信息相对有限，没有办法像第一种模式一样形成闭环，无法在对的时间给对的企业提供对的贷款，贷款业务风险相对第一种模式要高，体验感也不如第一种模式。

第三种模式就是传统的线下贷款模式。目前，大多数银行仍然采取的是传统的线下申请、调查、人工审批的贷款模式。当然了，也有一些银行引进了德国 IPC 微贷技术，对传统线下模式进行了优化。这方面有专门介绍 IPC 微贷技术的书籍，感兴趣的读者可以去研究一下。

应该说，在政策压力之下，随着小微信贷业务的快速发展，以往被很多银行尤其是大型商业银行几乎放弃的小微信贷业务，如今随着各家商业银行的杀入，竞争日趋激烈，为了取得市场先机，各家商业银行都在努力寻求业务模式上的创新突破。这也给数字时代下的小微信贷业务创造了难得的发展机遇。

第二章

数字时代小微信贷的发展趋势

第一节 数字时代已来，小微信贷迎来最好的时代

数字时代已来，小微信贷迎来最好的时代。为什么这么说？我们需要从信贷的本质聊起。信贷的本质是在风险可控的基础上实现资金的合理配置，由此可知，风控是信贷业务的核心。而风控的本质目标是减少信息不对称，因此，收集数据、处理数据、分析数据，从中提炼出有价值的信息，减少信息不对称，是银行业自诞生以来就一直在做的日常工作。可以说，银行业是对数据强依赖的行业，具有天然的数据基因。我们常说风控能力是商业银行的核心竞争力，从本质上来说，数据收集、处理、分析、应用的能力才是商业银行的核心竞争力。

长期以来，受限于整个社会的数字化水平，大量的信息没有数据化，传统商业银行只能通过一线客户经理人工调查的方式采集借款人的数据，再由客户经理以人工的方式开展数据分析，得出结论，形成报告，层层上报，做出信贷决策。

随着移动互联网、5G、云计算、物联网、人工智能等新兴信息技术的快速发展和广泛应用，人类社会正迎来万物互联的数字时代，人类社会的生活和生产方式已经并继续向前发生着深刻的变化。行为在线化，万事万物数据化，我们的衣、食、住、行、社交等生活行为均变成了数据，企业的设计、制造、运输、销售、售后服务等生产行为均变成了数据，人类社会产生的数据正以越来越快的速度呈现爆炸式增长的态势。

从价值角度来说，单就数据而言，其在计算机中只是一串字节，只会增加数据存储成本，消耗硬件资源，本身并不会产生价值。就像石头本身并不会产生价值一样，但是，当我们用一些必要的工具将之雕刻成石雕之后，它就产生了价值。同样的，数据要产生价值，也需要生产工具，那就是机器学习、深度学习等大数据分析技术。在云计算技术的算力支撑下，我们可以使用机器学习、深度学习各类算法，从海量数据中挖掘出有价值的信息。通过算法和数据的结合，任何一家掌握你数据的企业或者机构想了解你喜欢什么、和谁关系比较好、大概率会做什么都成为可能，当一家企业或者机构掌握了足够多的数据的时候，它甚至能做到比你自己还了解你。在这个时候，它想要卖东西给你，就变得简单多了，它可以准确地知道你什么时候需要什么东西，并在你最喜欢的场景下将你想要的东西推荐给你。商业交易、制造逻辑因此改变，个性化销售、个性化制造成为现实。

回到我们的信贷场景中来，当银行掌握了你足够多的数据的时候，银行要做出是否借钱给你的决定就简单多了。为什么呢？原本银行最担心的是借给你钱，你要是不还，咋办？那银行就要承担损失了，负责给你办理借款业务的客户经理、审批人等相

关人员还要承担相应的责任，这背后的根源是对于未知的恐惧。而银行通过大数据分析，能够清晰地了解你的个人偏好、社交关系、履约能力、稳定性、还款意愿等情况，能够预测你还款的可能性，你对银行来说，不再那么神秘，银行的担心就会大幅度减少，要不要借给你钱，借给你多少钱都可以快速做出决策。

因此，当银行能够做到成本可控、便捷获取借款人数据，且成本收益成正比，那么银行的贷款审批及贷后管理的逻辑就会随之发生改变。这种改变首先发生在银行的零售信贷领域，由于零售信贷具有客户多、笔数多、金额小等特点，单笔收益低，需要取得规模经济效应，而传统的以线下人工受理、调查、审批的零售信贷作业模式，效率低、成本高，难以快速形成规模效应。从银行的角度来说，对于寻找新的零售信贷模式，快速形成规模效应具有强烈的冲动。当数字技术能够帮助银行改变零售信贷作业模式，大幅提升信贷业务办理效率，降低成本，扩大客户触达面时，银行无疑是张开双臂欢迎的。这一点，我们从信用评分卡技术的发展及其在信用卡、个贷业务的应用历程就可见一斑，可以说，现在信用评分卡模型已经成为零售信贷业务风控的标配。

从技术角度来说，现有大数据、人工智能技术对数据这一生产资料要求较高，可供训练的数据越多、维度越丰富、数据质量越高，模型就越准确，发挥的价值也就越大，这刚好与零售客户数据多、数据维度丰富的特征相吻合。相比之下，银行的对公业务、投资业务客户则要少得多，相应的数据也要少得多，且很多信息难以数据化，大数据、人工智能技术在这个业务的应用空间要小得多，效果也会差很多。

综上，在强烈的业务发展冲动和良好的技术适配叠加之下，大数据、人工智能等数字技术率先在零售信贷业务上得到应用，也就成了水到渠成的事了。

长期以来，小微信贷业务一直处于比较尴尬的境地：一方面，大多数银行将之定义为对公业务，按照做大型企业信贷业务的模式来做小微信贷业务；另一方面，小微信贷业务本身又和大型企业信贷业务存在较大的差异，相较于大型企业信贷业务而言，小微信贷业务客户多、申请笔数多、金额小，单笔业务处理成本高，成本收益严重不成正比。

小微信贷业务客户多、笔数多、金额小，与零售信贷业务更为类似。同时，小微企业规模小、层级少，企业经营具有深刻的企业主烙印，企业主对于企业经营的好坏具有巨大的影响力，很多企业基本可以说是老板说了算。老板人品好，经营能力强，企业就好，反之，企业就可能会跟着变差，抓住小微企业的企业主这个牛鼻子，做好企业主个人的风险评价，往往风控就搞定了一半。因此，小微信贷业务更适宜采取类似零售信贷业务的业务处理模式，大数据、人工智能技术在小微信贷业务的应用正当其时。

数字时代，随着数据的爆发式增长，以及互联网、大数据、人工智能等数字技术在小微信贷业务领域的应用，小微信贷业务处理成本得以大幅度下降，客户触及面得以快速扩大，能够迅速形成规模效应，解决了长期困扰商业银行的小微信贷业务的痛点问题，小微信贷业务步入快车道，并进入最好的时代。

第二节 小微信贷的四大发展趋势

一、数据多元化

商业银行本身属于技术密集型行业，中国人口众多，银行每天都要处理数以千万甚至数以亿计的交易，单靠人工显然无法实现，必须依赖于信息技术，因此，相比于很多传统行业，银行的整体数字化水平一直处于相对较高的水平。很多商业银行自身经过多年的业务发展已经沉淀了海量的数据，加上大数据概念兴起以后，一些商业银行加大了对数据价值的挖掘力度，在数据治理与应用方面已经走在了社会前列，为数字金融业务创新奠定了数据基础，小微信贷业务就成为受益者之一。

一些领先银行率先借鉴互联网银行的成功经验，利用大数据技术重构小微信贷业务模式，探索创新数字融资模式。但受限于国内数据使用相关的法律法规不健全、数据交易缺乏规范、政府数据开放步伐缓慢等因素，商业银行还是主要依赖人民银行征信中心（人行征信）及自身掌握的企业结算数据、企业主个贷及投资理财等相关数据对小微企业借款人开展信用评价，而企业缴税、水电煤缴费、社保缴费、商业交易等企业经营数据则较难获取。这对于以大数据智能风控为核心的互联网小微信贷业务模式来说，无疑是一大遗憾。

近年来，随着数据作为生产要素写入党中央、国务院的相关文件，国家层面已经将数据列为和资本、技术、劳动力一样的生产要素，其重要性不言而喻。这预示着一个数据应用新时代的到来，数据的应用逻辑将发生彻底改变。

数字时代，数据量越大、数据维度越丰富，数据汇聚发生的化学反应就越显著，数据价值就越大。其核心是多维、异构数据在有效融合基础上的挖掘应用。因此，要充分发挥数据要素的价值，释放数据生产力，唯有打破现有的数据孤岛，让数据快速流动、连接、融合起来。回顾我国改革开放以来取得巨大成就背后的原因，关键一点就是通过大力推进基础设施建设和制度变革，打破了对劳动力和资本等生产要素的束缚，推动劳动力和资本等生产要素自由、快速地流动，释放了巨大的生产力。同样的，在数据要素方面，打破束缚数据要素流动的各类体制机制障碍，破除利益阻隔，加速推进数据流动的相关政策出台，加快技术平台等基础设施建设是必然之举。这将为数据流动营造良好的政策和市场环境，加速推动数据价值释放，形成数据生产力。

在此背景下，税务、社保、进出口、运营商、电商交易、电力、水务、煤气、物流等各种企业经营数据的合规开放共享也必将全面加速，势必为小微信贷大数据智能风控体系提供更加全面和丰富多元的数据，推动小微信贷业务更好更快地发展。

二、流程线上化

数字时代，小微信贷模式实现所有流程的线上化是必然的趋势。现阶段，小微信贷业务流程线上化方面存在着两个不足：一是流程线上化的银行覆盖度有限。目前，国内仅有一些技术实力较强、数据资源较为丰富的大型银行实现了业务线上化，大量中小银行仍然沿用原有的线下作业模式。二是流程线上化不够彻底。一些大银行的业务线上化只能说是实现了部分的线上化，像开户、抵押、超过一定额度的授信仍然还是要通过线下办理。

未来，随着数字技术的普及应用，所有银行的小微信贷模式都将实现流程线上化，线上小微贷款模式不再为大型银行和互联网银行所独有。随着数据的全面开放共享，通过实时连接多元数据，银行就可以实现小微企业开户真实性的智能审查、授权申请人真实性的智能审核、小微贷款的智能审批，可以支持小微企业在线增信提额、在线抵押，从而实现小微信贷业务全流程线上化，让小微企业真正享受到一键贷款的便捷，进一步降低小微信贷业务的交易成本。

三、体验一体化

商业银行现有的小微信贷产品不论是线上产品还是线下产品，大多存在产品多、流程差异大、流程复杂等问题，从用户体验的角度来看，可以说这是以银行为中心的产物，是为了产品创新而创新，并不是真正站在用户视角上来设计产品和交互体验。这导致很多小微企业根本搞不清楚要申请哪款产品，真正开始申请了也往往会为复杂的流程所困扰。

随着数字化转型的推进，商业银行将会发生巨大的改变，明天的银行将不再是今天的样子，其核心的变化就是商业银行将变得更具有亲和力、更懂用户，商业银行的产品设计模式将向真正以用户为中心转变，因此，小微信贷业务的用户体验也将发生颠覆性的变革。落到小微信贷产品设计上，从用户需求的角度来看，小微企业的核心需求就是一个：资金需求，在需要资金的时候能够快速的借到“我”所需要的金额。

因此，对小微企业用户来说，最简单、快速能拿到贷款资金就是最好的体验。未来的小微信贷产品将回归信贷的本质，从用户需求出发，精简为一个集增信、风险缓释办理等为一体的线上信贷便捷申请流程，让用户实现一键式申请、一站式办理、一体化体验。

对小微企业来说，不再有抵押贷款和信用贷款之分，只要在线上提出申请，一个流程搞定。举个例子，当小微企业申请的贷款额度不能满足其生产经营需要的时候，按照现有的业务办理模式，小微企业需要到银行线下网点再办理一笔抵押贷款。而未来，当小微企业申请的贷款额度不足的时候，申请页面会跳转到抵押增信办理页面，快速办好抵押，提升额度。整个产品的流程体验是一体的，用户就不需要再去银行线下网点了。

四、贷款场景化

与消费贷款比起来，现有的小微信贷线上模式主要还是在银行端申请，缺乏和场景的紧密结合。一方面，这样的模式对小微企业来说，申请不够便捷，不少企业甚至都不知道银行有线上小微信贷产品；另一方面，对银行来说，难以有效把控小微企业贷款资金用途，不利于业务风险管控。

目前，小微信贷和场景结合不紧密的原因有二：一是银行的数字小微信贷模式普及率和成熟度不高，广泛对外输出的能力有待提高；二是小微企业经营活动发生的场景数字化水平不高，大量的小微企业经营活动场景仍然在线下，尚无法和银行数字小微信贷模式进行对接。

未来，随着整个社会数字化进程的加快，小微企业经营活动也必将逐步进入全面数字化的时代，小微企业的营销、设计、制造、采购、运输等经营场景实现全面数字化是大势所趋。所以，小微信贷随时随地出现在小微企业经营场景之中也将成为必然，广泛存在的小微信贷模式正在向我们走来。融入场景的小微信贷模式，将能够更好地实现需求与供给的快速匹配。当一家小微企业在签订营销推广合同的时候，能够即时获得合同金额或者一定比例的信贷资金用于支付营销推广费用。当一家小微企业在签订一笔订货合同的时候，能够获得与合同金额一致或者合同金额的一定比例的信贷资金用于订单的生产。改变订单签订与贷款脱节的现状，场景化的小微信贷模式让小微企业贷款变得更加简单。随时随地、即想即得、无感的小微信贷模式将成为现实。

小微信贷业务模式一定是伴随着社会的发展而变化的，在整个社会朝着数字化大踏步迈进的时候，小微信贷业务也必然要朝着数字化方向发展。这既是机遇，又是挑战。机遇是我们可能找到了解决小微融资难题的突破口，挑战则是在新的模式下，当银行的小微信贷业务走出银行，走入场景，变得无所不在之后，我们如何做好小微信贷的风控。毕竟风控才是小微信贷业务的基石，风控做不好，银行出现大面积的业务亏损，对小微信贷业务长期发展的打击将是致命的，银行会对新模式产生怀疑，拓展数字小微信贷模式的积极性会大幅下降，新的业务模式变得不可持续，最终损害的一定是广大小微企业的利益。

因此，在后面的章节中，本书将站在面向未来的视角去探讨如何构建小微信贷业务的新型大数据智能风控体系，以适应小微信贷业务数字化的大趋势，以期能够为小微信贷业务的从业者提供参考。

Architecture

架构篇

小微信贷大数据智能风控体系

传统小微信贷模式的痛点在哪里？基于痛点，面向未来的小微信贷大数据智能风控体系应该是什么样子？我们需要考虑的风控维度有哪些？

第三章

从小微信贷传统风控模式的痛点说起

传统的小微信贷风控模式，从流程上来说，一般是从小微企业向商业银行申请贷款开始。客户经理接到申请后，到企业开展实地调研，一般来说，主要会看企业股权结构、企业主个人情况、经营场地情况、开工情况等。调研完成后，银行会要求小微企业提供工商登记、税务登记、行业经营许可、经审计的财务报表、可抵押资产权证、销售合同、他行资金流水、企业主身份证件、企业主配偶身份证件等相关证明材料以及征信授权书等材料。然后，客户经理开始就着这些材料，查询小微企业及企业主个人征信情况，撰写信贷调查报告。之后，再按照银行内部审批材料要求，整理提交相关审批材料。接下来就是银行根据小微企业申请的贷款金额，按照审批权限，进行层层审批。审批完成后，客户经理组织和贷款申请企业签订贷款合同、抵质押合同，然后，银行内部走相应的放款流程，交到商业银行的结算部门进行最后的放款操作。整个流程走下来少则一个月，多则三个月甚至更长时间。

这种模式对企业来说，申请材料多、审批流程长，难言满意。对于银行来说，大费周折，也无法保证风控程度，内部员工也做得怨声载道。可以说，商业银行传统的小微信贷模式既没能讨好客户，又没能讨好内部员工。

第一节　小微企业说：银行贷款材料多、审批慢，交易成本高

商业银行传统的小微信贷业务风控模式，对于小微企业来说，主要的痛点体现在申请材料多、风险缓释措施要求高、审批时间长、贷款交易成本高几个方面。

第一，申请材料多。小微企业申请一次贷款，需要提交很多材料，企业主方面，需要提供企业主个人身份证件、资产证明等相关材料，若配偶提供连带责任保证，还需要提供结婚证明材料、配偶身份证件、配偶工作证明等相关材料。企业方面，需要提供企业相关资质材料，包括工商注册登记材料、税务登记材料、行业经营许可材料、经审计的企业财务报表、可抵押资产权证、销售合同、他行资金流水等材料。大多数小微企业本身员工数量就少，管理不规范，准备材料就需要花费小微企业较大的人力和物力。同时，小微企业的财务报表在正常情况下，很少会请第三方公司进行审计，为了申请贷款，小微企业只能自己聘请会计师事务所进行审计，额外支付一笔审计费用。可以说，贷款还没有见到影子，沉没成本就先产生了。

第二，风险缓释措施要求高。按照银行传统的授信模式，银行几乎不会给小微企业发放信用贷款，往往要求小微企业提供房屋、土地等固定资产抵押，或者要求小微企业找一些担保人提供担保作为风险缓释手段。从银行角度来说，由于小微企业规模小、管理不规范、经营不稳定，信用风险较高，银行在没有更好的风控手段的情况下，

只能将风险控制寄托于第二还款来源。

但是，对于小微企业来说，一方面，企业办公场地是租的、厂房是租的，甚至办公设备都是租的，企业几乎没有什么值钱的资产，要让其提供相应的企业资产给银行办理抵质押登记，其难度可以想象。很多小微企业主只能用自己或者配偶甚或其父母的房产作为押品提供给银行，一旦企业因经营不善而破产，企业主往往倾家荡产。另一方面，小微企业要找到愿意提供担保且符合银行要求的担保人也并不容易，要么找关联企业，要么找朋友，要么找担保公司。找担保公司要向担保公司提供相关的材料，支付担保费用；找关联企业或者朋友，也要支付一些隐性的成本。通俗地说，小微企业主需要动用自己的私人关系，请求别人帮助提供担保，不仅仅要支付一些请客的花销，还要欠下人情债。比如，当帮你提供担保的企业需要贷款的时候，向你提出帮其担保或者直接借款，你还不得不提供帮助。表面上看起来，这些做法似乎没有什么大的影响，实际上，对小微企业来说，无形中增加了很多隐性的成本。

第三，审批时间长。前文已经提到小微企业从贷款申请提出到放款的时间快则一个月，慢则三个月甚至更长时间，这和小微企业用款急切的需求特征是不匹配的。小微企业在供应链中大多处于相对弱势的地位，快速完成订单是其持续获得订单的关键，为了保住订单，维持客户关系，在银行贷款审批期间，一些小微企业不得不先通过民间融资的方式解决眼前急切的用款需求，待银行贷款放款后，再用贷款资金归还民间借款，而民间融资年化利率要远高于银行贷款利率，这无形之中又增加了小微企业贷款的成本。

第四，贷款交易成本高。在小微企业整个申请贷款的过程中，除了前文提到的一些诸如担保费用、民间融资利息等成本之外，银行传统的授信模式由于主要依赖人工审查，一些小微企业主为了尽快获得贷款，会采取宴请、送礼等各种方式公关。这就难以避免地会出现一些利益寻租的现象，出现个别员工向小微企业主索要贷款回扣的现象。这些都是小微企业按照传统小微授信模式办理贷款潜在的交易成本，也进一步抬高了小微企业的实际融资成本。

总之，传统的小微贷款授信模式是典型的卖方市场，银行处于强势的市场地位，小微企业只能按照银行的要求去办理，根本没有什么客户体验可言，对小微企业来说，整个贷款申请下来，要付出的成本绝不仅仅是银行贷款利率那么简单。

第二节　银行说：小微企业倒闭快，控不住风险

作为在小微贷款中处于强势地位的银行，是不是就没有痛点了呢？显然也不是，传统的授信模式对银行来说，也是痛点多多，可以说是客户不满意，自己也不满意。主要体现在业务成本高、潜在操作风险高、小微贷款不良率高、员工满意度低四个方面。

第一，业务成本高。银行用办理大型企业贷款的模式来办理小微企业贷款，由于小微企业客户数量远超大型企业客户数量，银行需要投入的成本也远超大型企业。就拿人力投入来说，一名客户经理往往只能负责对接、维护几家大型企业，包括营销、尽职调查、贷后管理等相关工作。而要以同样的工作标准来处理小微企业业务，即便按照一名客户经理能够维护的小微企业业务客户数量是大型企业业务客户数量的 10 倍来算，需要配置的客户经理数量也远超大型企业业务。除了人力成本，银行还要配套相应的办公场地、IT 资源等成本，整体的业务成本较高。

第二，潜在操作风险高。传统的授信模式主要依赖人工调查和审批，主观影响因素较多，对银行的内控提出了较高的要求。如何保证客户经理调查的真实性、审批人员审批的客观性，是传统授信模式下银行内控面临的最大挑战。这背后是银行管理机构与一线经营机构的博弈。对管理机构而言，基层经营机构的尽职调查，能够提供真实可信的信息，在拓展业务的同时有效控制风险。对于银行一线经营机构来说，营销始终是第一位的，为了完成指标，少数基层机构员工不惜铤而走险，为客户包装授信材料等。甚至个别基层机构员工会利用银行的地位优势向客户索要回扣，极少数机构甚至会出现层层加码的情况。除此之外，少数小微企业主为了尽快获得贷款，也会主动向银行客户经理、审批人员进行利益输送，影响贷款调查的真实性和审批的客观性。因此，传统的依赖于人的授信模式对银行来说，潜藏着较高的操作风险。

第三，小微贷款不良率高。根据银保监会披露数据，我国普惠型小微企业贷款不良率长期在 3%之上，远高于银行其他业务的不良率。我国小微企业平均存续周期只有不到 3 年，抗风险能力较弱，信贷风险相较于大中型企业要高得多，因而，银行不得不绞尽脑汁创新风控手段，以期降低整体业务风险，但是效果却不尽如人意。比如，前些年，一些银行推出了小微联保联贷业务模式，旨在提高银行风险控制能力的同时，降低小微企业的准入门槛，但最终并未能取得良好的风控效果，反而加剧了业务集中的风险。最典型的例子就是钢贸行业的联保联贷。该模式曾一度有力地推动了钢贸行业的快速发展，然而，随着钢材价格的暴跌，钢贸行业贷款违约问题集中爆发，此前

备受推崇的联保联贷模式更是进一步放大了银行的风险敞口。钢贸行业贷款甚至一度成为部分地区银行机构的风险重灾区。

第四，员工满意度低。从银行员工的角度来看，小微信贷业务相关的客户经理对传统授信模式也并不满意。一是成本收益不成正比。对客户经理来说，做一笔大企业客户授信，金额少则几千万元，多则上亿甚至数十亿元；而做一笔小微企业授信，却只有几百万元甚至更低。按照传统授信模式，两笔授信花费的时间、精力是一样的，而获得的收益却不是一个数量级的，但是，按照银行的考核要求，客户经理又不得不做小微业务，其内心的不满情绪及自我驱动力可想而知。二是小微贷款不良率高，按照银行传统的责任认定方式，客户经理、审批人都需要承担相应的责任，一旦出现信贷损失，银行往往会对相关人员进行追责，扣减相关员工的工资，这就会让从事小微业务的相关员工产生畏惧心理。三是内部考核缺乏平衡机制。小微信贷业务办理笔数多，且采用和大企业一样的授信流程，专职办理小微信贷业务的客户经理工作压力巨大，加班加点是常事，而专门负责大企业客户贷款的客户经理压力则要小很多。更让人心理失衡的是，小微客户经理拿到的工资还不如大企业客户经理多。笔者在从事客户经理工作的时候，就曾切身感受到这一差异，一边是天天加班的小微客户经理，一边是到点即下班的大企业客户经理，最后的结果就是小微客户经理心理失衡，抱怨常挂嘴边。

第四章

小微信贷大数据智能风控体系是什么

传统的小微信贷风控模式痛点很多，显然已经不能适应数字时代小微信贷业务模式的创新发展要求，因此需要对风控模式进行重构。这个时代为小微信贷风控模式的重构创造了有利的外部条件，数字风控是解决小微信贷传统风控弊端的必由之路。近年来，虽然一些银行已经率先试水小微信贷数字风控体系，但整体来看，智能化水平仍然比较有限，对于专家经验的依赖度仍然较高，小微信贷数字风控还处于起步阶段。本章将基于现状，面向未来，提出全新的小微信贷大数据智能风控体系并进行深入的阐述。

第一节　大数据智能风控业务流程

通常来说，一家真正在踏踏实实经营的小微企业，只要不盲目扩张，企业主不胡作为、乱作为，信贷风险就相对可控。会发生较大信贷风险的往往是企业申请贷款用于套利，比如，存在企业主涉黄、赌、毒，企业融资过度、盲目扩张等行为。小微信贷大数据智能风控的目标就是要充分发挥大数据精准识别的优势，为踏实经营的企业在其需要资金的时候给予其所需额度的资金，让银行雪中送炭的梦想变成现实。同时，基于客观真实的数据，解决传统人工审批调查真实性及审批客观性的问题。从服务企业的角度而言，这里面的关键是要能够准确找到踏实经营的企业，从经营的角度判断其什么时候需要资金，需要多少合理的经营资金。本书提出的小微信贷大数据智能风控都是围绕这个目标展开的，也是结合小微企业经营特点，对现有数字风控的创新和完善。

小微信贷大数据智能风控是覆盖贷前申请和贷后管理的全流程风控体系（见图4.1），贷前基于互联网、大数据、人工智能技术对小微企业的真实性、申请人的真实性、申请贷款的真实性、经营数据的真实性、资金需求的合理性、资金需求时间的合理性、履约能力、履约意愿开展全方位评价，以评价结果为依据，即时自动做出授信决策。贷后通过对小微企业贷款后的经营行为、企业主信用状况进行持续的跟踪监测，及时预警风险。对于贷款进入逾期阶段的小微企业，基于大数据预测其还款的可能性，有针对性地开展催收，提高催收效率，降低催收成本。

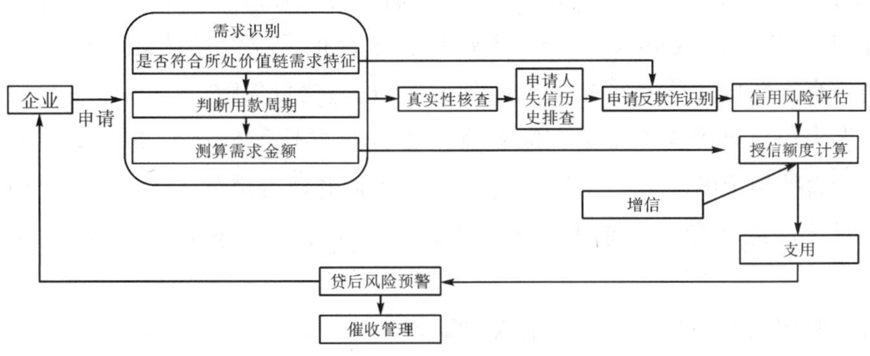

图4.1　小微信贷大数据智能风控业务流程

从整个风控业务流程节点来看，包括需求识别，真实性核查（申请人信息真实性核验认证、小微企业信息真实性核验认证）、申请人失信历史排查、申请反欺诈识别、信用风险评估、授信额度计算、增信、贷后风险预警、催收管理等。一般来说，80%的风险是要在贷款前发现并予以防范的，贷后只能起到亡羊补牢、减少风险损失的作用，因此，贷前风控是整个大数据智能风控最关键的环节。

需求识别主要是判断申请人申请的贷款金额是否符合其所处行业的资金需求特征、是否处于合理的用款周期内、需求金额大致在什么区间。这个环节的核心是验证企业是否真实经营、资金需求是否合理，也可以理解为是判断企业踏实经营的第一步，也是反欺诈的第一步。

申请人信息真实性核验认证的主要目的是确保申请人的身份是真实的，和企业的关系是真实的。申请人的身份认证流程：申请人上传身份证，通过OCR识别的方式读取身份证信息；录入手机号码，进行短信验证码认证；采用指纹、虹膜、声纹、人脸等生物识别技术对申请人进行真人认证；同时开展姓名、身份证、手机号三要素的匹配认证。对于认证异常的，予以拒绝；对于认证成功的，进入下一环节。

小微信贷的申请主体是企业，但是，需要由获得企业授权的真实关系人个人进行线上申请，因此，需要确定申请人是企业的真实授权关系人。申请人为企业法定代表人的，在验证申请人真实性的基础上，通过工商数据认证企业与法定代表人之间的匹配关系。申请人为非法定代表人的，可以采取两种模式：一种模式是由申请人上传盖有企业及法定代表人印章的授权书，通过区块链存证的印鉴进行图像比对，确认真实性；另一种模式是采取由申请人线上申请授权，企业法定代表人在线确认的方式。后一种模式需要法定代表人先完成认证，包括个人真实性认证及个人与企业关系的真实性认证。

小微企业信息真实性核验认证是对企业真实性进行认证，目的是确保申请贷款的小微企业信息的真实性。这可以通过直连工商数据进行核查认证，主要确认企业工商照面信息与企业录入信息是否一致，包括企业名称与企业统一社会信用代码的一致性、企业地址的一致性等，还要认证企业经营状态是否正常。信息认证一致或者正常的，则通过信息真实性核验环节，否则，反馈申请人检验信息失败。

申请人失信历史排查主要是判断企业或者企业主是否存在严重的历史失信行为，并做出是否直接拒绝的决策。比如，企业或者企业主是否被列入人民法院的失信老赖名单等，对于已经在老赖名单里的申请人，应该予以失信惩戒，拒绝予以提供贷款服务。

申请反欺诈识别是对于贷款申请人申请行为、申请目的进一步核查，如果说之前的申请人信息真实性核验认证、小微企业信息真实性核验认证是基于显性信息的核实，申请反欺诈识别则是在此基础上，利用大数据技术对一些隐性信息进行进一步挖掘，是对贷款欺诈风险的进一步防范。

欺诈风险是数字小微信贷模式面临的全新的，也是最大的挑战，一些率先试水数字小微信贷模式的银行已经有了深切的体会。传统的授信模式可以依靠客户经理的现场调查解决欺诈问题，而数字小微信贷模式由于银行与客户通过互联网渠道进行接触，没有了传统的三亲见或者四亲见的要求，为别有用心的申请人欺骗银行提供了较之传统授信模式更加便利的环境。因此，在这个环节中，重点是利用反欺诈模型体系对欺诈行为或者申请人进行识别。银行可以利用图计算技术进行欺诈团伙识别，侦测异常资金轨迹，捕捉欺诈行为，利用机器学习及深度学习技术建立反欺诈模型，再结合专家经验，基于数据验证，制定相应的反欺诈规则策略。因此，只有多种技术、多个模型和专家策略组合运用，才能共同构筑起反欺诈的天罗地网。申请反欺诈识别通过后，则进入下一个风控节点，反之，则直接予以拒绝。

信用风险评估是对申请人申请贷款后的违约可能性进行评估，是对信用风险的防范。信用风险评估的策略之一是符合基于专家经验、结合数据验证的规则，策略之二是通过基于机器学习、深度学习构建的信用评价模型的预测。前者通常是一些通过模型无法覆盖的风险，一些和违约强相关的准入规则以及显性风险规则，主要包括企业的成立年限、工商登记注册违规情况、纳税违规情况、环保违规情况、企业及企业主历史征信逾期情况、企业和企业主涉诉情况等。后者主要是对于申请人申请贷款后违约概率的预测。同样的，信用风险评估需要的也是多种技术、多个模型和专家经验的融合运用。信用风险评估通过，则进入下一个风控节点；没有通过，则予以拒绝。

授信额度计算是基于申请人的资金需求、信用状况等多个维度对授信总额度进行综合测算。从传统角度看，很多银行的授信额度计算往往只是单纯从申请人的信用状况视角去给予相应的额度，没有考量申请人的需求因素，这往往会出现银行给予小微企业的额度超过了其实际需求，导致过度授信，从而诱发小微企业盲目扩张或者挪用资金，出现流动性风险。因此，对小微企业的授信要充分利用大数据技术识别其生产经营的实际需求金额，当基于信用状况计算的企业授信金额超过其实际需求金额的时候，只给申请人提供能满足其实际需求的授信金额。授信额度计算完成后，申请人可以在额度范围内申请支用。

增信是申请人在授信额度无法满足其实际资金需求，或者未通过信用风险评估而被拒绝的情况下，通过线上办理资产抵、质押或者提供可信数据等方式来改善其信用状况评估结果，从而提升授信额度或者通过审批的一个环节，相当于给予申请人一个“申诉”的机会。对单独一家银行来说，其难以完全掌握贷款申请人的信息，难免会出现“误伤”的情况，增加在线增信环节可以给予申请人在线补充信息的机会，从而快速重新获得期望的贷款金额。增信可以有效避免申请人重新申请或者换一家银行申请，减少其获得贷款的交易成本，大幅改善客户体验，增强客户黏性，提升客户忠诚度。

增信需要和相关的权证登记机构打通权证抵、质押的数据通路，同时，也需要创新数据流通的技术和机制。比如，申请人要将其在另一家银行的结算数据提供给贷款申请银行，这里面就有两种方式：一种是申请人主动授权后，贷款申请银行向申请人结算银行通过接口的方式调取客户相应结算的统计数据。这种模式需要各家银行之间定义标准接口，由于各个银行的风控变量不一致，接口很难统一，接口定义及开发的工作量较大，且银行之间的利益较难平衡，难度较大。另一种方式是由申请人主动从结算银行系统导出数据，再将数据导入贷款申请银行。这种模式需要采取类似区块链的技术手段在数据中加入电子签名，签名需要在银行间建立统一的技术标准。由于各家银行的数据格式不一致，这个模式还需要贷款申请银行使用技术手段进行解析。

贷后风险预警是在申请人申请的贷款审批通过并开始支用了以后，对申请人违约可能性的持续监控，一旦发现风险信号，就予以即时的提示预警。贷后风险预警也是一个体系，包括基于机器学习或深度学习的风险预警模型、基于数据验证的专家预警规则等。预警规则主要针对一些显性的风险信号，比如他行贷款逾期、涉及大额诉讼等，模型则主要是对借款人未来一段时间违约概率的预测，规则和模型是相互补充，相辅相成的。

催收发生在贷款人出现逾期之后，银行主要通过一定的手段促使贷款人还款，尽量减少信贷资产损失。在实际的业务中，借款人在逾期后的行为表现较为复杂，有的借款人逾期几天后会主动归还，有的借款人逾期后经过银行催收后会还款，有些则不会还款。因此，需要对不同的逾期行为采取不同的催收策略，提高催收成功率，降低催收成本。催收评分就是在这种背景下应运而生，催收评分是在借款人已经出现违约的情况下，预测借款人还款的可能性，以支持差异化催收策略的制定，实现精准催收，节约催收成本。催收评分是基于大数据技术，预测不同逾期状态下借款人还款可能性的模型体系，并非单一的模型。

第二节　大数据模型体系

在开始本节内容之前，我们先来介绍一下大数据模型的一些基本情况。简单来说，大数据模型就是利用一些数学算法总结历史特征，预测未来或者推断可能性。比如，我们上京东或者淘宝等购物平台，往往会有一个“猜你喜欢”的栏位，这就是大数据模型的输出结果。其原理就是你和曾经购买过“猜你喜欢”栏位里商品的人具有类似的个人基本特征和行为特征，所以模型就给你推荐了你可能会喜欢的商品。同样的，放到信贷领域，假定你没有任何显性的历史违约记录（比如，征信逾期记录），你又被互联网贷款给拒了，那么，很大可能你是被模型给拒了，模型拒绝你的原因是因为你和该信贷产品的历史违约客户的特征相似。

小微信贷大数据智能风控的核心是大数据模型的体系化运用，而且解决的目标问题越精确，运用效果会越好，因此，大数据模型越精细，覆盖的风险问题维度就越全面，对小微企业的风险画像就越准确，风控的精准度就越高。

结合大数据智能风控业务流程节点来说，小微信贷大数据智能风控的模型体系可以划分为三大类型：第一类是基础支持模型，主要包括风险传染模型、区域风险指数模型、行业风险指数模型、企业竞争力模型等。这类模型既可以独立使用，又可以作为其他风控模型的输入变量；既可以应用于贷前审批场景，又可以应用于贷后风险管理场景。第二类是贷前审批模型，主要包括企业需求推估模型、反欺诈模型、信用评价模型、授信额度测算模型、定价模型等，应用于贷前审批准入场景，用于评估企业是否能够获得准入，以及准入的额度多少等。第三类是贷后风险管理模型，主要包括企业贷后风险预警模型、催收评分模型等，应用于贷后对小微企业风险的及时监测预警，以及对逾期小微企业开展精细化催收管理。具体的模型体系在信贷流程的节点分布见图 4. 2。

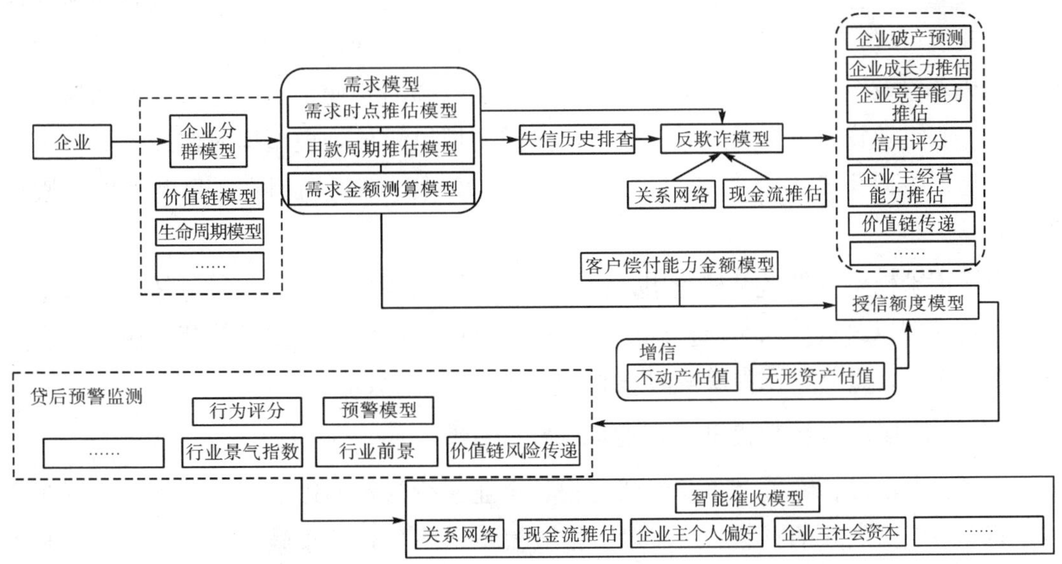

图 4. 2　小微信贷大数据智能风控模型流程节点示意图

一、基础支持模型

基础支持模型的主要应用目标并非限定在具体的某个贷前或者贷后场景，而是从用户画像或者从对企业可能产生影响的风险因素的角度出发研发的公共数据产品，所以，具有多场景应用的特征。基础支持模型主要有以下几种：

（一）风险传染模型

风险传染模型从社会关系的角度出发，预测的是当 A 发生风险之后，与其存在特定社会关系的 B 发生风险的概率。这就像传染病一样，当一个人患上了传染病，与之接触的人，尤其是密切接触者，染上同样的病的风险就比没有与患者接触过的人高很多，这点从新型冠状病毒的传染路径就可以看得出来，这也是为什么要尽快对密切接触者进行隔离的重要原因。同样的，放到信贷上，一些信贷主体产生的信贷风险也往往会以各种不同的形式影响其特定关系人，从而导致其特定关系人也发生信贷风险，若信贷风险也出现类似传染病一传十、十传百的传染现象，对银行信贷资产安全的打击无疑将是致命的。因此，我们也希望通过大数据建模的方法，及时发现风险传染信号，提前阻断风险。风险传染模型既可以解决企业与企业之间的风险传染问题，又可以解决企业与个人、个人与个人之间的风险传染问题。在小微信贷大数据智能风控体系中，我们可以在贷前审批的时候，先对申请人被传染的概率做个预测，包括企业被传染的概率以及企业主被传染的概率，对于概率较高的企业予以拒绝或者增加风险缓释措施。当企业贷款审批通过后，贷后仍然需要用风险传染模型即时监控企业被传染的可能性，一旦发现被传染的可能性较高，要及时开展现场调查，果断处置，避免损失。

风险传染模型既可以单独使用，应用于贷前审批和贷后风险预警，又可以在建立信用评价模型以及贷后风险预警模型的时候，将风险传染模型输出的结果作为一个变量供算法选择，最终，作为模型的一个影响因子参与信贷审批及贷后预警决策。

（二）区域风险指数模型、行业风险指数模型

小微企业的经营除了受自身经营能力、企业主行为等的影响之外，还会受所在区域、行业等宏观因素的影响。区域风险指数模型主要是解决小微企业所处的地区的风险问题，通过大数据建模的方式，建立区域风险指数，预测该地区的风险。区域风险指数模型作为独立模型，既可以用于贷前审批准入，又可以作为额度测算的因子之一。一方面，对于区域风险高的企业增加风险缓释措施；另一方面，进行相应信贷额度的差异化调整。同时，该模型也可以独立运用于贷后风险预警，当区域风险高的时候，

银行可以结合企业贷后风险预警模型表现，对该区域企业进行重点的现场调查。行业风险指数模型解决的是小微企业所处行业的经营性风险。该模型依托大数据技术，建立行业风险指数，预测行业风险。行业有强周期和弱周期之分，准确把握行业周期对信贷风险管理无疑具有重要的现实意义。同样的，行业风险指数模型作为独立模型，其使用方式与区域风险指数模型大同小异。

值得注意的是，不管是区域风险指数模型还是行业风险指数模型，其影响因素都很多，隐性信息和显性信息交错，不可控因素较多。比如，如果出现黑天鹅事件，整体情况就会较为复杂，基于现阶段可掌握的信息，模型本身的预测效果和传统的信用评价的二分类模型相比会差很多。因此，在模型的应用上，将模型输出结果作为信用评价模型、贷后风险预警模型的输入变量更为合适，起到的效果也会更好。

（三）企业竞争力模型

企业竞争力模型主要是基于用户画像的视角，利用大数据技术对企业的竞争能力进行评价，其应用范围更为广泛，除了可以用于贷前、贷后的风险管理，还可以应用于营销领域。单就小微信贷大数据智能风控系统本身而言，企业竞争力模型作为单独模型使用时，在贷前审批环节，可以与信用评价模型作组合矩阵策略，在贷后环节，可以与风险预警模型做组合矩阵策略。作为输入变量使用时，既可以作为信用评价模型的输入变量，又可以作为贷后风险预警模型、催收模型的输入变量。

除了上述几个模型之外，要提升基础支持模型的准确性，结合大数据目标越聚焦越精准的特点，我们还可以进一步细分目标。比如，针对企业竞争力模型，我们可以针对企业主经营能力评估这个目标，单独研发企业主经营能力推估模型，再将模型结果作为企业竞争力模型的输入变量，从而，提高企业竞争力模型的整体区分能力。

二、贷前审批模型

接下来我们再来聊聊专门针对贷前审批场景的模型，这些模型就是专门为小微信贷贷前审批场景而设计的，而信贷审批本身要关注的问题又可以分解成多个目标，包括企业需要的合理资金是多少、企业是否有欺诈嫌疑、企业信用状况如何、企业能承受的最大借款金额是多少，等等。贷前审批模型主要有以下几类：

（一）企业需求推估模型

企业需求推估模型是对企业实际经营各个时期的合理资金需求的推测估算，目的有两个：一是避免给予企业的授信额度不足，无法满足其当前实际生产经营需要；二是避免给予企业的授信额度超过了其当期实际生产经营的需要，导致过度授信。在具体应用上，一方面，企业需求推估模型作为贷前准入的核验要素之一，对企业自主申请额度进行对比校验，当企业申请额度超过企业需求推估模型推测的需求金额的一定比例时，该因子作为反欺诈模型的输入变量，参与企业欺诈可能性的评估。另一方面，企业需求推估模型结果作为授信额度模型的输入变量，参与对授信额度的计算。

（二）反欺诈模型

反欺诈模型是利用大数据技术对企业欺诈可能性进行评估。在具体欺诈分类上，可以细分为第一方欺诈、第二方欺诈和第三方欺诈。第一方欺诈主要指借款人本身在借款过程中存在的主观欺诈行为。在这类欺诈中，借款人本身的确有在从事生产经营活动，但是，由于企业经营不善，获取贷款较为困难，为了成功获得贷款或者为了提高授信额度，借款人做出伪造相关申请资料或者数据的行为。第二方欺诈主要是机构内部相关的工作人员利用规则漏洞骗贷。第三方欺诈主要是指团伙欺诈，即借款人是专门骗取金融机构信贷资金的欺诈团伙，团伙本身并没有真正开展生产经营行为，纯粹是以骗取银行贷款为生的。第二方欺诈可以通过加强内控合规管理等方式解决，下面重点介绍对第一、第三方欺诈的防范。

由于欺诈行为的不同特征，在建立反欺诈模型的时候，分解目标就变得十分重要，这是提高反欺诈效果的关键。在小微数字信贷反欺诈中，我们需要对小微企业的数据伪造行为进行识别，建立相应的数据伪造反欺诈模型；针对小微企业整体欺诈可能性建立申请欺诈概率模型；针对团伙欺诈，利用图计算技术，建立团伙欺诈识别模型。数据伪造行为识别模型可以实现两个目标：一是对伪造严重程度的识别，二是对伪造的数据量的精确识别。数据伪造识别模型是针对特定的数据维度进行识别，比如，可以对结算数据、税务数据分别建立识别模型，以识别该数据是否存在伪造。申请欺诈概率模型则主要从小微企业整体行为视角来预测小微企业申请该笔贷款欺诈的可能性。团伙欺诈识别模型主要依托前沿的图计算技术，通过识别一些确定性的关系以及结合机器学习算法的推断关系等，识别潜在的欺诈团伙。小微数字信贷反欺诈模型是三个模型的组合，在具体应用上，需要在三个模型之间的交叉验证基础上，做出最终的信贷审批决策。比如，当小微企业欺诈概率模型输出的欺诈可能性很高且又命中团伙欺诈，这类申请人就可以直接予以拒绝。

（三）信用评价模型

信用评价模型是利用大数据技术对申请人的还款意愿和还款能力的量化评价，是对申请人在获得该笔贷款后在贷款周期内违约可能性的预测，输出的结果以量化的信用评分方式呈现，回答的是企业信用状况如何的问题。在应用方面，信用评分有三个场景的应用：一是用于小微信贷的审批决策，当申请人达到预设的准入分值之上时，即通过信用评估。二是参与额度授信，可以作为授信额度测算模型的输入变量，参与额度的计算；也可以作为模型结果的调整系数，对小微企业的最终授信额度进行调整。三是参与差异化定价，可以作为差异化定价模型的输入变量，参与最终定价；也可以作为定价模型结果的调整系数，对定价结果进行调节。比如，对于高评分的客户，在定价结果之外再给予一定的下调系数，给予其更加优惠的价格。

（四）授信额度测算模型

授信额度测算模型是在综合考虑申请人需求资金及还款能力的基础上，给予申请人最终核定的贷款额度。传统的额度授信模型主要以申请人某项或者多项资产价值作为基准，通过专家经验确定资产价值的放大倍数。比如，以申请人在银行一段时间内的结算量作为测算基数，再乘以一定的倍数，测算出最终的授信额度。这种模式对银行的好处是简单直观，不好的地方是容易被借款人识破，导致个别借款人会通过伪造数据的方式，抬高计算基数，从而获得更高额度的授信。比如，申请人可以在贷款前通过个人账户或者一些空壳公司虚增结算流水，获取更高的授信额度。

我们这里讲的授信额度测算模型是利用大数据技术，综合考量企业及企业主相关资产、行为以及需求等多种维度，建立的量化测算模型，考虑的因子更加全面，能够给予企业更加合理的授信额度，可以有效减少申请人刷额度的行为。授信额度测算模型是申请人在通过层层审批节点后，贷前准入的最后一个关口，额度测算模型也是有效控制风险的重要手段，通过对信贷额度的调节，给予好企业更高的额度，这可以有效降低整体信贷风险，也能形成正向激励作用。同时，额度测算模型事关客户体验，额度过低，不能满足申请人的资金需求，申请人对银行的满意度就会降低。因此，授信额度测算模型的重要性并不亚于前文讲到的审批模型。

（五）定价模型

定价模型是利用大数据技术，综合考虑企业信用、贡献等多重因子，解决如何给不同的企业定一个不一样的价格的问题。当前，我们国家对小微贷款利率有指导价格，差异化定价对于一些银行来说，意义不是很大，但是，从小微信贷业务长远的发展来说，差异化定价是市场竞争的必然要求，也是必然趋势。

三、贷后风险管理模型

贷后风险管理是在贷款发放后及时发现风险信号，及时进行资产保全，降低信贷资产损失的重要环节。如何有效、及时地发现信贷风险信号，如何更有针对性地开展资产保全工作，都是这一阶段要解决的问题。贷后风险管理模型主要有以下几类：

（一）贷后风险预警模型

贷后风险预警模型解决的就是上述第一个问题。传统企业贷后风险管理主要依靠客户经理的现场走访、调查，这一模式用在大型企业上是可行的，但用在小微企业上，尤其是用在小微数字信贷上，显然是不可行的。小微贷款数字化以后，借款企业数量呈几何级增长，一个客户经理要维护数百家企业，根本无法按照传统模式，进行定期的走访调查。因此，数字信贷就需要用数字技术来解决贷后管理问题。贷后风险预警模型是利用大数据算法对借款企业在贷款存续期间内违约可能性的持续监控，输出结果可以是违约概率，也可以是评分分值，本质上是一样的。银行通过模型制定差异化的贷后调查机制，对于违约概率达到一定水平之上的企业进行重点走访调查，对于违约概率低的企业则降低走访调查频次。这一方面，让调查更有针对性，更加及时和准确；另一方面，也可以减少客户经理工作量，降低业务成本。为了便于客户经理调查，贷后风险预警模型在输出违约概率或者分值的同时，还需要输出相应的风险点，也就是说要输出可解释的预警原因。这对于传统的以逻辑回归为代表的机器学习模型来说，是较容易实现的，但是，对于类似可解释性差的神经网络算法，则是一大挑战。

（二）催收评分模型

催收评分模型则是对于已经逾期的借款人利用大数据算法预测其还款的可能性，并以还款概率或者评分分值的方式呈现。该模型的主要作用是帮助银行开展更加有针对性的催收，提高催收的精准度，降低催收成本。在实际贷款业务中，往往有很多借款人会出现逾期，这里面有些借款人后续会自主还款，有些则会在催收之后还款，有些则会不断拉长逾期期数。如果全部都采取同样的催收手段，成本会很高，也会给一些偶尔忘还款的客户带来打扰，有损客户体验。催收评分模型通过细分模型目标，分别建立还款概率模型、账龄滚动模型（比如，M1下迁到M2，M1到M3等），在此基础上，确定重点催收人群并配套差异化的催收手段，提升催收效率。

目前的大数据算法，都是解决单一目标问题的，而且目标越具体越精细效果越好，就像我们要解决一个区分好人和坏人的问题，可以直接做一个模型来解决，但如果要做得更好，我们则要考虑不同人群的特征差异。比如，在校大学生和中年人群的特征肯定是不一样的，这个时候我们就可以把问题进一步细分成大学生里的好人和坏人的区分问题、中年人里的好人和坏人的区分问题，分别建立大学生模型和中年人模型，这样对于大学生以及中年人的好坏区分效果就会比一个大一统的模型要好。

所以，在小微信贷大数据智能风控领域，我们不能认为单靠一个模型就能包打天下，而是要将我们面临的问题细化再细化后，转化成一个个小的目标，再针对这些目标单独建立模型。最后，这些模型就像零配件一样，可以通过各种方式进行组件化应用，从而建成一个整体的互为补充的大数据模型体系，甚或是模型生态来抵御小微信贷风险。随着经济环境、业态及数字技术的发展和变化，模型也需要跟着变化而变化，上文介绍的模型体系仅仅是笔者基于过往经验的总结，在模型创新上，相信还有很大的空间，这有赖业界同人进一步挖掘和丰富。

第三节 风控策略的制定

在小微信贷大数据智能风控体系中，策略的制定和业务流程、模型本身一样重要，是决定整个风控体系有效性的关键一环。风控策略解决的是“模型怎么用？模型是否能够完全覆盖风险？如果不能完全覆盖，怎么办？拒绝率是多少？会不会太高？”等问题。策略制定的核心是把握整体风险和收益之间的平衡。由于小微信贷数字风控的自动化特征，任何策略的制定都要遵循“用数据说话”的原则。数据是策略定义的依据，要坚决避免出现“拍脑袋”式的策略定义方式，否则，必将受到现实的惩罚。

大数据模型是小微信贷大数据智能风控的核心，但模型并不是万能的，就目前的建模技术而言，模型并没有办法覆盖所有的风险事项，所以，需要配套相应的专家规则策略。小微信贷大数据智能风控体系是以大数据模型为核心，以业务专家规则为补充的整体风控体系，因此，要以大数据模型为中心开展相应策略的制定工作。

一、风控体系策略目标的定义

在开展细分风控节点策略制定之前，要先定义整个风控体系策略的预期目标，包括期望审批通过率、期望不良率、期望客户规模等。整个大数据智能风控体系的策略制定都要以实现预期目标为宗旨。同时在策略的制定中，基于数据分析结果，不断进行调整，以尽可能接近期望目标。举个例子，要研发一款小微数字信贷产品，我们会先确定一个业务目标，比如，1 年要放款 100 亿元，那么，对应的审批通过率预估要在 50%~60%。另外，一般会对产品设置一个不良率的控制目标，比如，不超过 2%。基于这样一些目标，我们再来定义具体的风控策略。

二、模型应用的策略定义

模型的应用是技术和业务紧密结合的结果。在模型建成之后且技术指标都符合要求的情况下，要解决的就是模型怎么用的问题，这需要制定策略的业务人员围绕预设的整个风控体系的策略目标去定义模型应用的策略。在具体的方法上，业务人员需要基于历史业务数据，开展深入的多维度分析，形成分析报告，分析模型在实际业务中的表现，例如阶梯通过率、不良率。对于模型无法覆盖的风险事项，要制定专家规则进行弥补，并对其进行深入的数据验证，例如，规则的拒绝率、有效性和规则的阈值确定，都需要在严谨的数据分析基础之上，结合模型的业务表现，综合考虑拒绝率、不良率等指标，做出最终决策。在整个过程中，业务人员要和建模人员开展及时、深入的沟通，避免出现理解偏差，导致决策偏差。

接下来，通过两个实际的案例来介绍模型应用的策略定义。一个是单一模型应用的策略定义，一个是多模型组合应用的策略定义。单一模型应用，我们介绍一个信用评分模型的应用策略定义案例；多模型组合，我们介绍一个反欺诈多模型组合应用策略定义案例。

（一）单一模型应用的策略定义

我们建好了一个小微企业申请评分模型，对模型的 KS①、ROC②、PSI③ 等技术指标都做了验证，现在进入应用策略定义环节，也就是说要开始研究模型怎么用的问题了。这个时候，我们基于历史存量数据写了一份模型应用的整体分析报告，具体内容包括模型的整体客户分数分布情况、各区域分数分布情况、各行业客户分数分布情况、重点客户群体的分数分布情况，以及各个分数段的不良率分布情况等。这主要是让业务人员从业务的视角对模型有整体的了解，而这当中，最核心的、最需要绘制好的是分数分档统计表，这个是业务人员定义模型应用策略的重要依据。

假设我们建立了一个申请信用评分模型，分值设定在 300 到 900 之间，我们以 50 分为一个区间段，总共划分为 12 段。根据信用评分模型结果分布（见表 4. 1），我们可以看到：随着分值的升高，本段不良客户占比不断下降；随着分值的下降，向上累计不良客户占比快速攀升。假定我们以 600 分为拒绝线，对低于 600 分的客户予以拒绝，那么，我们将拒绝 42%的客户，覆盖 77%的不良客户。同时，在这些被拒绝的客户里有近 52. 1%的客户并非不良客户，也就是说我们拒绝掉 1 个不良客户的代价是同时拒绝掉超过 1 个的非不良客户。这个时候，我们就要将模型和其他各项风险策略一起进行测算评估，测算整体拒绝率及不良客户覆盖率。如果整体策略符合预期目标，那么，信用评分模型的应用策略就不需要调整；如果整体策略不符合预期目标，就要进一步分析是调整信用评分模型的应用策略，还是调整其他策略，才能以比较低的成本达到整体预期目标。

---

① KS，Kolmogorov-Smirnov，是对模型风险区分能力的评估。
② ROC，Receiver Operating Characteristic，是对模型风险排序能力的评估。
③ PSI，Population Stability Index，是对模型稳定度的评估。

表 4.1　信用评分模型结果分布

序号	分值	本段客户占比/%	向下累计客户占比/%	本段不良客户占比/%	向上累计不良客户占比/%	向下累计不良客户覆盖率/%
1	300～350	1	1	95	100	15
2	351～400	3	4	76	91	29
3	401～450	5	9	66	80	42
4	451～500	8	17	50	71.57	56
5	501～550	10	27	40	60.01	67
6	551～600	15	42	30	47.9	77
7	601～650	21	63	20	38.5	85
8	651～700	15	78	10	10.37	93
9	701～750	8	86	2	2.36	97
10	751～800	7	93	1	0.8	99
11	801～850	5	98	0.2	0.09	100
12	851～900	2	100	0	0	100

（二）多模型组合应用的策略定义

上文已经介绍了反欺诈模型体系包括数据伪造识别模型、申请欺诈概率模型以及团伙欺诈识别模型。这么多模型，要如何使用呢？这就要回到我们反欺诈的目标上来，反欺诈核心要反的是那些以骗钱为目的的申请人，他们申请贷款就没有打算归还，这些钱注定是收不回来的。而生产经营正常、资金需求量大的申请人中，会有少部分申请人虚造数据，以尽可能拿到更多的信贷资金。这虽然也会对信贷资产安全带来一定的潜在威胁，但相比那些以骗钱为目的的申请人来说，风险则要小很多。在制定风控策略的时候，也相应地要对两类行为进行差异化对待：对于前一种行为，要发现一单拒绝一单；对于后一种行为，则是要去伪存真，识别真实数据，以真实数据为基础给申请人授信。

基于上述目标，在具体应用上，我们要先排一下模型的顺序，首先通过申请欺诈概率模型判断申请人欺诈的可能性有多高，然后再查看团伙欺诈识别模型结果，判断申请人是否涉嫌团伙欺诈。这里面就会有多种组合结果，如果申请人欺诈概率非常高且涉嫌团伙欺诈，可以采用直接拒绝的策略。但由于模型结果的业务含义本质上代表的是疑似欺诈，并非是100%的确定性欺诈，很容易引发客户投诉，因此，为了平衡风险和收益，在确定具体拒绝策略的时候，可以通过设定审批阈值，将拒绝数量控制在一定比例之内。比如，只有当客户申请欺诈概率达到95%以上，且团伙欺诈概率达到

95%以上，才能直接予以拒绝。对于没有同时达到这个阈值的，我们再结合数据伪造识别模型（这里以结算数据伪造识别模型为例），建立授信数据基数调整系数，对授信基础数据进行差异化调整，通过系数压缩调节控制授信额度的方式，从而控制风险。具体示例如表 4.2 所示。

表 4.2　授信数据基数调整系数示例

序号	申请欺诈概率/%	团伙欺诈概率/%	授信数据基数调整
1	85~95	85~94	（1-结算数据伪造比例）*0.3
2	85~95	70~84	（1-结算数据伪造比例）*0.5
3	85~95	50~69	（1-结算数据伪造比例）*0.6
4	85~95	50 以下	1-数据伪造比例

看到这里，很多读者可能会有疑问，这个系数比例是怎么确定出来的，这就是我们接着要介绍的策略制定过程。策略是业务经验和数据验证相结合的结果，是基于整体风控策略目标的一个需要不断验证调整的过程。我们接续上述示例介绍其确定的大致过程。

首先，我们要利用历史存量数据。先看一下各个模型结果本身的客户分布情况（见表 4.3）。

表 4.3　申请欺诈概率模型结果分布

序号	申请欺诈概率/%	本段客户占比/%	累计客户占比/%	本段欺诈客户占比/%	累计欺诈客户占比/%	欺诈客户累计覆盖率/%
1	95 以上	0.2	0.2	90	100	15
2	91~95	0.5	0.7	70	76	29
3	86~90	1	1.7	60	66	42
4	81~85	2	3.7	50	57.57	56
5	76~80	3	6.7	40	47.01	67
6	71~75	3.3	10	30	37.9	77
7	66~70	4	14	20	28.5	85
8	61~65	5	19	10	18.37	90
9	56~60	6	25	5	10.36	93
10	51~55	7	32	3	5.66	95
11	46~50	8	40	1	2.73	96
12	41~45	10	50	0.3	1.24	97
13	36~40	9	59	0.1	0.56	98
14	31~35	8	67	0.1	0.19	99

表4.3(续)

序号	申请欺诈概率/%	本段客户占比/%	累计客户占比/%	本段欺诈客户占比/%	累计欺诈客户占比/%	欺诈客户累计覆盖率/%
15	26~30	7.5	74.5	0.1	0.07	99.5
16	21~25	7	81.5	0.1	0.04	99.6
17	16~20	6.5	88	0.1	0.03	99.7
18	11~15	6	94	0.1	0.03	99.8
19	6~10	4	98	0.1	0.02	99.9
20	6以下	2	100	0.1	0.02	100

假定历史数据实际欺诈客户比率为0.02%，申请欺诈模型概率结果我们按照5%为一个区间段进行划分，总共划分为20段。我们可以看到随着欺诈概率提升，每5%的概率区间里，实际欺诈客户占比不断提升。假定我们以50%的概率为拒绝线，对高于50%概率的客户予以拒绝，那么，我们将拒绝32%的客户，覆盖95%的欺诈客户。但是，在这些被拒绝的客户里也有近95%的客户并非欺诈客户，整体误伤率比较高，从收益角度看，我们还需要进一步聚焦，以减少误伤率。同时，基于上文介绍的反欺诈模型的特征，为避免引发客户投诉，我们也需要更加聚焦。因此，我们要再结合团伙欺诈概率模型，做一个矩阵策略（见表4.4），将直接拒绝率控制在一个很小的范围之内，且精度较高。

假如我们希望在申请欺诈概率95%以上，进一步缩小直接拒绝率，提升精准度，可以通过团伙欺诈概率模型结果做组合矩阵分析。根据矩阵策略结果分布（见表4.4），我们发现将团伙欺诈概率也定在95%，可以有效减少依托单一申请欺诈概率模型的直接拒绝率，从0.2%降低到0.1%，也能够较大幅度提升准确率，从90%提升到96%。而如果把团伙欺诈概率门槛进一步分别下调至90%、85%、80%时，直接拒绝率快速攀升，但是，准确率却没有随之大幅度上升。因此，在这个假设场景下，我们就可以把直接拒绝的策略定义为，当借款人申请欺诈概率大于95%，并且团伙欺诈概率大于95%的时候，直接予以拒绝，触发拒绝策略的借款人将不能获得贷款。

表4.4　矩阵策略结果分布

序号	申请欺诈概率/%	团伙欺诈概率/%	客户占比/%	欺诈客户占比/%	欺诈客户累计覆盖率/%
1	95以上	95以上	0.1	96	13
2	95以上	90以上	0.15	96.1	13.1
3	95以上	85以上	0.17	96.2	13.2
4	95以上	80以上	0.19	96.3	13.3

确定好了反欺诈的直接拒绝策略，那么，剩下的没有直接拒绝的申请怎么办？我们需要再进一步制定策略。按照前文所述，结合数据伪造识别模型结果，定义授信数据基数调整系数，对用于测算授信额度的基础数据进行调整。这个策略的难点在于调整系数的确定，核心目标是在保证收益的情况下控制风险，减少信贷资产损失。保证收益就要有一定的信贷规模，不能为了控制风险而不断缩小信贷规模，那样也就背离了初衷。

表4.5的额度调整策略结果分布是一个策略制定分析过程数据的示例，从表中我们可以看出，经过调整之后，贷款规模比调整之前大幅减少了130亿元，下降42.9%，不良率从1%下降到0.1%，从风险角度来看，效果很明显，但从收益来看，贷款规模下降较多。

表4.5　额度调整策略结果分布

序号	申请欺诈概率/%	团伙欺诈概率/%	授信数据基数调整系数	调整后放款金额/亿元	调整前放款金额/亿元
1	85~95	85~94	（1-结算数据伪造比例）*0.3	10	50
2	85~95	70~84	（1-结算数据伪造比例）*0.5	20	60
3	85~95	50~69	（1-结算数据伪造比例）*0.6	50	100
4	85~95	50以下	1-结算数据伪造比例	100	100
合计	—	—	—	180	310

注：经过调整后，不良率从1%下降到0.1%。

此时，如果我们希望扩大贷款规模，那么在我们制定策略时，可以提升风险容忍度，进一步对系数进行调整，进一步做数据验证，结果如表4.6所示。

从表4.6可以看出，经过对系数的放松调整，贷款规模较上一次系数调整增加60亿元，不良率下降至0.3%。这个时候，如果达到业务的预期目标，这个再次调整后的策略就可以成为最终的应用策略。也就是在平衡收益的前提下，通过调整系数，压缩涉嫌伪造数据的申请人的平均贷款额度，从而达到控制整体风险的目标。

表4.6　额度调整策略结果分布

序号	申请欺诈概率/%	团伙欺诈概率/%	授信数据基数调整系数	调整后放款金额/亿元	调整前放款金额/亿元
1	85~95	85~94	（1-结算数据伪造比例）*0.4	25	50
2	85~95	70~84	（1-结算数据伪造比例）*0.6	40	60
3	85~95	50~69	（1-结算数据伪造比例）*0.7	75	100
4	85~95	50以下	1-结算数据伪造比例	100	100
合计	—	—	—	240	310

注：经过调整后，不良率从1%下降到0.3%。

（三）专家规则策略的定义

上文我们提到小微信贷大数据智能风控体系除了核心的大数据模型之外，还要有配套的专家规则。那么，专家规则策略该如何制定，才能和大数据模型形成有效协同，共同构筑起风险防护屏障呢？

专家策略制定主要解决两个问题：一是选用什么样的规则，也可以说是选用哪些具体的指标；二是怎么定义指标的阈值。

怎么选取有用的指标？首先要由熟悉业务和数据的业务专家设计出相应的指标，然后数据分析人员加工完指标后，再通过数据分析的手段在众多的指标中筛选出和信用风险具有相关性的指标。一般有两种方式进行数据分析：一种是通过计算单指标 IV 值①的方法，挑选出具有较强相关性的指标；另一种是通过描述性统计的方式，找出具有较强相关性的指标。这里要说明的是，挑选的指标必须是没有成为模型变量的指标，对于已经作为模型变量的指标，一般是不作为专家规则使用的。对于显性的风险指标可以直接确定使用规则，比如，借款人在贷款申请时点有处于不良状态的贷款，可以直接一票否决。

通过上述步骤筛选出一些备用的规则，还需要进一步确定指标的准入阈值，并分析指标的拒绝率情况，才能最终确定使用哪个具体的指标以及指标的使用方式。这一般采用描述性统计的方式并结合业务经验来确定。

接下来我们以信用评价的策略制定为例，来展示专家规则策略的定义过程。假定我们在贷前信用风险评价阶段建立了信用评估模型，但是企业历史信贷逾期情况没有进入模型，从业务经验视角来看，我们又认为企业历史信贷逾期情况对于风险防范十分重要，于是，我们需要针对企业历史信贷逾期情况制定一些规则策略，完善风控体系。

那么，我们先要设计反映企业历史信贷逾期情况的指标。假定我们设计了近一年累计逾期次数、近一年累计逾期金额、近一年累计逾期天数、近一年最长逾期天数、近一年最大逾期金额 5 个指标。

我们基于历史数据采用两种方法定义策略，首先采用计算 IV 值的方式进行指标的初筛，具体示例如表 4.7 所示。根据表中测算结果，我们将近一年累计逾期次数和近一年最大逾期金额两个 IV 值大于 0.1 的指标纳入备用指标。

---

① 单指标 IV 值是衡量指标预测能力的技术指标，一般认为 IV 值越大，预测能力越好。通常将 IV 值大于等于 0.1 作为指标选择的标准。

表 4.7 指标 IV 值测算表

序号	指标	IV 值
1	近一年累计逾期次数	0.16
2	近一年累计逾期金额	0.08
3	近一年累计逾期天数	0.07
4	近一年最长逾期天数	0.09
5	近一年最大逾期金额	0.21

然后采用描述性统计的方式进行分析，具体示例如表 4.8 所示。从表中可以看出，如果我们将阈值设定在 1 次及以上，则会拒绝 50%的申请，覆盖 98%的不良客户，而如果将阈值设定在 7 次及以上，则只拒绝 4%的申请，拒绝 2.79%的好客户，误伤率在可接受范围，但覆盖的不良客户比例也下降到 52%。

表 4.8 近一年累计逾期次数指标分段分布

序号	次数分段	本段客户数占比/%	本段不良客户占比/%	向上累计好客户占比/%	累计不良客户覆盖率/%
1	0	50	0.01	100	100
2	1	25	0.07	50.9	98
3	2~3	15	0.1	23.67	75
4	4~6	6	8	8.41	68
5	7~10	3	17	2.79	52
6	10 以上	1	75	0.25	44

我们来看一下另一个指标的分布情况（见表 4.9），然后决定怎么用近一年累计逾期次数这个指标。从表 4.9 中我们可以看到如果将阈值设在 10 万元以上，会拒绝 40%的客户，覆盖 89%的不良客户，但也会拒绝掉 34%的好客户，整体错杀率较高。

表 4.9 近一年最大逾期金额指标分段分布

序号	金额分布分段/万元	本段客户数占比/%	本段不良客户占比/%	向上累计好客户占比/%	累计不良客户覆盖率/%
1	0	50	0.01	100	100
2	0~10	10	5	44	98
3	11~30	15	3	34	89
4	31~50	10	5	17	60
5	51~80	5	20	7	55
6	80 以上	10	80	2	51

若将近一年累计逾期次数和近一年最大逾期金额两个指标并行使用，按照近一年累计逾期次数阈值设在3次以上，近一年最大逾期金额阈值设在30万元以上，则相应的指标分布如表4.10所示。从表中可以看到，并行使用两个策略，整体拒绝率为30%，较单一策略模式下提高；不良客户覆盖率较最高单一策略覆盖率68%高出4%，上升到72%；被拒绝的好客户占比也从单一策略最高17%上升到21%。这种模式下，这两项策略的拒绝率有点高，如果和模型等进行组合应用，整体拒绝率和误伤率都会偏高。因此，我们可以尝试将两个策略的交叉应用，看能否在保持一定的不良客户覆盖率的情况下，把拒绝率和误伤率保持在一个相对低的水平。

表4.10　两个指标并行使用情况分布

近一年累计逾期次数拒绝率	近一年累计逾期次数不良客户覆盖率	近一年最大逾期金额拒绝率	近一年最大逾期金额不良客户覆盖率	合并拒绝率	合并拒绝好客户占比	合并不良客户覆盖率
10%	68%	25%	60%	30%	21%	72%

我们将策略调整为近一年累计逾期次数阈值设在3次以上，且近一年最大逾期金额阈值设在30万元以上，指标分布如表4.11所示。从表中可以看出经过交叉使用后，拒绝率下降到7%，误伤率下降到6%，不良客户覆盖率下降到50%。考虑到还有模型及其他策略，该策略可以纳入整体策略做进一步验证，但是否最终使用以及如何使用还要和模型及其他策略进行整体的数据验证后，才能做出决策。

表4.11　两个指标交叉使用情况分布

近一年累计逾期次数拒绝率	近一年累计逾期次数不良客户覆盖率	近一年最大逾期金额拒绝率	近一年最大逾期金额不良客户覆盖率	交叉拒绝率	交叉拒绝好客户占比	交叉不良客户覆盖率
10%	68%	25%	60%	7%	6%	50%

这里我们主要介绍策略的定义方法，在确定最后整体策略的时候，仍然要使用上述方法进行整体的数据验证，再结合产品目标进行调整，得到最终的整体风控策略。策略是围绕业务预期目标，从各种不同的风险控制组合中找出最优的组合，需要的是对各种组合的深入分析、仔细评估。有时候，你甚至要跑上万种策略组合，才能从中找出最优的策略。

（四）策略的动态调整

数字时代，市场环境瞬息万变，人和企业的行为也在快速变化，大数据智能风控体系上线运行后，需要结合外部环境的变化，及时评估整个体系的实际运行情况，围绕预期目标，对风控策略进行及时的动态调整。

第一，要建立复盘评估机制，定期对整个体系进行复盘评估，制订复盘评估方案。

一方面，要监测模型稳定性，主要包括衡量模型稳定性的技术指标 PSI、衡量模型区分能力的技术指标 KS 等技术指标。一般来说，PSI 不能超过 25%，超过 25%就表示模型所要应对的现状环境及客群与模型建模时相比，可能发生了较大的变化，需要跟踪评估是否重新建模；KS 指标也要与建模时的 KS 指标进行比较，如果波动较大也要及时进行跟踪关注。另一方面，从业务层面，要监测每个月的整体审批通过率、逾期率、平均贷款金额等指标，并确定每个指标的预警区间，一旦指标触达预警区间，就要开展进一步深入的分析，评估是否调整策略以及如何进行策略调整。指标预警阈值主要与策略定义时的指标情况进行比较后，才能确定。比如说，定义策略时的审批通过率为 60%，那么，我们再设定预警阈值时，就可以以当时 60%的审批通过率为监测基准，一旦审批通过率低于或者高于监测基准的一定比例，就要展开进一步的分析，找出波动原因，及时进行策略调整。

举个例子来说，当我们发现产品的风控体系上线后，审批通过率较上线前定义策略时的目标通过率大幅度降低，我们就要对上线后的审批数据进行分析，发现是哪些节点、策略导致了审批通过率不如预期、为什么会不如预期。如果是专家策略导致，就要对专家策略进行调整。如果是模型导致，就要看模型技术指标是否合理，是否出现了模型质量问题。如果模型本身没有问题，就要对模型策略进行调整。如果是模型本身就出现了问题，就要考虑是否对模型进行重构。

策略调整的方法和上述制定策略的方法是一致的，只不过使用的验证数据有差异。在产品上线前，主要使用的是历史数据结合专家经验模拟的产品数据；产品上线后，使用的就是真实的产品数据，会更有针对性。

第二，我们需要倾听客户的声音。我们的产品是以满足客户需求为宗旨的，产品体验的好坏直接影响到产品能否有效满足客户需求。风控策略也是产品体验的一部分，在策略的调整过程中，我们也要及时倾听客户的声音，分析客户的投诉数据，看看哪些投诉是和风控策略相关的、哪些是合理的诉求、哪些是风控底线。我们应该在不影响整体风控目标的前提下有针对性地开展策略调整工作。

这里需要特别说明的是，从事风控策略制定工作的小伙伴们要有坚定的风控底线和原则，不能随意突破，但是，也不能高高在上，远离客户，拒产品经理于千里之外，做起“风控官老爷”，那样产品体验做不好，客户不来了，风控是没有任何意义的，毕竟，通过产品满足客户信贷需求的同时，获得相应的收益才是我们的终极目标。因此，风控的小伙伴们在做风控策略定义和调整的时候需要怀抱初心，从群众中来，到群众中去，让风控策略也能听见市场的声音，让风控更有温度。一名好的风控策略人员一定也是一名耐心的倾听者。

第四节　小微信贷大数据智能风控的特点

前面三节我们已经对小微信贷大数据智能风控体系做了一个整体介绍，相信很多读者读到这里，尤其是一些从事过零售信贷数字风控相关工作的朋友会有一些疑惑：为什么小微信贷大数据智能风控体系和消费信贷风控体系像但又不像？像的是流程，不像的是模型和策略。而且模型和策略这方面不仅不像，简直是大相径庭。这就要回到小微信贷自身的特征上来，小微信贷的特征也就决定了小微信贷大数据智能风控的特征。了解小微信贷业务的特征，有助于我们更好地完善小微信贷风控体系。

我们认为和消费信贷相比，小微信贷业务有几个自己的鲜明特征，包括经营性、波动性、与企业主的强关联性等，这些特征是我们设计小微信贷业务大数据智能风控体系的关键。在用数据说话、数据风控的今天，我们只有深刻了解小微信贷业务的特征，才能量身定做好小微信贷大数据智能风控体系的建设和迭代。

首先，我们来讲讲小微企业的经营性特征。和世界500强或者中国500强这类大型公司相比，小微企业的经营规模就是小巫见大巫，员工人数也要少得多，有些甚至就是家庭作坊或者夫妻店。虽然规模小、不规范，但是小微企业毕竟还是企业，从事的是生产经营活动，收入来源于生产经营创造的价值，这是其持续经营的基础，也是其承担负债的主要还款来源。因此，从信贷的视角，小微企业作为银行授信的主体对象，首先是要能长期存活，就跟我们贷款给个人的前提假设是我们对人类的平均寿命有个基本的预期，我们认为个体在贷款周期内死亡的概率较低，只要人活着就有还款的希望。试想，如果人的平均寿命只有30岁，我想银行的信贷政策是要做出大幅度的调整的。回到小微企业上，道理也是一样的，我们最大的希望是小微企业能够长期存活，这就决定了我们首要关注的事情必然是企业的生产经营状况，毕竟良好的经营是企业长期存续的基础，企业生产经营一旦出现异常，不仅会还不起银行的贷款，还有可能使自身走向破产。

和个人相比，影响小微企业长期存续的因素要多得多，概率也要高得多。个人主要受疾病、意外事件等的影响，而小微企业既要受企业老板个人健康状况、嗜好、知识水平、性格等个人因素的影响，又要受企业所处区域经济发展水平、营商环境，所属行业的发展趋势、发展现状，以及企业的产业上下游商业伙伴等的影响，而且受黑天鹅事件的影响程度也要远超个人。就拿2020年的新冠肺炎疫情来说，虽然个人也受到了不小的影响，但是小微企业受到的冲击要远远大于个人，小微企业不只要考虑何时恢复经营、如何撑下去等问题，还要考虑给员工发工资、给房东交租金等一系列问题。小微企业在没有收入来源的情况下，还要继续支付相应的成本，经营何其艰难。

然后，我们来聊聊小微企业经营的波动性特征。据《财富》杂志报道，中国的小微企业平均寿命仅为2.5年，应该说，寿命十分短暂，从是否存续本身而言，小微企业的波动性就很大。而在存续周期内，小微企业的经营情况也存在很大的波动性。由于小微企业处于初创阶段，本身体量小，一个小小的外部因素的变化都会给小微企业带来巨大的影响。比如，获得或者丢掉一个订单都可能会对小微企业产生较大的影响，导致小微企业的经营业绩出现大幅度的波动。小微企业就像落叶一样，风一吹就满天飘，风一停就掉落地面；大企业则像石头一样，没有超大的风是刮不动的。当然了，波动并不代表小微企业就会走向破产，这是小微企业成长过程的一个阶段性的特征。

而就生长在稳定发展社会的大部分个人而言，其人生的成长曲线是相对恒定的，收入、资产曲线整体是呈线性增长态势的，波动性相对小微企业要小得多。因此，从信贷的角度来说，我们对小微企业授信就要在接受其波动性的基础上，透过现象看本质，从波动中找出有发展潜力、有未来的优质企业。而不是因为其波动性就拒之千里之外，这点上，小微信贷和个人消费信贷有着本质的不同。

最后，小微信贷的第三个鲜明特征是和企业主个人紧密相关。小微企业处于初创阶段，企业规模小、管理不规范，企业主对于小微企业的经营管理具有绝对的掌控力，基本可以说是企业老板说了算。因此，在小微信贷业务风控中，我们就必须高度关注企业主对于企业经营的影响，抛开企业主因素，单纯看企业的经营情况是远远不够的。企业主的性格、嗜好、知识水平、社会阅历等方方面面，都会潜移默化地影响企业文化及企业经营情况，从而对信贷风险产生影响。举个例子来说，笔者曾经接触过南方某市的一位小企业老板，他思维活跃、行业经验丰富，将企业经营得风生水起。表面看起来，似乎一切都在向好的方向发展，企业未来做大做强可期，然而，差不多就在一夜之间，这位企业老板跑路，企业关门倒闭。原因在于这位老板喜欢赌博，除了欠银行贷款，还欠了很多赌债，为了躲避民间债权人的追讨，他直接跑路了。造成的后果就是一家本来经营良好的小企业瞬间陷入困境，在众多债权人的追讨之下，企业老板的家人无奈变卖企业及家中资产，偿还借款，企业也就此倒闭关门。银行直到企业老板跑路了，才掌握企业老板嗜赌的信息，虽然银行第一时间介入，通过各种手段保全信贷资产，但最后也不得不接受部分信贷资产损失的结局。如果银行能提早发现企业老板嗜赌的蛛丝马迹，在贷前就能予以拒绝或者控制贷款额度，贷后能够及早介入，也许就能避免损失。

我们在小微信贷业务风控体系中，需要将企业主与企业视为一个整体来进行评估，贯穿整个小微信贷的生命周期。在信息真实性核验认证、申请反欺诈、信用评价、额度计算、增信、贷后风险预警、催收等各个信贷风控节点，都不能仅关注对企业的评估，还要重视对企业主的评估。将企业主和企业作为一个整体来看，对于企业来说，并不能简单地认为风控准入门槛更高了，事实上，我们要更加辩证地看待这个问题。加入企业主的因素，对于踏踏实实经营的企业来说，由于将企业主的个人信用、资产等因素纳入考量，企业获得贷款的概率得以提高，获得更高授信额度的可能性增大，本质上是一种增信，只有对于那些企业主本身有不良嗜好或者行为的，才会抬高信贷准入成本，同时也可以理解为这是对企业主的一种隐性约束。在信贷准入约束之下，从长远来看，这有利于企业主改变自身不良嗜好或者行为，对于企业经营反而是一件好事，有利于小微企业行稳致远。

正是因为小微企业和企业主的强关联性这一特征，一些互联网平台及领先的银行才能参照零售信贷的模式对小微信贷进行探索创新。长期以来，传统的小微授信模式一直是参照大中型企业授信模式开展的，这也是导致小微信贷业务发展缓慢、不良率高的原因之一。可以说，传统的授信模式并没有很好地利用小微企业这一重要特征。

小微信贷业务参照零售信贷模式是数字技术应用的重要基础，就目前可获得的数据而言，相比于银行的对公业务，大数据在零售业务上更能发挥作用。原因有二：一是大中型企业股权关系错综复杂，难以清晰界定实控人，即便是有清晰的实控人，由于公司已经建立了规范的治理架构，实控人对于企业经营管理的影响也不像小微企业的老板那样大，难以将其简单地看作一个整体；二是由于大中型企业决策链长，参与决策者多，需要用于评价的信息维度要远超个人或者小微企业，而且大中型企业决策过程中的很多信息无法数字化，隐性的信息较多，银行难以获得足够的数据维度对大中型企业进行评价。所以，现阶段大中型企业授信模式还无法简单复用零售信贷模式，更别提参照零售数字信贷模式了。

相信看到这里，很多读者的疑惑已经消除，对于小微信贷大数据智能风控体系有了全面的、系统性的了解，对于其和零售信贷数字风控体系的差别也有了较为直观的理解。下一章我们将进一步阐述小微信贷大数据智能风控维度。

第五章

小微信贷大数据智能风控维度

前文我们系统性地介绍了小微信贷大数据智能风控体系，大家对于整个“骨骼”框架有了大致的了解，接下来我们将进一步丰富小微信贷大数据智能风控体系的“肌肉”，让大家从业务的视角对于小微信贷大数据智能风控体系有一个更深入的理解。

大数据智能风控是以模型为核心的体系化风控，核心是模型。模型则是基于历史客群表现，总结客群特征，预测未来，从海量的数据维度中找出和风险强相关的数据因子作为预测变量，通过数学算法运用变量预测风险。有效的数据维度是模型构建的基础，是决定模型效果的关键。就跟我们养牛一样，你喂给牛的饲料好，牛就长得好。所以，准备好的饲料就成了养好牛的关键一步。

回到模型上来，我们要做的关键一步就是在建模之前，寻找足够的、全面的与小微信贷相关的风控维度。这里我们要特别强调“相关”两个字，我们定义的风控维度一定是和小微信贷相关的维度，而不是将八竿子打不着的也选进来。比如，企业老板喜欢喝什么茶，这和风控丝毫没有关系，不仅侵犯了老板的隐私，还增加了建模工作量。这个“相关”就代表着好的“饲料”。本章我们就来讨论小微信贷的相关风控维度，说得更直白一点，就是我们认为哪些是对小微企业经营、小微信贷风险产生影响的因子。哲学上说，事物受外因和内因的影响，小微企业的外因包括宏观层面上的经济周期、行业、区域等因子，内因则主要是与企业自身经营相关的因子。

第一节　宏观风控维度

一、经济周期的影响

任何个人和企业主体都无法逃脱经济周期的影响，企业受到的影响尤甚，而这其中小微企业受到的影响会更大。当经济处于上行周期的时候，整体上来看，大多数小微企业的经营状况会相对好一些；当经济处于下行周期的时候，小微企业的经营能力就受到了考验，小微企业会出现严重的分化。

近 10 年来，我国经济基本告别了过去动辄两位数的高速增长时代，进入了中高速增长阶段。从需求侧来说，市场需求增速大幅放缓，市场空间扩张大幅减缓。作为供给侧的企业，在经济高速增长时期，其产能大肆扩张，但在市场空间扩张减缓的情况下，供给远远大于需求，企业从增量竞争时代转入存量竞争时代。躺着赚钱的时代一去不复返，原来只要开个小作坊、摆个摊就能赚钱的机会逐渐消失，对企业精细化管理、差异化经营提出了更高的要求。

一些小微企业创立于快速增长时代，习惯了粗放的经营模式，在经济环境已经发生变化的情况下，仍然沿用原有的经营模式，难免被市场淘汰。在2000年年初，中国刚加入WTO，获得了巨大的出口市场，很多产品的出口量迅速增长，服装制品出口就是个典型的例子。那个时候，你只要开个小店，批发布匹，就能快速致富。当时，在广东沿海一带，坊间甚至流传着卖布就是卖黄金的说法，也缔造了一批又一批的富豪。而现在，不论是全球市场还是国内市场，都发生了深刻的变化，市场空间增长受限。我们已经从增量市场进入存量市场，增量市场意味着近乎无限的需求增长，你只要有产品、有渠道就有机会，而存量市场比的则是谁的产品、服务更好，更吸引眼球，逻辑已经完全改变，如果你还是按照原来的方式经营，你就无法适应市场竞争，你就很难生存。所以，我们可以看到在中国经济从高速增长向高质量增长转型的这10年，大量的小微企业被淘汰出局。相比于大中型企业陷入经营困境，很多小微企业则是直接倒闭，所以经济周期对小微企业的影响显然是更大的。

当然了，也并不是所有小微企业在经济周期变化中都会陷入困境，有一些小微企业在经济转型过程中也及时转型，改变固有的路径依赖，积极寻找新的市场机会，反而获得了更好的发展。我们国家人口数量众多，幅员辽阔，市场空间大，细分市场机会仍然很多。打个比方说，同样是服装定制，假定我们国家和日本都有1%的人有这方面的需求，我们国家就有1 400万人，日本则只有100万人，假定平均每个人一年的定制金额是1万元，则我们国家的市场规模就有1 400亿元，而日本则只有100亿元，同样一个细分市场机会，在我们国家都有着远超其他国家的市场规模，这就是我们的人口红利优势。

在经济高速增长的时代，做普适的标准品就能赚钱，很多企业并不愿意花心思去研究细分市场机会，而在存量竞争时代，你不去找细分市场，不转型，就只能坐等关门。精耕细作的企业不仅能在经济转型中活下来，很多还活得更好。

因此，我们可以看到，经济周期会对小微企业产生很大的影响，但是这种影响可能是正面的也可能是负面的，正所谓危中有机，主要还看企业个体的应对。从小微信贷风控的角度来说，我们在建立大数据智能风控体系的时候，就不能忽视经济周期的影响，至于是好还是坏，不同的企业结果不一样。这些都可以让模型去学习并总结规律，对好坏进行区分。

看到这里，有的读者可能会有疑问，在实际的应用中，我们需要将影响因素转化为可量化的指标，那经济周期该如何量化呢？一般来说，我们可以采用GDP增长率、CPI等指标，再设计一些同比、环比的衍生指标，也可以设计一定时期的GDP增长率的标准差，以衡量经济增长的波动性。这些指标可以设计成全国的，也可以设计成企业所在地的。对于外贸型企业，还可以考虑出口国别集中度、主要出口国GDP增长率、出口退税率变化等因素。经济周期的量化指标方面，读者可以充分发挥想象力，毕竟一个好的指标对模型的提升效果是巨大的。

二、企业所处行业的影响

企业所在的行业也会对企业的经营产生影响。就和人是活在社群中的一样，企业是活在行业中的，社群会对人产生影响，同样的，行业也会对企业产生影响。

雷军有句名言："站在风口上，猪都能飞起来。"如果企业所在的行业是处于当下的风口，那么该企业的经营环境相对于其他行业的企业会好很多，处于风口行业的大多数企业取得相对好的业绩的可能性也会更高，即便没有盈利，从信贷风险的角度来看，其在一定时间内倒闭的可能性也相对较低。比如，现在智能汽车已经成了一个新的风口产业，各种资本蜂拥而入，作为智能车产业链上的小微企业，显然要比燃油车产业链上的小微企业日子相对好过一些。

当然了，我们也不能说处于风口行业的所有小微企业都是好企业，只是从影响因子的视角来看，我们认为企业所处行业的情况会对小微企业的经营产生影响。但并不意味着所有处于风口行业的小微企业就一定比处于非风口行业的小微企业好。

行业给小微企业生产经营带来的第二层影响是，小微企业的上下游交易对手的变化及生产经营情况。如果一家经营良好的小微企业最依赖的下游交易对手停止合作，可能给这家小微企业带来毁灭性的打击。就像 2021 年苹果公司突然宣布停止与欧菲光合作一例。苹果公司是欧菲光的重要业务收入来源，苹果停止合作的决定让欧菲光股价从 23 元一路下跌至 10 元以下。交易对手的变化对于上市公司的影响尚且如此之大，更何况是小微企业，其影响只会更大，甚至直接导致小微企业倒闭。另外，即便交易对手没有停止合作，而是生产经营情况恶化或者公司进行战略转型，导致订单大幅度下滑，也会给小微企业带来巨大的影响。

因此，从设计变量指标的角度，我们需要将行业的各类可能相关的影响因素尽可能地考虑进来。在具体的指标上，我们可以将所属行业、所属行业舆情热度、所属行业产值变化、所属行业 ROE、所属行业从业人员进出指数、交易对手集中度、主要交易对手负面舆情、交易对手数量变化、交易对手交易金额变化等指标纳入考量范围。可能有小伙伴会对所属行业从业人员进出指数这个指标存有疑问，"春江水暖鸭先知"，行业好不好，身处其中的人一定是最先感知的，人才净流失的行业最终必然走向衰落，所以人员的流动也可以从一定程度上揭示行业当前以及未来的发展状况。

三、企业所在区域的影响

企业所在的区域也会对小微企业的生产经营产生影响，主要体现在以下几个方面：

一是所在区域的经济发展水平。所在区域经济发展水平会直接影响企业的生产经营。“近水楼台先得月”，区域经济发展得好，市场主体多，消费能力强，视野开阔，本地市场能够给包括 to B、to C 在内的小微企业提供更多的支持。就拿供应链来说，从本地企业进货或者向本地企业供货，显然可以省掉一大笔物流成本。对于 to C 企业来说，其对本地消费者更加熟悉，较大的本地市场空间有助于小微企业验证商业模式，待成熟后再伺机向其他市场推广。相反，如果区域经济发展较为落后，市场主体少，消费能力弱，小微企业能获得的本地助力就较少，先天就存在不足。这就像人一样，出生在一线城市中产家庭及以上的儿童和出生在西部偏远山区的儿童，成长环境天差地别，出生在西部偏远山区的儿童显然要付出更多的努力。在本书的写作期间，有一个中科大博士论文的致谢在网上走红，相信很多读者都看到过，其中心酸不免令人动容，要从偏远山区走出来，有太多的不易，这远不是生活在一、二线城市里的孩子能想象的。人是如此，企业亦是如此。纵使你才华横溢，满腔热血地创业，你所在的区域如果经济发展水平落后，就会很大程度限制你的发展，这也是为什么很多企业发展到一定阶段会将总部迁往一、二线城市的原因之一。

二是所在区域的营商环境。如果说所在区域的经济发展水平是企业经营的硬环境，营商环境就是软环境。当然了，从广义上来说，营商环境是市场主体在准入、经营、退出全过程中的政务环境、市场环境、法治环境、人文环境等有关外部因素和条件的总和。上文讲到的区域经济发展水平也可以归到营商环境中。这里，我们侧重于狭义的营商环境，即除经济发展水平、市场环境之外的其他外部条件，主要是政务、法制和人文环境。好的政务、法制环境能够为企业发展营造良好的条件。政府能够依法办事，办事效率高，起到服务、赋能的作用；反之，则会起到反作用，有的甚至会直接影响到企业的生死存亡。人文环境也会对企业发展产生影响。比如，企业所在区域高等教育发达，企业招聘高素质员工的成本就会相对较低，区域创新氛围也会更加活跃，所以，北京、上海等高校多的地方更易出现独角兽企业。

在指标设计方面，我们可以设计一些诸如区域经济 GDP 增长率、上市企业数量、区域人口净流入数、区域新注册企业增长率、区域注销企业增长率、区域高等院校数量、区域高等院校在校生数量、区域营商环境指数等指标。还可以在此基础上设计一些环比、标准差等衍生指标，比如，针对区域人口净流入数，可以进一步设计区域人口净流入数同比增长率、区域人口净流入数环比增长率两个衍生指标。

当然了，影响小微信贷资产质量的宏观因素并不只有上述两个方面，一些特定的行业，还会受自然环境的影响。比如，农业、建筑行业等会受天气的直接影响，干旱会导致农业产量减少，恶劣天气多会延缓建筑项目施工进度。有些行业则会受到间接影响，像对棉花供应有强依赖的服装业，也会间接受天气的影响，棉花减产，自然会对服装价格产生影响。另外，这和企业的供应链掌控能力也息息相关，供应链掌控能力强的，受到影响会相对较小。还有些行业会受政策调整的影响较大。比如环保政策的调整会对一些高能耗的产业产生较大的影响，对企业在节能减排方面的投入会有更高的要求，短期内会抬高企业的成本。

因此，我们在考虑小微企业的风控维度的时候，还要结合一些特定行业、特定区域、特定群体的情况，进一步补充完善。

第二节 微观风控维度

一、小微企业主对企业的影响

前文我们讲到小微信贷的一个鲜明特征是，企业经营和企业主个人紧密相关，企业主对小微企业的生产经营具有绝对的影响力。接下来，我们就从小微信贷风控的视角，介绍一下我们需要关注的企业主的维度。

（一）企业主的信用状况

企业主的信用包括两个方面：一方面是企业主在借贷领域的履约能力与履约意愿。企业主自身拥有的资产情况及未来的增长可能性决定了其履约能力，企业主历史借贷的还款情况则反映了企业主履约意愿，这里的借贷既包括企业主从正规金融机构借款的行为，又包括其民间融资行为。另一方面是企业主在社会领域的履约情况，主要是企业主个人在一些社会商业交易中的历史履约行为，比如，是否存在高铁逃票之类的行为。

企业主的信用好坏会直接影响小微企业的发展，随着整个社会信用意识的提升，以及社会信用体系建设的逐步完善，不论是在借贷领域还是在社会领域，企业主发生失信行为，都会对企业发展产生负面影响。比如，一个企业老板 A 向另一个企业老板 B 借款 100 万元，但却不愿意归还，B 将 A 告上法庭，A 被纳入老赖名单。那么，A 的企业在与其他企业做生意的时候，其他企业就会对 A 老板的企业能否诚信履约产生怀疑，A 的声誉直接影响了企业的声誉，最终导致企业经营陷入困境。

因此，从企业主信用的角度来看，我们应该关注企业主的履约能力和履约意愿。履约能力方面，包括企业主拥有的资产情况、资产的变化情况、负债情况以及行为的稳定性等；履约意愿方面，主要关注企业主历史贷款履约情况、是否有社会失信行为等。

落实到具体的指标上，我们可以设计企业主的长期资产价值、流动资产价值、长期资产价值增长率、流动资产价值增长率、流动资产占比、负债总金额、资产负债率、信用卡额度使用率、居住地址变化次数、手机号变更次数、信用卡逾期次数、信用卡最长逾期天数、信用卡最大逾期金额、贷款逾期次数、贷款逾期天数、贷款最大逾期金额、是不是老赖、涉诉次数、涉诉金额等。

（二）企业主经营能力

企业主的经营能力直接决定了企业能走多远，企业主的经营能力主要与企业主的受教育程度、行业从业经验、学习能力相关。

企业主受教育程度对于企业发展的影响到底如何，一直以来都是个颇有争议的话题，也是读书无用论的根源所在。的确，从过往的发展来看，很多传统行业的企业主的受教育程度与企业经营好坏似乎没有必然的联系。在中国处于高速的增量发展阶段，企业主的个人性格、经商天赋、行业经验等因素确实能够帮助企业快速占领先机，而在存量竞争时代，更高水平的精细化经营管理和企业主个人的专业素养是十分必要的。企业主受教育程度越高，对企业的发展帮助也会越大，这是历史发展的必然趋势，相信读书无用论也终将被终结。

企业主的行业从业经验也会对企业的发展产生较大影响，尤其对于处于初创期的小微企业来说更是如此。一般来说，企业主在一个行业摸爬滚打的时间越长，踩过坑、跨过坎，对行业越熟悉，积累的行业经验越丰富，越有助于企业更好地把握行业现状、发展趋势及市场需求，少走弯路，从而设计出更有竞争力的产品。同时，企业主长期从事某个行业，在行业中也积累了相当的人脉，也有助于企业获得更多的资源，这既是企业赢得市场先机的关键，又是企业可持续经营的重要保障，这也是为什么刚毕业大学生的创业成功率要低于有经验的创业者的原因之一。

企业主的学习能力是企业竞争力的重要保证。随着科学技术应用的深入，不论是终端消费者的行为，还是商家服务模式、工厂制造模式等都在快速发生变化。市场瞬息万变，我们从来没有像今天一样处于变化如此之快的世界之中，今天的经验放到明天可能就没用了，个人如是，企业也是如此。这对于我们每个人都提出了更高的要求，唯有保持好奇心，不断学习，才能跟上时代的脚步，才有机会在激烈的市场竞争中立于不败之地。小微企业主更是如此，想要实现企业的永续经营，企业主的学习意识和学习能力至关重要。一个有强烈紧迫感，能够积极主动学习、了解各类新兴事物，并能够快速掌握和总结提炼知识的企业主，其经营的企业的竞争力很大概率是要强于不注重学习的企业主经营的企业的。

就指标设计来说，我们要尽可能设计可量化的指标。例如，企业主的学历、行业从业年限、企业主职称、企业主行业获奖次数、企业主职业培训次数、企业主职业培训金额、企业主拥有的专利数、企业主创业年限、企业主创业次数等指标。

此外，我们也可以选取一些成功的企业主作为样本，通过大数据建模的方法，建立企业主经营能力推估模型，推断企业主的经营能力，再将模型结果作为一个风控维度纳入整体风控体系。

（三）企业主社会资本

社会资本这一概念最早是由社会学家提出的，目前，并没有形成统一的概念定义，但有微观、中观和宏观三个研究层面。这里的社会资本主要指人们在社会网络结构中所处的位置给其带来的资源。通俗地讲就是你的人脉关系质量能给你带来的资源。作为企业经营者的企业主，其所掌握的社会资本必然会对企业的发展产生深远的影响。就拿初创企业融资一事来说，在阿里、腾讯等企业工作过的创业者拿到阿里或者腾讯的创业投资的概率要远高于普通创业者，这是因为在阿里、腾讯等企业工作过的创业者在阿里或者腾讯拥有更广泛的人脉。由于有着“前同事”这一信任背书，即便在创业项目前景、创业者能力类同的情况下，这类创业者不论是在拜访阿里或腾讯旗下投资人，还是最终获得投资，显然都要比普通创业者容易得多，相比之下，一名普通的创业者也许想见阿里或者腾讯的投资人一面都很难，这就是社会资本带来的价值。

网上曾经流传过一句话：“看一个人的实力，只要看他身边的朋友圈就够了。”这是社会资本的生动写照。物以类聚，人以群分，你处于社会中什么水平就决定了你的朋友圈处于什么水平，你拥有什么样的朋友圈，你就拥有什么样的人脉，也就决定了你能从社会中获取多少资源。试想一位普通的小微企业主，其主要社交圈大概率还是小微企业主，其掌握的社会资本与上市公司老板是不可同日而语的。但是，在小微企业主这个群体中，社会资本也有大小之分，有的小微企业主自身魅力大、社交能力强，就会掌握更多的社会资本，反之的小微企业主能掌握的社会资本则较少。社会资本多的小微企业主，其企业的发展条件显然要比那些社会资本少的小微企业好。上文提到的阿里、腾讯等大公司出来的创业者的例子就充分印证了这一点。

传统上，银行一直将AUM值作为个人客户的财富衡量指标，主要关注的还是个体本身的显性资产，个体的社会资本并没有引起重视。事实上，按照《马克思恩格斯选集》中所说的“人的本质是一切社会关系的总和”，人是活在社会中的人，是有社会属性的。从资产的角度看，我们除了看个体本身的显性资产，还要看其社会资本这一隐性资产的情况，这样，我们才能更加全面、客观地评价个体。在风控领域，我们更应将这一维度考虑进来，这样才能更加全面、客观地对小微企业进行评价，从另一个角度来说，这也是对小微企业的一种增信。

我们要将企业主的社会资本纳入大数据智能风控体系中，就要先将企业主的社会资本量化为社会资本值。这个理念可以说是本书作者首创，在落地上，需要推进技术、方法论的创新。我们可以基于图计算技术，结合机器学习算法，建立社会资本量化模型，测算企业主的社会资本值，再将企业主的社会资本值作为大数据智能风控体系的一个变量维度，从而提升风控的全面性、客观性、精准性。

（四）企业主欺诈

这里的欺诈主要指企业主带有骗取银行贷款资金的主观意愿。这又分为两种情况：一类是硬欺诈，企业主创立企业的目的并不是为了生产经营，而是为了骗取银行贷款资金；还有一类是软欺诈，企业主因生产经营急需信贷资金，为了获取足够的资金，而采取一些造假的手段。落到个人行为上，也会存在较大的差异。比如硬欺诈往往伴有团伙欺诈的特征。企业提供的企业主要么从未开办过企业，要么名下企业众多。未开办企业的部分企业主会呈现出学历低、年龄大、分布在农村地区的特征，这类人有很大概率不是真正的企业主，而是欺诈团伙买的身份证信息。又如软欺诈，企业主个人则可能会有一些历史的疑似欺诈行为，比如涉嫌信用卡套现等；也可能会在贷前存在一定的造假嫌疑，比如个人资金流或者资产造假等。

因此，我们在设计企业主欺诈指标的时候，要在充分考虑上述特征的基础上进行设计。需要考量的维度包括企业主开办企业数、企业主与历史欺诈团伙的关系、企业主信用卡套现次数、企业主信用卡套现金额、企业主贷前一定时间内资金结算量增长率、金融资产增长率、企业主贷前一定时间内同名账户转账次数、企业主贷前一定时间内同名账户转账金额、企业主贷前一定时间内同户名转出金额回流占比等。

二、企业经营的影响因子

（一）企业生产经营的资金需求

前文已经介绍了我们的目标是，让真正踏实经营的小微企业能够在其需要资金的时候，获得生产经营所需金额的贷款。这里面的关键是对企业生产经营所需的真实资金需求的识别，企业在什么时候需要钱？需要多少钱？这个需求的识别不仅有助于银行满足企业的生产经营资金需求，还能防范欺诈风险，防止银行给予企业过度授信，可谓一举多得。

企业的资金需求与企业所在行业的生产经营特点、企业自身的生产经营情况息息相关。对于一些季节性强的行业，其资金需求也往往呈现出季节性的特征，比如，武夷山茶叶生产企业在每年秋天的茶叶生产期间对于资金的需求是最为强烈的，那么该类茶叶生产企业在冬天申请大额的贷款，其合理性就十分值得商榷。而茶叶企业在秋天究竟需要多少资金，这就与其对市场的判断、需要生产的茶叶数量、扩大或者减少生产量等存在相关性。

在这方面，我们需要通过大数据建模的方法，建立企业资金需求推估模型，推断企业在不同时间段对应的资金需求期间，然后，在此基础上，对企业贷款申请的合理性及给予其授信额度的合理性进行评估。

（二）企业的竞争能力

企业在市场中的竞争力往往决定着企业能够走多远，企业的竞争力越强，企业就能走得越远，银行的信贷风险就越小。企业的竞争力是包含企业主经营能力、企业经营模式、企业技术研发能力等众多因素的一个综合问题，不是单一的、具体的指标。实际应用上，选取经营情况良好的企业作为标杆，再基于大数据技术构建企业竞争能力推估模型，对企业竞争力进行量化评估，评估结果会作为大数据智能风控体系的一个风控变量维度。

（三）企业间风险传染

企业间的风险传染也是影响小微信贷风险的一个重要因素。很多民营企业为了获得市场竞争优势或者为了获得贷款，往往会找一些没有直接竞争关系的企业抱团取暖，在资金、业务上互相支持，建立紧密的合作关系。而从信贷风险角度来说，一旦这个关系网中有一家企业出现经营困难，就会引发多米诺骨牌效应，导致这个关系网中的其他企业也陷入经营困境，这就是风险的传导作用所致。因此，我们不能忽略企业间的风险传导，需要利用前沿的图计算、机器学习等技术，建立企业间风险传染模型，将结果作为考量的因素，纳入小微信贷大数据智能风控体系。

（四）企业的信用状况

和企业主一样，企业的信用评价也应该从履约能力和履约意愿两个角度去看。但是，在具体的影响维度上，企业和企业主有着天然的差别。企业的履约能力和企业的资产负债情况、经营情况、现金流情况息息相关。一般来说，企业的资产，尤其是长期资产越多，其可用于偿还债务的资金来源就越有保障，履约能力会越强。当然了，企业的负债情况也要考虑，如果企业的负债已经远远超过了其资产，即便资产很多，也无法对其还款提供有效的保障。企业经营情况直接关系到企业的潜在还款能力，企业经营得越好，企业的潜在还款能力越强，企业履约的可能性就越高。而企业的现金流则是直接决定企业能否按时还款的关键因素，这也是前面说企业的经营情况影响的是企业的潜在还款能力的原因。企业现金流来源稳定、现金流充沛，企业就能有资金用于归还银行贷款，反之，则不然。有时候，单从财报上看起来企业经营得很好，订单很多，但是由于回款慢，大多是应收账款，企业现金流不足，无法归还到期债务，往往会导致企业陷入支付危机，严重的甚至引发企业破产倒闭。企业的履约意愿主要和其历史的履约行为相关，一般认为，企业有不佳的历史履约记录会影响其后续贷款的履约意愿。

所以，在指标设计方面，我们既要关注传统的资产情况、经营情况，又要关注企业的现金流情况。我们可以设计一些诸如企业长期资产金额、企业流动资产金额、企业资产负债率、企业营业收入、企业资产收益率、企业净资产收益率、现金与负债比、流动比率、速动比率、历史贷款逾期次数、历史贷款逾期金额等的指标。

由于一些小微企业管理不规范，其财务报表数据的可信度并不高。所以，银行应该减少对小微企业财务报表的依赖，尽可能使用银行结算、税务等客观数据替代。

（五）企业欺诈

企业欺诈和企业主欺诈可以说是一回事，因为企业主要欺诈，必然要通过企业来实现。只不过，从风控变量设计的角度来说，我们需要单独设计企业和企业主的变量。就行为而言，企业欺诈也会在企业团伙、数据造假上体现。

所以，在指标设计方面，我们可以使用企业与历史欺诈团伙的关系、企业贷前一定时间内资金结算量增长率、金融资产增长率、企业贷前一定时间内同名账户转账次数、企业贷前一定时间内同名账户转账金额、企业贷前一定时间内转出同金额回流占比等指标。

在介绍风控维度的时候，我们将企业主和企业分开分别进行了介绍。在实际运用中，我们除了关注企业主、企业本身的影响因子，还需要将两者当作一个整体来看，定义一些指标作为风控因子，为模型提供尽可能多的维度。比如，可以设计企业主和企业整体金融资产金额、企业主和企业整体资产负债率等指标。

第三节　指标设计方法

指标是风控维度的量化，是大数据智能风控体系的基础，是模型的生产要素，就目前的大数据算法而言，指标设计的全面性、设计的质量都会对模型的区分能力产生影响。讲到这里，有小伙伴可能会有疑问：为什么要设计指标？这和大数据建模有关。大数据建模过程通俗上来说，就是我们给机器输入一堆指标，机器通过算法选取与预测信贷风险强相关的指标，作为模型的变量，所以，模型本质上是一个指标和算法的组合。而建模本质上是一个挑选指标的过程，我们给机器输入的指标质量好，模型的效果就会好，反之，模型的效果可能会大打折扣。具体的建模方法本书第三篇会进行详细的介绍，这里就不展开了。

前面两节我们主要介绍了一些能够识别小微信贷风险的可能的维度，以及一些指标的示例，而要将上述思考落地，最终还是要从这些维度自身出发，全面、细致地设计指标，给模型提供高品质的生产资料。因此，如何设计指标就变得十分重要，下面介绍作者的一些经验总结。

一、系统性设计

一般来说，给机器输入的指标往往达几百个到几万个，这个主要取决于你能掌握的数据以及业务本身的特点。指标设计工作并不只是将指标名称写出来，还要定义指标口径、完成指标加工数据映射等工作，工作量较大，一般都是采用项目团队分工协作的方式完成。这个时候，如何防止指标的重复设计、如何防止遗漏、如何进行合理的分工，就显得尤为重要。

因此，设计指标的时候一定要有章法，要有系统性思维，这需要由项目团队中对业务、数据理解最为深刻的成员牵头，先设计出指标的整体框架，经过项目团队讨论调整，形成最终的指标框架，再按照框架去分工。那么，指标的框架如何设计呢？

设计者要从整体上去考虑哪些维度是和小微信贷风险控制相关的，再按照先大后小的原则，定义一、二、三、四级指标架构。具体定义多少级，可以由业务本身的特点决定。接下来，设计者要先定义出一级指标维度，从小微信贷本身的特点出发，先问自己几个问题：小微企业为什么会不还款？答案是经营不善或者是骗贷。接下来进一步问：小微企业为什么会经营不善？因为经济下行、行业不景气、企业主赌博等。到这里，我们可以进一步抽象，影响小微企业经营的因素包括外部因素和内部因素，外部因素包括宏观经济、区域、行业等，内部因素包括企业主个人、企业经营等。这个就是前两节的维度框架，这样，我们的一级指标维度就基本定义出来了，可以定义为外部、内部两大维度，然后细分下一级指标，具体如表 5.1 所示。

表 5.1 建模指标设计

<table>
<tr><th>一级指标</th><th>二级指标</th><th>三级指标</th><th>四级指标</th><th>五级指标</th></tr>
<tr><td rowspan="5">外部影响</td><td rowspan="3">经济周期</td><td rowspan="2">经济增长</td><td rowspan="2">GDP 变化</td><td>近一季度 GDP 同比增长率</td></tr>
<tr><td>近一季度 GDP 环比增长率</td></tr>
<tr><td>价格波动</td><td>……</td><td>……</td></tr>
<tr><td>行业</td><td>……</td><td>……</td><td>……</td></tr>
<tr><td>区域</td><td>……</td><td>……</td><td>……</td></tr>
<tr><td rowspan="5">内部影响</td><td rowspan="4">企业主个体</td><td rowspan="3">企业主信用状况</td><td>履约能力</td><td>观察点长期资产总额</td></tr>
<tr><td></td><td>近一年资金结算量</td></tr>
<tr><td>履约意愿</td><td>……</td></tr>
<tr><td>企业主社会资本</td><td>……</td><td>……</td></tr>
<tr><td>企业经营</td><td>……</td><td>……</td><td>……</td></tr>
</table>

表 5.1 中设计了五级指标体系，我们在设计框架的时候要定义到第四级，再按照第四级进行团队分工，分别设计第五级指标。在这个示例中，第五级指标是最细粒度的指标，是可以直接做数据口径的指标。

二、两个视角细化设计

指标框架设计完后，项目团队就可以分头设计最细粒度的指标了。这个时候，问题又来了，该怎么设计效率更高，又可以尽量避免遗漏？从笔者的经验来看，可以从两个视角出发去设计指标。

一是从业务视角出发设计指标。即基于你的业务经验，你认为哪些指标可以看出小微企业的经营情况。按照定义好的指标框架，在上级指标维度框内，穷尽各种可能去设计指标。可以从银行和小微企业之间能够建立关联的各种业务出发，去定义指标。比如，小微企业在银行有开立对公户，那么，我们就可以定义出开户数、开户类型、结算量、结算量波动、交易对手数量、交易对手集中度等指标。在此基础上，结合时间维度进一步细化，还可以通过指标维度间的组合进行衍生细化。比如，结合时间维度，设计近 12 个月开户数、近 6 个月开户数、近 1 个月开户数。通过指标维度组合，设计近 12 个月前十大交易对手累计结算量。

二是从数据视角出发设计指标。有两种方式：一种方式是根据我们能想到的和小微企业相关的数据设计指标。即便我们目前并不掌握这些数据，但是，我们可以先行设计，再去想办法逐步引进、补充这部分数据。比如，我们目前手上并不掌握税务数据，但不影响我们设计一些诸如近 12 个月纳税总额、近 12 个月增值税纳税总额等税务指标。另一种方式是我们可以拿着内部现有的数据字典，进行数据探查，基于我们已有的数据去设计指标。比如，我们拿着结算数据字典，在数据库中做了简单的数据探查，发现一些备注字段备注了“缴电费”字样，我们可以据此设计近 12 个月缴纳电费总金额等指标。

上述两个指标设计的角度是相辅相成的，目的是尽可能全面地设计指标，避免遗漏。在具体设计实践上，我们可以先从业务视角出发去设计指标，然后，再从数据视角出发去设计指标，作为补充，避免遗漏。指标设计也是一个会灵光乍现的活儿，这和创意的产生有点像，你的跨领域经历越丰富，越容易产生创意和点子，同样的，你对小微企业越了解，接触的数据越多，产生指标设计的灵感也会越多。从笔者以往指标设计的经历来看，我们常常会在与小微企业或者客户经理交流，以及数据探查的时候，产生很多指标设计的灵感。

Technique

技术篇

小微信贷大数据智能风控模型建模方法

要建立小微信贷大数据智能风控体系，我们需要掌握哪些建模方法？有哪些是可以创新的方向？如何应对模型带来的新的风险挑战？

第六章

算法基础

在大数据建模中，数据是生产资料，风控相关的机器学习算法是生产工具。了解算法是开展小微信贷大数据智能风控模型建模的基础。

目前，机器学习及深度学习的应用已经非常广泛，限于本书主题，本章主要介绍风控相关的机器学习、深度学习算法，以期让读者对整个风控领域的算法从原理到应用场景有全面的了解。

第一节　机器学习基础

一、损失函数

损失函数是机器学习领域的基础，可以理解为基于既定参数下模型预测结果和实际结果之间的差距，这个差距的度量方式取决于不同类别的损失函数。损失函数是一个伟大的概念，大部分机器学习算法都是以降低损失函数为方式进行参数学习的。

表6.1为上海市某小区内近期3套房源的成交价格，现在假设要对一套130 m^2新房源的价格进行评估，中介A和B分别使用 $y = 10x$ 和 $y = 8x$ 的价格模型进行评估，那么从历史成交数据来看，哪个中介的评估价格更加可信？

表6.1　上海市某小区近期成交房源

面积（m^2）$-x$ 变量	房屋总价（万元）$-y$ 变量
50	500
100	900
200	1 600
130	???

我们可以很容易地联想到使用绝对值损失的概念进行求解：

$\text{Loss}_A = |10*50-50| + |10*100-900| + |10*200-1\ 600| = 500$

$\text{Loss}_B = |8*50-50| + |8*100-900| + |8*200-1\ 600| = 200$

结果表明，基于绝对值损失标准下的 Loss_A 较 Loss_B 模型更大，因此，使用 $y = 8x$ 的房屋估值模型在该场景下相对更优，此时，130 m^2房屋的价格估计为1 040万元。该例即一个使用损失函数对不同模型进行好坏评价的例子。除了绝对值损失外，机器学习中常用的损失函数还包括0-1、平方、Hingle、似然、指数等多类损失。

（一）0-1损失

0-1损失认为模型在任一样本中的损失值非0即1，如果预测结果和实际结果相等

即为0，不等即为1，所有样本的损失累加即为损失函数

$$\text{Loss} = \sum \begin{cases} 1, & y \neq f(x) \\ 0, & y = f(x) \end{cases}$$

其中，y 为样本实际标签值，x 为样本特征，$f(x)$ 为样本预测结果。原始版本的0-1损失函数对于Loss = 0的定义要求过于严格，这可能导致大部分模型之间难以区分好坏，为此，出现了改进版的0-1损失函数

$$\text{Loss} = \sum \begin{cases} 1, & |y - f(x)| > T \\ 0, & |y - f(x)| \leqslant T \end{cases}$$

其中，T 为阈值，可以进行调整，当差异在 T 范围内时，即可认为该样本的损失为0。考虑到不同样本的取值可能存在差异，可以使用 $\left|\frac{y - f(x)}{f(x)}\right|$ 代替 $|y - f(x)|$ 进行归一化处理，即当预测误差百分比在一定范围内，认为该样本损失为0。

（二）平方损失

平方损失主要用于多元回归类模型的训练，改善了绝对值中多样本的损失函数不易合并的问题，该问题可能导致无法使用梯度下降等方法进行模型参数训练。其表达式为

$$\text{Loss} = \sum (y - f(x))^2$$

（三）Hingle 损失

Hingle 损失主要用于解决二分类问题，是 SVM 支持向量机常用的一种损失函数

$$\text{Loss} = \sum \max(0,\ 1 - y * f(x)),\ y = \pm 1$$

其中，$f(x)$ 理解为样本点和预测平面之间的距离。当预测值和实际值方向相同且 $|f(x)| \geqslant 1$ 时，$1 - y * f(x) < 0$，Loss = 0，即节点预测准确且明确时，样本无损失；当预测值和实际值方向相同且 $|f(x)| < 1$ 时，$0 < 1 - y * f(x) < 1$，$0 < \text{Loss} < 1$，即节点预测准确但模糊时，样本损失在（0，1）之间；当预测值和实际值方向相反时，$1 - y * f(x) > 1$，Loss > 1，即节点预测错误时，样本损失超过1。

（四）似然损失

似然损失主要用于解决分类问题，其来源于最大似然估计法。使用当前模型进行预测时，取得实际结果的概率越小就说明该模型在样本总体的损失越大。这里以二分类为例介绍下具体的似然损失推导过程。假设样本中含有 m 个实际标签为0的样本，n 个实际标签为1的样本，$f(x_i)$ 代表模型预测样本 i 为1的概率，那么，所有样本预测结果和实际标签一致的概率为

$$P=\prod_{i=1}^{m}(1-f(x_i))*\prod_{j=m+1}^{m+n}f(x_i)$$

上式等价为

$$P=\prod_{i=1}^{m+n}(1-f(x_i))^{y_i}*f(x_i)^{1-y_i}$$

两边取对数并加上负号即为常用的二分类对数似然损失函数

$$\text{Loss}=\sum_{i=1}^{m+n}\{-y_i\ln f(x_i)-(1-y_i)\ln[1-f(x_i)]\}$$

（五）指数损失

指数损失常用于 AdaBoost 算法解决分类问题，由于 AdaBoost 为加法模型，其经过 $k-1$ 轮训练后的预测模型为

$$F(x)_{k-1}=\sum_{i=1}^{k-1}\alpha_i f(x)_i$$

其中，α_i 代表这 $k-1$ 个子分类器的权重，$f(x)_i$ 代表第 i 个子分类器。而经过 k 轮后的预测模型为

$$F(x)_k=\sum_{i=1}^{k}\alpha_i f(x)_i=F(x)_{k-1}+\alpha_k f(x)_k$$

使用指数损失作为 AdaBoost 的损失函数，定义

$$\text{Loss}=\sum e^{-y*f(x)}$$

于是，AdaBoost 算法 k 轮训练的目标即为取得合适的 α_k 和 $f(x)_k$，使得样本的总损失最小，表达式如下：

$$\text{Loss}=\sum e^{-y*[F(x)_{k-1}+\alpha_k f(x)_k]}$$

二、学习方式

损失函数为我们定义好了模型优化的目标，可通过降低损失函数的方式进行模型参数的求解，接下来介绍几种主流的参数求解方式。

（一）直接求导法

直接求导并令导数等于0是一种最容易想到的参数优化方案。假设上述房价案例中的模型为 $y=kx$，k 即为要求解的目标参数。为便于损失函数求导，我们使用平方损失代替绝对值损失，于是：

$$\begin{aligned}\text{Loss}&=(k*50-500)^2+(k*100-900)^2+(k*200-1\,600)^2\\&=52\,500k^2-770\,000k+3\,620\,000\end{aligned}$$

Loss 对 k 求导得到：

$$\frac{\mathrm{dLoss}}{\mathrm{d}x} = 105\ 000k - 870\ 000$$

令 $\frac{\mathrm{dLoss}}{\mathrm{d}x} = 0$ 求得最优解 $k \approx 8.3$，此时平方损失为 15 725。

直接求导法的优点是原理简单、计算效率高，但在实际应用中，经常出现无法直接求解损失函数导数等于 0 方程的问题，此时只能采用梯度下降法逐步更新参数，从而不断接近最优解。

（二）批量梯度下降法

梯度下降法的理论依据是函数总是沿着梯度相反的方向下降的，因此，我们可以基于当前模型参数求解函数的梯度向量，之后再往梯度相反的方向前进一小步，不断重复这个过程就可以求出参数的近似最优解。

以求解 $\mathrm{Loss} = 52\ 500k^2 - 870\ 000k + 3\ 620\ 000$ 这个损失函数的最小值为例，我们先对 x 求导：

$$\frac{\mathrm{dLoss}}{\mathrm{d}x} = 105\ 000k - 870\ 000$$

假设初始化模型为中介 A、B 中相对较好的 B 模型：$y = 8x$，此时梯度值 $\frac{\mathrm{dLoss}}{\mathrm{d}x}$ 为 $-30\ 000$。这就意味着如果 k 增加一个极小正值 w，Loss 总量将增加 $-30\ 000w$，因此我们可以尝试增大 k 以降低 Loss，假设 w 为 0.1，此时 k 更新为

$$k = 8 \rightarrow 8 + 0.1 * (1)$$

事实上，上述式子即为梯度下降的迭代公式，其中 0.1 为学习率，决定了每次参数的多少，1 是梯度向量单位化后取反的结果，这可以使得每次参数更新的尺度保持一致，如果有多个参数，各自参数在单位向量各自方向进行更新。上式更新后，$k = 8.1$，此时 $\mathrm{Loss}_{k=8.1} = 17\ 525$，相较于 $\mathrm{Loss}_{k=8} = 20\ 000$ 成功降低了模型在所有样本上的总体损失。重复上述过程，可得到参数 k 的迭代过程如下：

$$8 \rightarrow 8.1 \rightarrow 8.2 \rightarrow 8.3 \rightarrow 8.4 \rightarrow 8.3 \rightarrow 8.4 \rightarrow \cdots$$

为避免梯度下降学习过程中在 k 最优解附近持续震荡，一般会通过设置迭代阈值或者最高迭代次数来停止学习。上述原始版本的梯度下降学习方法被称为批量梯度下降法。

梯度下降法是目前使用最为广泛的模型参数求解方法，但原始版本的批量梯度下降算法可能存在时间开销过大的问题，其原因在于大部分的损失函数都是所有样本的损失和，而实际建模场景下的样本量往往比上述的房价例子的样本量大得多，这可能导致参数更新过程中损失函数的计算较为费时。

（三）随机梯度下降法和小批量梯度下降法

事实上，在每一次参数迭代过程中都使用全量样本进行损失计算确实能带来更精准的梯度估计，但回报却是非线性的。因此，在实际场景中，我们往往通过抽样减少每一次迭代过程中参与损失计算的样本量。极端情况下，每次迭代仅使用一个样本计算损失并进行更新的方式被称为随机梯度下降法。

随机梯度下降法可以极大地提升模型的参数迭代速率，但仅使用单样本损失对总体损失进行估计可能会存在一定偏差。另外，从硬件角度考虑，仅使用单样本进行梯度计算也难以充分利用目前大部分处理器的多核架构。因此，我们往往在批量梯度下降法和随机梯度下降法之间取一个参与损失计算样本量的平衡。

此外，考虑到在某些硬件上使用特定大小的数组时，运行时间更少，比如，GPU 更擅长处理 2 幂数规模的样本，因此，可以将每次参与更新的样本量大小设定为 32、64、128、256、512 等特殊值，以达到每一次参数更新速率和精度的平衡，该方法被称为小批量梯度下降法。

（四）动量梯度下降法（Momentum）

上述房价模型中，当模型中有多个参数时，使用传统梯度下降法进行参数更新时，可能存在如图 6.1 所示的反复震荡的问题。解决该问题的一个方案是将学习率调低，使得参数更新时，尽可能围绕更好的方向进行，但学习率降低会使得每次更新的步长变短，这可能导致从 A 更新至 B 的总体时间增加。

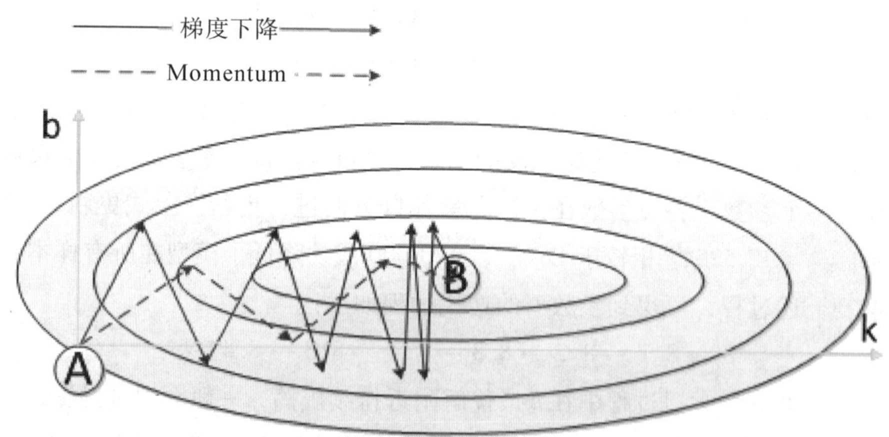

图 6.1　传统梯度下降和 Momentum 参数更新过程比较

动量梯度下降法（Momentum）引入了指数加权平均的概念以解决反复震荡的问题。假设参数有 k、b，损失函数的单位梯度向量为（d_k，d_b），则原始版本梯度下降算法的参数更新策略为

$$k \to k - \eta * d_k$$

$$b \to k - \eta * d_b$$

其中，η 为学习率，而 Momentum 版本的更新策略调整为

$$v_k \to \beta_1 v_k + (1 - \beta_1) * d_k$$

$$v_b \to \beta_1 v_b + (1 - \beta_1) * d_b$$

$$k \to k - \eta * v_k$$

$$b \to b - \eta * v_b$$

其中，动量 v_k、v_b（初始化为 0）替代了原始版本的梯度向量 d_k、d_b 用于参数 k、b 的更新，v_k、v_b 使用当前值和计算出来的梯度值进行滑动平均，β_1（默认 0.9，可调）为滑动平均中的历史权重。如图 6.1 所示，Momentum 的上述设计可以使得向量在震荡较大的 Y 方向能通过前几次的正负加法抵消减少更新尺度，而在 X 方向几乎保持原始的尺度进行更新，从而极大地加速 k、b 这两个参数从起始点 A 到 B 的更新过程。

（五）自适应学习率梯度下降法（RMSProp）

Momentum 通过改变每次参数更新过程中的向量大小，从而尽可能减少更新在无效方向的震荡，自适应学习率梯度下降法（RMSProp）则是通过调整不同方向的学习率来完成同样的目标。RMSProp 算法的参数更新公式为

$$s_k \to s_k + (1 - \beta_2) * {d_k}^2$$

$$s_b \to s_b + (1 - \beta_2) * {d_b}^2$$

$$k \to k - \frac{\eta}{\sqrt{s_k + e}} * d_k$$

$$b \to k - \frac{\eta}{\sqrt{s_b + e}} * d_b$$

RMSProp 使用了自适应的学习率 $\frac{\eta}{\sqrt{s_k}}$、$\frac{\eta}{\sqrt{s_b}}$ 进行参数学习。为了避免 s_k、s_b 极小甚至为 0 时学习率过大导致异常，实际应用中一般加入极小值 e。一般 e 可取 10^{-8}，此时，自适应学习率公式调整为 $\frac{\eta}{\sqrt{s_k + e}}$、$\frac{\eta}{\sqrt{s_b + e}}$，并代替了原始的固定学习率 η 进行学习。当 b 方向存在较多无效震荡时，${d_b}^2$ 会比较大，依赖 ${d_b}^2$ 的指数加权平均值 s_k 也会相对 s_b 更大，在 b 方向的自适应学习率 $\frac{\eta}{\sqrt{s_b + e}}$ 相较于 $\frac{\eta}{\sqrt{s_k + e}}$ 变小，从而完成参数学习路径的优化。

（六）Adam 梯度下降法

Adam 梯度下降法几乎是目前深度学习中大部分情况下最好用的参数学习方式，其

可以理解为 Momentum+RMSProp 算法的结合版，Adam 初始化四个参数为

$$v_k = 0,\ v_b = 0,\ s_k = 0,\ s_b = 0$$

每一次迭代的更新公式为

$$v_k \rightarrow \beta v_k + (1 - \beta_1) * d_k$$

$$v_b \rightarrow \beta v_b + (1 - \beta_1) * d_b$$

$$s_k \rightarrow s_k + (1 - \beta_2) * {d_k}^2$$

$$s_b \rightarrow s_b + (1 - \beta_2) * {d_b}^2$$

上述公式同时完成了梯度和梯度平方的指数加权平均。考虑到 v_k、v_b、s_k、s_b 初始化为 0 会导致早期更新过程中的 v_k、v_b、s_k、s_b 过小，比如，当 $\beta_1 = 0.9$，$\beta_2 = 0.999$ 时，第一次更新过程中的 $v_k = 0.1\,d_k$，$v_b = 0.1\,d_b$，$v_k = 0.001$，$v_b = 0.001\,d_b$。为此，Adam 梯度下降法引入偏差修正因子 $\frac{1}{(1 - {\beta_1}^t)}$、$\frac{1}{(1 - {\beta_2}^t)}$，对指数加权平均值进行修正。其中，$t$ 为更新次数，如第一次时，v_k 由 $0.1\,d_k$ 修正为 d_k。因此，上述公式调整为

$$v_k \rightarrow \frac{\beta v_k + (1 - \beta_1) * d_k}{(1 - {\beta_1}^t)}$$

$$v_b \rightarrow \frac{\beta v_b + (1 - \beta_1) * d_b}{(1 - {\beta_1}^t)}$$

$$s_k \rightarrow \frac{s_k + (1 - \beta_2) * {d_k}^2}{(1 - {\beta_2}^t)}$$

$$s_b \rightarrow \frac{s_b + (1 - \beta_2) * {d_b}^2}{(1 - {\beta_2}^t)}$$

参数 k、b 每次的更新公式参考 Momentum 和 RMSProp 设计为

$$k \rightarrow k - \frac{\eta}{\sqrt{s_k + e}} * v_k$$

$$b \rightarrow b - \frac{\eta}{\sqrt{s_b + e}} * v_b$$

Adam 梯度下降法中主要的超参数有四个：学习率 η、一阶指数平均加权值权重因子 β_1、二阶指数平均加权值权重因子 β_2、非零因子 e。其中，学习率 η 需要进行相关调优，β_1、β_2、e 一般取默认值即可：$\beta_1 = 0.9$、$\beta_2 = 0.999$、$e = 10^{-8}$。

三、标准化输入

在实际的房价估值模型中，往往会采集到多个与房产相关的特征，并且可用于建

模的样本量也会多得多，相关数据往往如表 6.2 所示。

表 6.2 上海某小区成交房源详版

小区名称	面积（m^2）	房间数（个）	装修	……	房屋总价（万元）
上海××花园	50	2	精装	……	500
浦东××花苑	100	3	简装	……	900
复兴××豪园	200	4	豪装	……	1 600
……	……	……	……	……	……
江南××御园	130	3	精装	……	???

基于上述章节的学习，我们可以使用多元回归模型建立房价和多个数值型特征之间的相关关系。但根据业务经验，我们知道房价显然还受到所在小区、装修情况等离散特征的影响，该类特征由于不是数值，无法直接用于建模，因此，在建模之前，对于离散特征的预处理是十分必要的。

（一）离散特征编码

1. 顺序编码/直接编码

顺序编码几乎是最容易被想到的离散特征数值化处理方式，当特征之间不同类别的取值带有明显的顺序关系时，该编码方式可能是合适的。比如，可以将上述装修中的类别｛简装、精装、豪装｝按照装修的质量顺序递进依次编码为｛1，2，3｝。

直接编码是一种按照离散特征中不同取值不区分顺序直接编码的编码方式，比如将上述小区｛上海××花园，浦东××花苑，复兴××豪园｝可能无法从业务理解上直接判断好坏顺序，此时可以直接编码为｛1，2，3｝，但此时的 1，2，3 之间事实上是没有逻辑大小之分的，因此，无法直接用于多元回归类模型的构建。事实上，直接编码方式仅支持某些不依赖向量空间度量的树类模型进行训练，如 LightGBM。

2. One-Hot/哑变量编码

对于 LR、神经网络等模型，使用直接编码的方式会造成模型效果下降，因此，LR、神经网络等模型对于不具有明显顺序关系的类别特征在处理时一般采用 One-Hot 虚拟变量的编码方式。该方式通过创建和类别变量中类别相同个数的独立变量完成编码。比如，“小区名称”可以编码，如表 6.3 所示。经过 One-Hot 编码，原始的特征“小区名称”被编码成了三个独立变量｛小区名称_01，小区名称_02，小区名称_03｝。

表 6.3 小区名称 One-Hot 编码

小区名称	小区名称_01	小区名称_02	小区名称_03
上海××花园	1	0	0
浦东××花苑	0	1	0
复兴××豪园	0	0	1

还有一种类似于 One-Hot 的哑变量处理方式，其编码原理和 One-Hot 类似，但节省了一个虚拟生成的变量。采用哑变量方式处理的“小区名称”可编码如表 6.4 所示。经过 One-Hot 或者哑变量生成的每一维虚拟变量均为连续特征，不同类别值之间的距离计算更加合理，适用于无序型类别特征的处理。

表 6.4 小区名称 One-Hot 编码

小区名称	小区名称_Dummy01	小区名称_Dummy02
上海××花园	1	0
浦东××花苑	0	1
复兴××豪园	0	0

3. 统计编码

统计编码的方式有很多，主要思路是利用不同类别的相关统计值替代类别进行编码，常用的有类别频率、目标平均值、WOE 等统计信息。使用类别频率进行编码时，上述样本中小区名称为“上海××花园”的数据有 100 条，“浦东××花苑”有 200 条，“复兴××豪园”有 700 条，那么可以将小区特征编码，如表 6.5 所示。

表 6.5 小区名称类别频率统计编码

小区名称	小区名称_Frequency
上海××花园	0.1
浦东××花苑	0.2
复兴××豪园	0.7

目标均值方式利用了样本中 y 变量相关的统计信息，如经过计算“上海××花园”的平均房屋售价为 500 万元/套，“浦东××花苑”为 700 万元/套，“复兴××豪园”为 800 万元/套，那么，可以将小区特征编码，如表 6.6 所示。

表 6.6 小区名称房屋均价统计编码

小区名称	小区名称_MeanPrice
上海××花园	5
浦东××花苑	7
复兴××豪园	8

WOE 统计编码是评分卡模型中常用的变量编码方式，二分类模型中 WOE 的编码公式为

$$WOE_i = \ln\left(\frac{BAD_i / BAD_{total}}{GOOD_i / GOOD_{total}}\right)$$

WOE_i 代表分类变量第 i 类取值转换成的 WOE 值，相关内容将在第八章展开介绍。

（二）数值特征标准化

经过特征编码，所有的特征都被转化为可用于建模的数值类特征，但不同类别特征之间的尺度可能存在较大的差别，这可能导致使用梯度下降算法进行参数更新时速度过慢。比如，房价模型中的面积和房间数往往差距 100 倍左右，此时面积和房间数对应系数参数的学习过程往往如图 6.2 所示。由于面积值较大，其特征变量的系数相较于房间数相关的系数偏小，因此，形成的损失函数等价曲线会呈现出扁平的、类似于椭圆的形式。此时，梯度下降算法的迭代过程往往会出现反复震荡，影响参数学习效率。

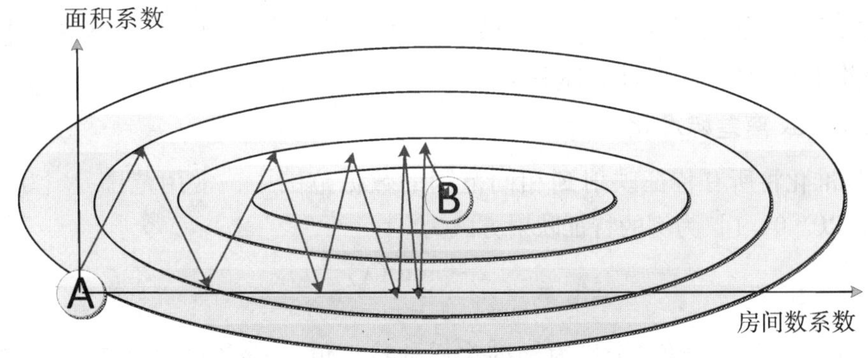

图 6.2 未标准化处理前的参数学习过程

而经过处理使得面积和房间数变量尺度相近后，上述参数学习过程可能演变为图 6.3。

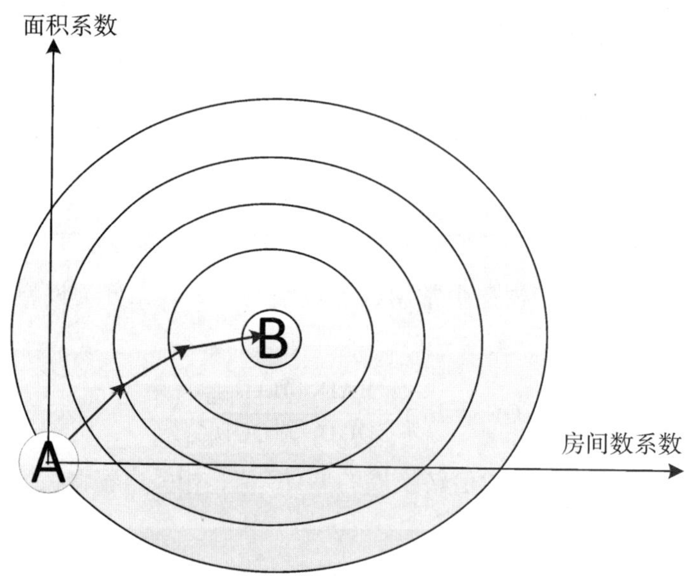

图 6.3 标准化处理后的参数学习过程

对于特征进行标准化处理，除了能加速模型的训练速度外，还能提升 LR、神经网络等涉及距离计算类算法的模型精度。其原因在于取值范围小的变量比取值范围大的变量对于欧式距离等的计算结果影响要小，这可能会削弱取值范围小的变量在模型中起到的作用，从而造成模型结果的精准度下降。此外，在神经网络模型中进行梯度更新时，取值范围较大的变量可能会导致梯度爆炸而无法继续训练。

除了树类算法以外的大部分机器学习方法在建模前对输入数据进行标准化的处理，都可以优化建模后的模型效果，常用的数值标准化处理方式有 min-max 离差标准化、z-score 标准差标准化、y 统计量标准化。

1. min-max 离差标准化

离差标准化将所有特征映射到相同范围的数据范围中，常用范围是［0，1］或［-1，1］，以［0，1］为例的特征映射方式为

$$x_{new} = \frac{x - \min(x)}{\max(x) - \min(x)}$$

其中，x 为原始特征值，x_{new} 为标准化后的特征值，$\min(x)$ 为原始特征最小值，$\max(x)$ 为原始特征最大值。

2. z-score 标准差标准化

标准差标准化几乎是最常用的数据标准化处理方式，该方式下的所有特征都被处理成均值 0、标准差为 1 的标准化形式，映射方式为

$$x_{new} = \frac{x - \bar{x}}{\sigma}$$

其中，$\bar{x}$ 为原始特征均值，σ 为原始特征标准差。

3. y 统计量标准化

评分卡中使用的 WOE 过程就是一种利用 y 统计量标准化的过程。WOE 建立了变量数值和区间内好坏样本的比例之间的映射关系，事实上，WOE 转换同时起到了特征编码和标准化的作用。

第二节 信贷风控常用算法

本节主要介绍一些信贷风控领域常用的算法。风控领域相关算法按照样本是否带标记，可以分为有监督算法和无监督算法。一般来说有标记的情况下，有监督算法的模型效果要优于无监督算法。但迄今为止，仍没有一种算法能在模型效果、可解释性和样本量要求中均取得最优，因此，建模过程中需要结合数据以及业务实际情况选择合适的建模方法。

一、无监督算法

无监督算法主要适用于仅有特征而没有标记的样本建模。无监督算法的典型代表是聚类、异常检测和迁移学习等，该类算法往往依赖一定的额外假设。

（一）聚类

聚类是一种比较经典的无监督算法，其通过计算样本之间特征距离将样本分为一团团的类簇，聚类既可用于寻找数据内在的分布结构，又可以作为其他任务的前驱过程。比如，建立营销或风控模型前，可能需要对客群进行分类，但定义不同的“用户类型”有时候可能会存在困难，这个时候，就可以通过聚类算法将客户划分为几个子客群进行分群建模。此外，反欺诈人员也可以结合聚类结果、业务经验以及少量的黑灰名单提升反欺诈能力。聚类算法按原理可以分为原型聚类、密度聚类和层次聚类等几种。

1. 原型聚类

原型聚类采用初始化+迭代更新的方式完成聚类过程，典型的代表是 K-means。K-means 聚类算法随机选择 k 个节点作为要划分的 k 个类簇的节点代表，之后不断重复以下计算过程直至簇的分配不再发生变化，具体步骤如下：

（1）计算所有节点与各个簇中心之间的距离，并将节点分配给距离簇中心最近的类簇。

（2）更新簇中心为上一轮分配的所有节点的平均值。例如，需要将 $\{x_1, x_2, x_3, x_4, x_5, x_6, x_7, x_8, x_9, x_{10}\}$ 10 个节点分成三类，算法开始随机选择 x_1、x_4、x_8 作为三类簇的节点代表。第一轮计算过程中三类簇的簇中心即为 x_1、x_4、x_8，计算 10 个节点和各簇中心的距离并按照距离最近原则划分后得到一次的分类结果：$\{x_1, x_2, x_7\}$、$\{x_4, x_9, x_{10}\}$、$\{x_3, x_5, x_6, x_8\}$，此时簇中心被更新为各簇内各个节点的平均值 $\frac{x_1+x_2+x_7}{3}$、$\frac{x_4+x_9+x_{10}}{3}$、$\frac{x_3+x_5+x_6+x_8}{4}$。第二轮即计算 10 个节点和新的簇中心 $\frac{x_1+x_2+x_7}{3}$、$\frac{x_4+x_9+x_{10}}{3}$、$\frac{x_3+x_5+x_6+x_8}{4}$ 之间的距离，并就近划分，得到新的分类结果并更新簇中心。

（3）重复这一过程直至新一轮的划分结果和上一轮一致时算法终止，此时的分类方式即为最终的 K-means 聚类结果。

K-means 中常用欧式距离作为节点距离的计算标准。这一假设往往建立在所有方向数值大小对于节点之间的差异影响相同的情况下，因此，K-means 聚类前需要对特征进行标准化处理，并且仅可能使用相关程度较低的特征进行聚类，进而避免某一维度的信息在距离计算中占有过多权重。此外，K-means 聚类的结果受到 k 取值和初始节点选择的影响较大，最终的聚类结果存在一定的不确定性。

2. 密度聚类

密度聚类算法主要基于样本之间的可连接性进行不断扩展聚类，代表性的算法是 DBSCN。DBSCN 的优势在于无须先验设置类簇的个数，并且对于复杂分布形状的聚类效果更好。DBSCN 算法事先需要定义两个参数：核心节点最少邻居数 min _samples、邻居最远距离 R。具体步骤如下：

（1）对于所有的节点计算其邻居节点的个数，并将邻居数大于等于 min _samples 的节点标记为核心节点。

（2）随机选择一个未被分类的核心节点，并为该核心节点和未被分类的邻居节点分配一个新的类簇。如果邻居节点也为核心节点，那么，就将该邻居节点的未分类邻居也加入该类簇中，重复这一过程至邻居节点为非核心节点后停止。

（3）重复步骤二的过程直至所有核心节点被分类完毕。

如图 6.4 所示，假设 {A，D，H，I} 为核心节点，{B，C，E，F，G，J} 为非核心节点，且 {I，J} 已经在之前的过程中被分类，本次随机选择核心节点 A 作为新类别进行分类。首先，从 A 开始寻找 A 的未分类邻居节点 {C，D，E} 并纳入 A 节点的类别中，由于 {C，E} 为非核心节点，停止寻找邻居。而 {D} 为核心节点，继续寻找 D 的未分类邻居 {B，F} 并纳入 A 节点类别中，{B，F} 也都为非核心节点，A 类别的寻找结束，类簇结果为｛A，C，D，E，B，F｝。

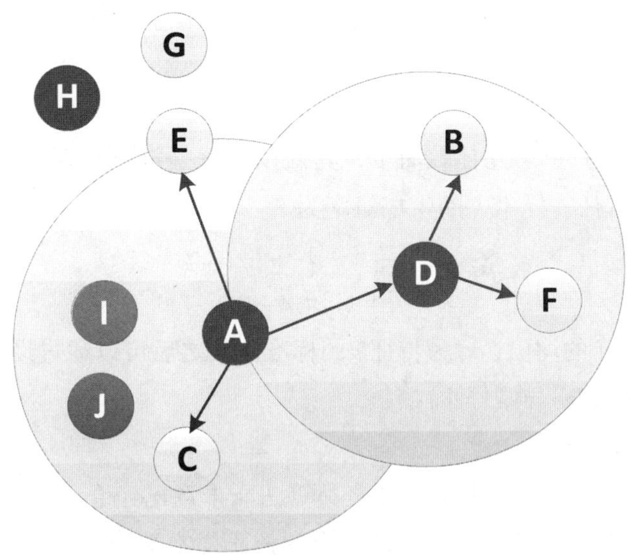

图 6.4 DBSCN 类簇核心节点 A 聚类过程

3. 层次聚类

层次聚类是一种对原始数据不断合并或者分裂直至满足某一终止条件的聚类方法。该类聚类算法的优点是划分结果较为稳定，几乎适用于任何形状的节点分布，缺点是计算的时间复杂度高。

层次聚类中合并算法的代表是 AGNES，其在初始阶段假设所有节点为不同的类簇，之后的合并步骤如下：

（1）计算任意两个类簇之间的相似度，并合并两个最相似的类簇。

（2）重复执行上述的合并过程，直至类簇个数达到预设值 k 。

AGNES 的核心是两个类簇之间相似度的度量，可以使用包括节点平均距离、节点最大距离、节点最小距离、方差增加值等不同相似度计算方式得到不同的聚类结果。

层次聚类中分裂算法的代表是 DIANA，其在初始阶段将所有节点标记为同一类簇，之后分裂步骤如下：

（1）找出当前类簇中具有最大直径的类簇，在该类簇中找出和其他节点平均距离最大的节点，将其划分为新簇。同时，在旧簇中找到所有到新簇节点最短距离不大于旧簇节点最短距离的点，并将各类点逐个划分至新簇。

（2）重复上述步骤，直至类簇个数达到预设值 k 。

（二）异常检测

异常检测算法在风控中的应用主要包括建模前对于异常或者无效样本的清洗，以及反欺诈中个人类欺诈的识别等。大部分异常检测算法的逻辑基础有两个：①异常样本一般仅占比总体样本中的一少部分；②异常样本和样本总体之间往往存在着超出一定标准的差异性。

1. 标准分（Z-score）

标准分（Z-score）的思路比较简单，其假设数据是符合高斯分布的，且不同特征之间相互独立，此时任一样本 x 的生成概率为

$$P(x) = \prod_{i=1}^{n} \frac{1}{\sqrt{2\pi}\ \sigma_i} e^{(-\frac{(x-\mu_i{}^2)}{2\sigma_i{}^2})}$$

其中，μ_i 为特征 i 的均值，σ_i 为特征 i 的标准差，之后可以通过设定 $P(x)$ 阈值或者一定百分比的形式筛选出异常样本。

2. 异常检测（DBSCN）

异常检测（DBSCN）本质上是一种聚类算法。本章已经介绍了聚类算法具体的算法步骤，只是 DBSCN 算法的停止条件是所有的核心样本被划分完毕，此时，仍被划分至任一核心样本群的节点即可以认为是异常样本。

3. 局部异常因子（LOF）

局部异常因子（LOF）基于节点的相对密度进行异常样本检测，即如果一个节点周围节点的密度显著小于周围 N 个邻居，则该节点是异常样本的概率越大。

LOF 算法先计算节点 p 与其 k 个最近邻居的平均可达距离：

$$S_{可达} = \frac{\sum_{i=1}^{k} \text{reach\_dis}(p,\ i)}{k}$$

其中，reach_dis$(p,\ i)$ 代表节点 p 与邻居节点 i 的可达距离，计算公式为

$$\text{reach}_{\text{dis}(p,\ i)} = \max\{\text{dis}(p,\ i),\ \text{k\_dis}(i)\}$$

其中，dis$(p,\ i)$ 代表节点 p 与 i 之间的直接距离，k_dis(i) 代表距离节点 i 第 k 近的节点到节点 i 之间的距离，可达距离的引入作用在于节点 p 的平均可达距离中考虑了 p 自身节点以及邻居节点的周围节点密度。假设邻居节点也是一个密度较低的节点，k_dis(i) 很可能大于 dis(p,i)，此时，$\text{reach}_{\text{dis}(p,\ i)} = \text{k_dis}(i)$，相较于直接使用 dis$(p,i)$ 的计算方式增大了节点 p 的平均可达距离。

节点 p 的局部可达密度 $\delta(p)$ 即为节点 p 平均可达距离的倒数：

$$\delta(p) = \frac{1}{S_{可达}}$$

节点 p 的局部相对密度 LOF(p) 即为节点 p 最近 k 个邻居的平均局部可达密度与节点 p 的局部可达密度的比值：

$$\mathrm{LOF}(p)=\frac{\frac{\sum_{i=1}^{k}\delta(i)}{k}}{\delta(p)}$$

$\mathrm{LOF}(p)$ 实质上代表了节点 p 的异常程度，$\mathrm{LOF}(p)$ 越大，说明节点 p 的周边相较于周边节点更为稀疏。

4. 孤立森林（IF）

孤立森林（IF）是一种基于二叉树随机切分方式的集成类异常检验算法，其认为异常节点在按照随机特征、随机阈值进行二叉树划分时，被单独划分出来需要的划分次数低于正常节点。如图 6.5 所示，异常点 H 可能仅需要 1 次划分就可以成为孤立节点。

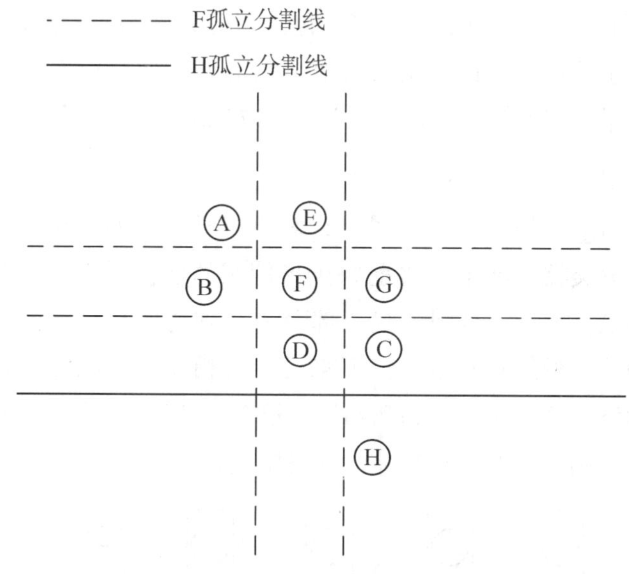

图 6.5　异常节点划分示例

考虑到单次二叉树的划分可能存在一定的偶然性，因此，IF 借鉴类似于随机森林的聚类（bagging）思想，使用多个这样的二叉树，并且每棵树都引入样本抽样和特征抽样以提升模型结果的稳定性，IF 算法执行步骤如下：

（1）从 n 个总样本中随机选择 k 个样本作为根节点用于构建一棵新的孤立树。

（2）随机选择一个特征，并随机选择一个该特征的取值，使用该值将根节点划分为左右子树，之后对于左右子树重复上述划分过程，直至所有叶子节点均无法划分（所有节点任一维度取值相同），或者孤立树达到预设的最大深度。

（3）重复上述过程构建 T 棵孤立树以组成孤立森林。

（4）将所有的 n 个样本按照孤立森林中的所有孤立树进行预测，对于任一样本 x 计算其 IF 得分：

$$\mathrm{IF}(x) = 2^{-\frac{E[h(x)]}{c(n)}}$$

$$h(x) = e + C(\mathrm{Leaf\_size})$$

$$C(n) = 2[\ln(n-1) + \varepsilon] - \frac{2(n-1)}{n}$$

$$C(\mathrm{Leaf\_size}) = 2[\ln(\mathrm{Leaf\_size}-1) + \varepsilon] - \frac{2(\mathrm{Leaf\_size}-1)}{\mathrm{Leaf\_size}}$$

其中，$E[h(x)]$ 代表样本 x 使用 T 棵孤立树划分成孤立节点需要的划分次数的期望；$c(n)$ 为归一项，代表使用 n 个样本训练的二叉树的平均路长（也可以理解为 n 个样本划分至孤立节点需要的平均次数）；$h(x)$ 代表节点在按照孤立树划分方式划分至单独节点需要的划分次数；e 代表该样本在该孤立树中从根节点到叶子节点的边数；$C(\mathrm{Leaf\_size})$ 是一个误差修正项，按照孤立树的划分方式，n 个样本中可能有 Leaf_size 个样本仍然处于叶子节点中，这说明还需要增加额外的划分次数 $C(\mathrm{Leaf\_size})$ 才能将该节点单独划分出来；ε 为欧拉常数，约为为 0.577 21。

（三）迁移学习

目前，迁移学习应用最成熟的场景是计算机视觉。比如，在线宠物类软件中需要研发一款猫和狗的分类器，在上线之前缺少可使用的建模样本。此时，一般可以通过迁移学习解决该问题。首先，从网上找一部分猫和狗的照片，之后，使用人工对照片进行标注，进而构造少量的样本集。接下来可以从相关的开源社区找一个他人训练的含猫和狗的识别网络，并将相关代码和网络层权重下载下来。该模型如图 6.6 中 Y1 所示，是一个区分猫、狗、鸟的三分类神经网络模型。

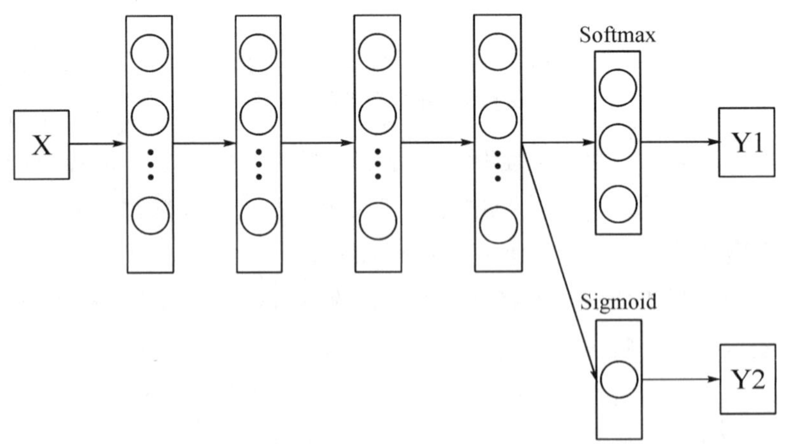

图 6.6 迁移学习示例

该开源作者已经使用了海量样本训练了高效的卷积神经网络以实现对于猫、狗、鸟的精准分类，我们可以保持 Softmax 层之前的网络结构和节点权重不变，仅将用于三分类的Softmax层替换为二分类的Sigmoid层，并使用我们自己的小样本集训练更新Sigmoid层的节点权重，即可完成迁移学习的训练过程。

卷积神经网络中的卷积、池化等相关网络层实质上是实现了对于分类特征的提取，因此，在上述例子中，我们保持前面的网络层不变，以借用基于大量样本训练的成熟特征提取过程，这可以使得我们仅仅用少量的标注样本就得到一个很不错的猫狗分类器。

随着客户在软件不断上传宠物照片，可用于本地建模的自有样本集逐渐增大，此时，可以考虑从后往前逐步释放相关网络层中的节点权重，使用自有的样本集重新训练。一般来说，自有样本集越大，可以自己训练权重的网络层就越多，直至最终完全使用自有样本实现整个猫狗分类器的研发（Y2），如图6.7所示。

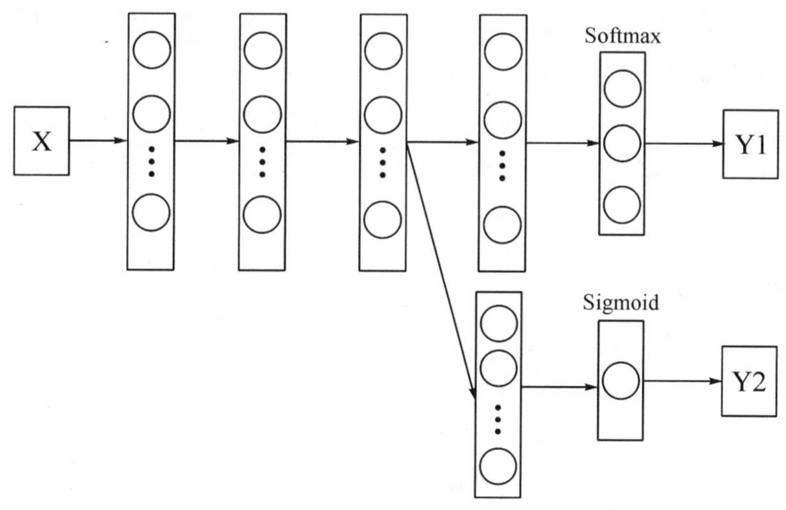

图6.7 样本量增加后的迁移学习

风控场景中常常出现的情况是新业务、新场景的样本不足问题，该问题目前的处理方式主要有以下两种：

第一，样本迁移。使用逻辑回归或者树类算法作为主流建模方式的传统金融机构，往往会借用近似客群或者相似场景的样本进行训练，随着新场景中样本增加后，逐渐减少训练集中迁移样本的占比。另一种基于样本迁移方法的比较高效的实现方式是TraAdaBoost，该算法的优势在于可以识别出迁移样本中和原始样本的分布相似程度，对于较为相似的样本，在训练过程中给予更高的样本权重以提升其对模型结果的影响，该算法的具体使用将在本书的第九章中展开叙述。

第二，模型迁移。采用深度学习作为训练方式的互联网公司可以借鉴上述猫狗分类器的思想，借用类似场景已经验证过的模型完成后面少量网络层的权重训练。

二、有监督算法

一般来说，当存在一定数量的有标记样本时，有监督算法会是大部分场景下的最优选择，尤其当有标记样本量充足时，有监督算法可以通过对于标记信息的高效学习，取得远超业务经验的模型效果。目前，信贷风控场景常用的监督学习算法有三种：逻辑回归、树类模型、神经网络。当然严格意义上来说，逻辑回归也属于神经网络。

（一）逻辑回归

在前文的上海房价问题中，使用多元回归模型进行建模，其一般的形式可以描述为

$$Y = w^t x + b$$

其中，$w = (w_1, w_1, \cdots, w_n)$，$x = (x_1, x_1, \cdots, x_n)$， w 是各个特征的回归系数，$x$ 为特征值，b 为常数项。

上述模型中，Y 一般是连续型的数值变量，但在风控场景中，Y 的取值往往是客户变坏的概率，因此需要将 Y 变量的取值范围从 $(-\infty, +\infty)$ 压缩至（0，1），逻辑回归模型使用 Sigmoid 函数完成上述转化：

$$y = \frac{1}{1 + e^{-(w^t x + b)}}$$

或

$$\ln\left(\frac{y}{1-y}\right) = w^t x + b$$

或

$$\frac{y}{1-y} = e^{w^t x + b}$$

其中，y 表示客户为坏客户的概率，$1 - y$ 为好客户概率。因此，使用逻辑回归构建的模型可以和客户违约比率建立天然的转换关系，并且经过一定的数学转换，逻辑回归的模型结果可以表现为评分卡的形式，大大增强了模型的可解释性。这也是目前传统银行在当前存在多种更高精度模型的情况下仍然如此青睐逻辑回归的原因。基于逻辑回归模型的评分卡具体建模过程将在本书第八章详细介绍。

逻辑回归仅支持数值型特征的输入且对特征尺度差异敏感，因此，建模前的特征标准化过程是必须的，之后即可构建对数似然损失函数通过梯度下降法求解：

$$\text{Loss} = \sum -y_i \ln f(x_i) - (1 - y_i)\ln[1 - f(x_i)]$$

（二）树类模型

相较于逻辑回归模型，树类模型的优势是对原始数据的标准化要求程度低，且能考虑到不同特征之间的相互作用。此外，boosting 类集成树模型可以通过构建多棵决策

树对模型的残差进行不断学习，从而使得模型上限超越传统的逻辑回归模型。而相较于神经网络模型，树类模型通过变量重要性相关统计量也可以提供一定的模型可解释性。因此，目前以 Xgboost 和 LightGBM 为代表的集成树模型几乎成为大多数互联网金融、大数据风控公司的主流建模方法。

1. 决策树

已有 100 个好客户和 100 个坏客户样本，且已知每个客户的性别、学历、身高信息，那么，如何利用已知样本训练一棵有效的决策树呢？即如何利用新客户的性别、学历、身高信息对其进行好坏预测呢？算法的起始阶段，决策树算法会从性别、学历、身高中选择一个可以将样本划分得更纯的特征进行第一次划分，之后对划分形成的左右子树不断地选取最优候选特征进行进一步划分，直至达到算法的终止条件。根据纯度的不同评价标准，主流的决策树主要分为 ID3、C4.5 和 CART 三种。

ID3 算法使用信息熵对于样本的纯度进行量化，含 k 类样本的数据集 O 的信息熵的计算公式为

$$\mathrm{Ent}(O) = -\sum_{i=1}^{k} p_k \log_2 p_k$$

ID3 算法使用信息增益对于划分的纯度增益进行量化，信息增益越大说明使用该候选特征的划分效果越好，因此，可以选择划分后信息增益最大的特征作为本次划分的特征。特征 $\mathrm{feature}_i$ 将样本划分为 v 类后的信息增益的计算公式为

$$\mathrm{Gain}(\mathrm{feature}_i) = \mathrm{Ent}(O) - \sum_{i=1}^{v} \frac{|O_v|}{|O|}\mathrm{Ent}(O_v)$$

其中，$\mathrm{Ent}(O)$ 代表样本 O 划分前的信息熵，$\sum_{i=1}^{v} \frac{|O_v|}{|O|}\mathrm{Ent}(O_v)$ 代表划分后的信息熵，$|O_v|$ 代表各个子集 O_v 的样本量，$|O|$ 代表样本 O 的样本量。现在我们尝试使用 ID3 算法来比较特征性别和学历之间的信息增益大小，使用性别或者学历进行划分的预分类结果如图 6.8 所示。

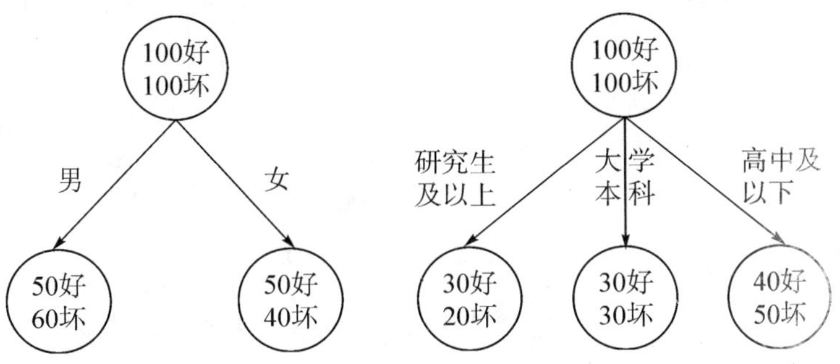

图 6.8 性别学历划分示例

特征“性别”和“学历”的信息增益的计算公式为

$$\begin{aligned}\text{Gain}(\text{feature}_{\text{性别}}) = & -\left(\frac{100}{200}\log_2\frac{100}{200}+\frac{100}{200}\log_2\frac{100}{200}\right)+ \\ & \frac{110}{200}*\left(\frac{50}{110}\log_2\frac{50}{110}+\frac{60}{110}\log_2\frac{60}{110}\right)+ \\ & \frac{90}{200}*\left(\frac{50}{90}\log_2\frac{50}{90}+\frac{40}{90}\log_2\frac{50}{90}\right)=0.007\,3\end{aligned}$$

$$\begin{aligned}\text{Gain}(\text{feature}_{\text{学历}}) = & -\left(\frac{100}{200}\log_2\frac{100}{200}+\frac{100}{200}\log_2\frac{100}{200}\right)+ \\ & \frac{50}{200}*\left(\frac{30}{50}\log_2\frac{30}{50}+\frac{20}{50}\log_2\frac{20}{50}\right)+ \\ & \frac{60}{200}*\left(\frac{30}{60}\log_2\frac{30}{60}+\frac{30}{60}\log_2\frac{30}{60}\right)+ \\ & \frac{90}{200}*\left(\frac{40}{90}\log_2\frac{40}{90}+\frac{50}{90}\log_2\frac{50}{90}\right)=0.011\,3\end{aligned}$$

由于 $\text{Gain}(\text{feature}_{\text{学历}}) > \text{Gain}(\text{feature}_{\text{性别}})$，因此，ID3 算法认为首次划分过程中，学历是比性别更好的候选特征。而特征“身高”作为数值变量，我们可以先使用分箱技术将其转化为几个区间这样的分类特征，再使用上述方法进行信息增益的比较。细心的读者会发现如果身高分箱的箱数越多，就越可能发现不同身高范围内的好坏比例差异，因此，ID3 算法在直接使用信息增益进行特征选择的过程中，偏好于选择类别较多的特征。

C4.5 算法引入了信息增益率的概念对此进行优化，信息增益率的定义为

$$\text{Gain\_ratio}(\text{feature}_i)=\frac{\text{Gain\_ratio}(\text{feature}_i)}{\text{IV}(a)}$$

$$\text{IV}(a)=-\sum_{i=1}^{v}\frac{|O_v|}{|O|}\log_2\frac{|O_v|}{|O|}$$

其中，$\text{IV}(a)$ 代表该特征的“固有值”，一般来说，取值类别越多，特征的固有值就越大，$\text{IV}(a)$ 起到了修正特征取值类别过多的作用。上述例子中性别和学历的信息增益率的计算公式为

$$\text{Gain\_ratio}(\text{feature}_{\text{性别}})=\frac{0.007\,3}{-(\frac{110}{200}*\log_2\frac{110}{200}+\frac{90}{200}*\log_2\frac{90}{200})}=0.007\,35$$

$$\begin{aligned}\text{Gain\_ratio}(\text{feature}_{\text{学历}}) & =\frac{0.007\,3}{-(\frac{50}{200}*\log_2\frac{50}{200}+\frac{60}{200}*\log_2\frac{60}{200}+\frac{90}{200}*\log_2\frac{90}{200})} \\ & =0.007\,34\end{aligned}$$

由于 Gain_ratio(feature$_{性别}$) > Gain_ratio(feature$_{学历}$)，因此，C4.5 算法认为性别可能更加适合作为第一次划分的候选特征。实际过程中，C4.5 会先筛选出信息增益超过平均水平的特征作为候选特征，之后再利用信息增益率进行二次筛选，这样的好处是同时保证了候选特征的信息增益和信息增益率都处于一个相对较高的水平。

另一种经典的 CART 决策树算法使用“基尼指数”来量化当前样本的纯度，“基尼值”代表从样本集 O 中随机选择 2 个样本，且类别不一致的概率，计算公式为

$$\text{Gini}(O) = 1 - \sum_{i=1}^{k}(p_k{}^2)$$

定义含 v 类取值的特征 feature$_i$ 的基尼指数为

$$\text{Gain\_index}(\text{feature}_i) = \sum_{i=1}^{v}\frac{|O_v|}{|O|}\text{Gini}(O_v)$$

使用上述公式计算候选特征性别和学历有

$$\text{Gain\_index}(\text{feature}_{性别}) = \frac{110}{200} * \left(1 - \frac{50}{110}^2 - \frac{60}{110}^2\right) + \frac{90}{200} * \left(1 - \frac{50^2}{90} - \frac{40^2}{90}\right) = 0.495$$

$$\text{Gain\_index}(\text{feature}_{学历}) = \frac{50}{200} * \left(1 - \frac{30^2}{50} - \frac{20^2}{50}\right) + \frac{60}{200} * \left(1 - \frac{30^2}{60} - \frac{30^2}{60}\right) + \frac{90}{200} * \left(1 - \frac{40^2}{90} - \frac{50^2}{90}\right) = 0.492$$

由于 Gain_index(feature$_{学历}$) < Gain_index(feature$_{性别}$)，因此，CART 决策树在第一次划分时优先选择学历作为候选特征。

使用决策树进行划分时，每个样本都仅利用了从根节点到样本所在叶子节点的划分路径进行归类，样本的划分次数不会超过树深，较小的树深设置可能难以充分利用样本信息，造成模型的偏差较大，而过大的树深则可能导致过拟合风险，造成新样本的预测效果下降。因此，决策树一般被认为是弱分类器的代表，实际应用过程中，一般采用集成树的形式对单决策树的效果进行优化。集成树按照降低模型方差和偏差的优化方向又可以分为 bagging 和 boosting 集成学习。bagging 方向的各决策树之间的构建是并行的，具备一定的速度优势，其目的是降低模型的方差，从而使得模型的预测结果更加稳定；boosting 方向的各决策树是串行的，后面的树在之前树的基础上不断优化学习以降低模型的偏差，从而使得模型达到更高的效果上限。

2. 随机森林

随林森林是一种经典的聚类算法（bagging）中的集成树算法，其优势在于建模速率快，效果也较单决策树或者逻辑回归算法更好，被广泛使用在需要同时兼顾时效性和效果的各类营销场景中。

聚类模型的集成效果与子学习器之间的差异性程度相关。下面以一个例子进行说

明：现在有100道判断题，选项为√或者×。A、B、C单独作答的正确率都是90%，现在借用一种简单的bagging思路将A、B、C中选择较多一方作为答案，那么：

（1）假设A、B、C的知识结构完全一样，此时，对于任何一题，三者都会给出同样的答案，因此，最终的正确率也为90%，并未提升答题正确率。

（2）假设A、B、C的知识结构存在互补性，极端情况下A、B、C的错题完全错开，此时任选一题，总有至少两人是正确的，答题正确率提升为100%。

因此，为保证不同子树之间的差异性，随机森林引入了“样本扰动”和“属性扰动”的概念。

样本扰动：每棵子树只抽取样本集中的一部分数据用于建模，随机森林大多采用bootstrap sampling的抽样方式，如有100个样本，那么有放回的随机抽样100个即完成了一棵子树的数据集抽样。bootstrap sampling的一个优势在于使用此种策略抽样，大约能剩下36.8%的样本没有被采样，这份数据一般称为OOB数据（Out of Bag），相关学者已经证明OOB数据误差是测试集误差的无偏估计，因而可以用OOB数据检验模型的泛化能力。

属性扰动：随机森林另一个提高子决策树之间差异的手段是属性扰动，假设样本有100个属性，传统决策树在划分时用到的候选特征集是样本的所有100个属性集合；而随机森林中，每棵子树仅可以通过抽样选择$\log_2 100$个候选属性用于基决策树的模型构建。

随机森林的关键在于构建的树之间存在一定的差异性，但随着基决策树数量的增多，构建出的新树中含有的差异性越来越低。实践表明，随机森林在到达100棵树后，学习效果逐渐趋于稳定。

3. Adaboost

相较于聚类算法（bagging）中的并行学习机制，提升算法（boosting）更像是一种串行的链式学习。这类算法的大致流程为：先使用初始训练集构建出一个基学习器，再根据基学习器的表现对训练样本分布进行调整，使得先前做错的训练样本在后续受到更多的关注，然后，基于调整后的样本分布来训练下一个基学习器；如此重复进行直至基学习器数目达到事先指定的值T，最终将这T个基学习器进行加权结合。

boosting早期的经典算法莫过于Adaboost，其核心思想在于根据前一次模型在各样本上的错误程度进行抽样，确定下一次建模的样本，样本的抽样权重公式为$\frac{error}{1-error}$，$error \in (0, 1)$。显然，对于之前预测得不是很准，error值较大的样本，其会有更高的抽样可能性出现在后续建模的数据集中，而对于之前预测得已经比较准确，error值较小的样本，其仅以较小的概率出现在后续建模的数据集中。

4. GBDT

GBDT 和 Adaboost 同属于串行的链式学习，和 Adaboost 的不同之处在于 GBDT 是基于当前模型预测的残差进行不断学习的。比如要构建 GBDT 回归树预测一个人的实际年龄 30。GBDT 先训练出第一棵基决策树，并使用该树预测出的结果 25，那么现存的误差为 5。因此 GBDT 使用残差 5 作为该样本第二树中该样本训练时的拟合值，假设使用训练完成后第二棵树对于该样本的预测值为 3，那么剩余的误差为 2。因此将 2 作为新的 y 值放入第三棵树中进行训练，之后不断重复上述过程直至达到训练终止条件。

GBDT 模型构建过程中，使用样本真实值 y_{real} 和前 $n-1$ 棵树的累计预测值 y_{n-1} 构建损失函数 $\text{Loss}(y_{real},\ y_{n-1})$，由于函数在导数的反方向下降速率最快，因此可以使用上述损失函数对 y_{n-1} 的偏导数取反，作为第 n 棵树训练时的样本拟合值 y_{now}，同时为防止每一次残差的学习程度过大，导致可能出现过拟合/反复震荡，GBDT 参考梯度下降法引入了学习率的概念，即第 n 棵树用于训练的样本拟合值 y_{now} 被定义为

$$y_{\text{now}} = -\alpha * \frac{\partial \text{Loss}(y_{\text{real}},\ y_{n-1})}{\partial y_{n-1}}$$

其中，α 为学习率，一般小于 0.1。

5. XGBoost

GBDT 的优势是模型效果上限较高，缺点主要是训练时间开销较大。一方面，其串行计算的方式决定了其难以充分利用目前的多核处理器加速计算；另一方面，除了传统决策树的超参数外（一般把模型固有的比如学习率、树深、树个数等称为超参数，把模型训练出来的结果中的各类系数等叫做参数），集成学习方式中引入的树个数和学习率使得参数调整过程中涉及的超参数搜索空间更大，调参过程耗时显著增加。

XGBoost 针对 GBDT 模型的速度问题进行了较大改进，传统 GBDT 通过求损失函数的负方向梯度（一阶导数），利用负梯度代替残差来拟合树模型，而 XGBoost 则使用泰勒展开式展开并保留损失函数至二阶导的近似值，其带来的优势有两点：

（1）损失函数中同时用到一阶导和二阶导，加快了优化速度。

（2）在后一棵树的分裂过程中，XGBoost 基于损失函数的展开式构建出一个最适合残差树的可评价节点分裂优劣的新标准，从而代替信息增益/基尼不纯度等传统的决策树划分方法，使得其对于残差树的划分是最优的。

传统决策树中，最耗时的阶段在于节点分裂时划分点的选取。比如，对于 0～10 000 的连续变量，任意两个值之间都是潜在的切割点，因此，XGBoost 使用了一种近似 Histogram 的划分方法，即将数据排序后，将数据切成一段段，比如 5%的数为 1 段，这样仅拥有 19 个潜在的分裂点。此外，XGBoost 使用了并行特征划分标准的计算，通过多线程的方式实现节点划分时各个特征的并行计算，充分利用了目前主流的多核处

理器架构加速计算。

除了速度上的优化外，XGBoost 对于 GBDT 的优化还包括：将基决策树模型中的叶子节点数和叶子节点权重显式以正则项的方式加入到损失函数中来，这在一定程度上提升 GBDT 的泛化性能；同时，XGBoost 巧妙地引入了随机森林的特征子采样，从而一定程度上降低了模型过拟合和计算量。事实上，XGBoost 已经取代了原始版本的 GBDT，成为大数据风控公司最主流的机器学习方法。

6. LightGBM

LightGBM 主要通过 GOSS 和 EFB 技术分别减少训练过程中的样本数和特征数来完成加速。

在 LightGBM 中，其 GOSS 的理念借鉴了 AdaBoost 的样本采样思想。LightGBM 认为迭代训练过程中一个梯度值较小的样本可能已经训练得比较充分了，因此，GOSS 会保留所有梯度值较大的样本，而仅抽样一部分作为梯度值较小部分样本的代表，在计算划分标准时，为保证与原始值一致，小样本部分的代表会乘以一个权重因子（抽样比例的倒数）。通过 GOSS 的方式，LightGBM 大幅降低了训练过程中的样本数量，从而加速了训练。

在 XGBoost 中分类变量需要进行 One-Hot 处理后才能进行训练，而类别较多的特征如采用 One-Hot 编码，其在每一个决策节点上只能使用 one vs rest（例如是不是狗，是不是猫等）的切分方式。当类别值很多时，每个类别上的数据可能会比较少，这时候切分会产生不平衡，这意味着切分增益也会很小（比较直观的理解是，过于不平衡的切分和不切分没有区别），就算可以在这个类别特征进行切分，也会把数据切分到很多零碎的小空间上。而决策树学习时利用的是统计信息，在这些数据量小的空间上，统计信息不准确，学习效果会变差。

EFB 技术的本质是将互斥的稀疏特征（不会或极少概率同时取到非 0 值）进行捆绑来降低参与训练的特征维数，从而完成对训练的加速。EFB 技术将互斥的多个特征变量反向合并成一个分类变量，之后利用标签值计算出每个分类种类的关于一阶导数和二阶导数的特定排序值，再使用直方图来完成切割点的寻找。这有点像一定意义上的 One-Hot 反向操作+WOE（使用了一二阶导，虽公式不同，但都是 y 值某种意义上的统计信息）。另外，其在做稀疏变量合并的过程中为进一步提升速率往往会允许变量之间存在一定程度的非完全互斥，从而进一步减少参与训练过程中的特征数。

实践表明，相比于 XGBoost，LightBGM 可以保证 ROC/KS 相近的情况下获得 3~10 倍的训练速度提升优势，因此，LightGBM 作为 XGBoost 的一种候选优化方式也常被主流的大数据风控公司使用。

7. CatBoost

CatBoost 对于 GBDT 等算法的提升主要包括：分类变量转化中对于样本较少类别采用了更好的替代值、特征融合带来的更多信息，以及改善梯度值估计的有偏性。

传统 GBDT 类算法在分类变量的转换过程中，对于样本数量较少的样本估值可能存在一定的偏差。比如，对于学历这个维度，我们使用坏客户浓度来转换该值，如果在 1 000 个高中生学历客户中有 600 个坏客户，我们使用 0.6 来进行替换并没有什么问题，而如果在 10 个高中生学历客户中有 6 个坏客户，0.6 的估值显然可能存在一定的误差（太少了不一定可信）。针对此问题，CatBoost 使用了样本总体的浓度对该值进行修正，在该类型样本较少时，该修正值会更加接近客群整体的浓度值。

CatBoost 注意到不同类别的特征融合后可能可以产生一个有意义的新特征，比如用户 ID 和音乐类型，如果我们采用 y 值将 ID 和音乐类型直接使用 y 的相关信息替换后，可能会丢失该信息，因此 CatBoost 在构建决策树的过程中会考虑将特征进行融合，进一步利用了不同特征之间的相关信息。

传统的 GBDT 类算法的一个潜在问题是对梯度有偏估计导致的过拟合，因为每次训练的树都是采用的相同样本集。针对此问题，CatBoost 在每一次迭代中会训练多个不同的模型，而在对样本 M 进行当前梯度计算时，使用之前不含 M 训练出来的模型进行估计，从而改善梯度值估计的有偏性。

单决策树的弱学习器性质限制了早期树形算法的使用范围，随着随机森林、Adaboost 算法的出现，树形算法渐渐在各个领域被认可。GBDT 基于梯度的优化理念将树形算法可达到的精度推进到一个崭新的高度，并逐渐成为中小数据集中的首选建模方法，而 XGBoost、LightGBM 以及 CatBoost 的出现以及其在 Kaggle 比赛中的惊艳表现，进一步巩固了树形算法的在大数据风控机器学习的主流地位。

（三）神经网络

神经网络是人工智能的基础，当前已被广泛应用于信贷风控、商业广告、计算机视觉、自然语言处理等多个领域。典型的神经网络一般由输入层、隐层和输出层构成，其中输入层用于原始特征的输入，隐层用于原始特征的加工，输出层用于预测结果的输出。如图 6.9 所示，逻辑回归技术就是一种最简单的无隐层神经网络，逻辑回归模型通过引入非线性转换函数使得结果从（$-\infty$，$+\infty$）转换至（0，1），满足二分类问题的求解。

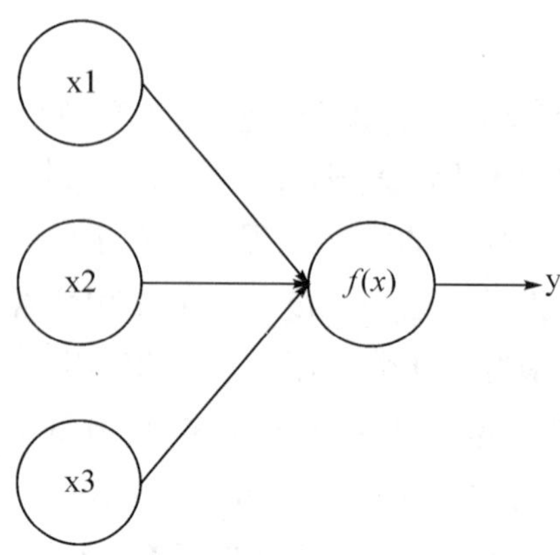

图 6.9 无隐层神经网络示意图

逻辑回归的一个潜在问题在于没有考虑特征之间的相互组合，因此，神经网络技术通过在输入层和输出层之间加入隐层以实现特征组合类信息的提取。单隐层神经网络结构图如图 6.10 所示。

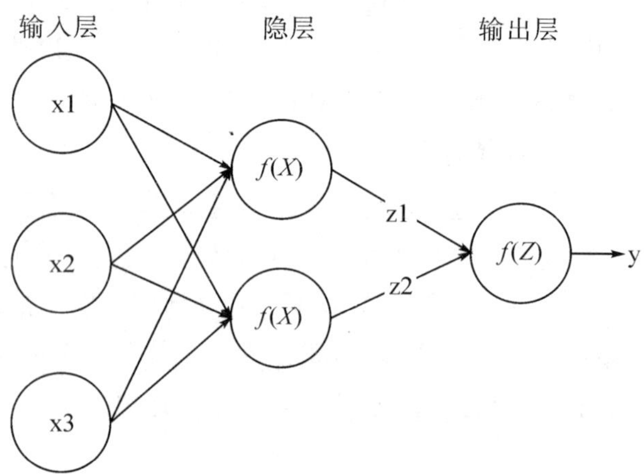

图 6.10 单隐层神经网络示意图

特征之间的充分作用需要通过加法、乘法以及其他非线性转换的方式实现。非线性转换需要在隐层中引入非线性的激活函数，否则，无论多复杂的多隐层深度模型都和单隐层的实际效果一样，反而提高了模型的复杂程度。非线性转换通过隐层中的各个神经元节点实现，如使用 Sigmoid 非线性转换函数时，上述神经网络的预测值 y 的计算过程为

$$z1 = \frac{1}{1 + e^{-(w_1{}^t X + b_1)}}$$

$$z2 = \frac{1}{1 + e^{-(w_2{}^t X + b_2)}}$$

$$y = \frac{1}{1 + e^{-(w_3{}^t Z + b_3)}}$$

其中 $X = (x_1, x_2, x_3)$，$Z = (z_1, z_2)$，w_1、w_2、w_3 为网络层相关参数，b_1、b_2、b_3 为常数项。

神经网络通过隐层的加入，在逻辑回归的基础上大幅扩大了模型的假设空间，可以完成对更为复杂的特征→结果映射关系的验证，神经网络的模型复杂度主要取决于引入隐层的数量以及隐层中神经元的个数，上述简单神经网络中仅包含单隐层以及两个隐层神经元。

神经网络中模型参数的训练过程主要是通过前向传播和后向传播来实现的。前向传播是指在模型各网络层现有参数的情况下，使用特征输出并得到预测结果，使用损失函数计算当前模型失的过程：

$$\text{Loss} = \sum L(y, y_{\text{real}})$$

其中，L 为所选的损失函数，y 为当前模型的预测结果，y_{real} 为样本真实值，Loss 为所有样本的损失和。

后向传播是使用链式法则，通过 Loss 对模型各参数求偏导数，确定参数更新公式的过程。下面以一个双隐层神经网络的权重更新过程为例介绍后向传播的参数更新过程。如图 6.11，每一层有 $f_{i+1} = f(f_i * w_{i+1})$，根据链式求导法则，隐层 1 参数权重 w_1、隐层 2 参数权重 w_2、输出层参数权重 w_3 的偏导计算公式为

$$\frac{\partial \text{Loss}}{\partial w3} = \frac{\partial \text{Loss}}{\partial f_3} * \frac{\partial f_3}{\partial w_3}$$

$$\frac{\partial \text{Loss}}{\partial w2} = \frac{\partial \text{Loss}}{\partial f_3} * \frac{\partial f_3}{\partial f_2} * \frac{\partial f_2}{\partial w_2}$$

$$\frac{\partial \text{Loss}}{\partial w1} = \frac{\partial \text{Loss}}{\partial f_3} * \frac{\partial f_3}{\partial f_2} * \frac{\partial f_2}{\partial f_1} * \frac{\partial f_1}{\partial w_1}$$

其中，Loss 为经过前向传播计算出的模型损失，f_1、f_2、f_3 分别代表隐层 1、2 和输出层的输出。

通过上述求导公式可知 l 层参数的梯度时需要通过 $l+1$ 层梯度求得，因此，参数的更新看起来是从输出层反向更新的过程，这也是后向传播又名反向传播的由来。

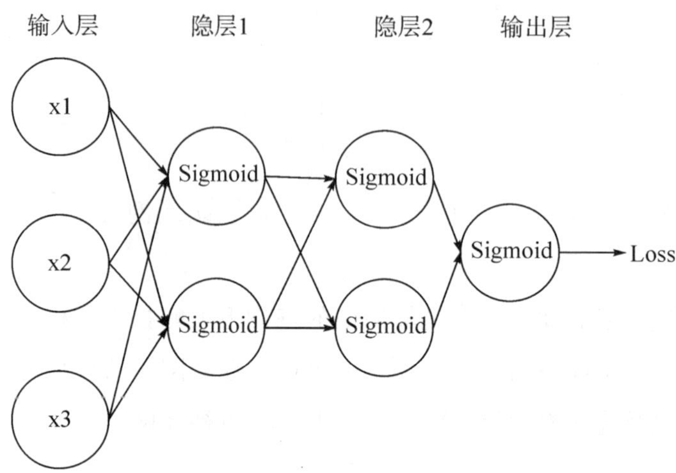

图 6.11　双隐层神经网络示意图

1. 深度神经网络（DNN）

隐层的引入使得神经网络可以完成更为复杂的模型假设和训练，而可支持建立模型的复杂程度和样本的数量往往呈正相关，因此，大数据时代的海量数据使得各类神经网络也变得越来越复杂。

实践表明，大部分情况下，增加隐层数量的方式相较于直接增加隐层节点更优。其原因在于增加隐层数量不仅包含了神经元的增加，还包含了非线性函数的嵌套层数的增加，这就增强了模型对于复杂映射的表示能力，这也是近年来深度学习大行其道的主要原因，可以将深度神经网络理解成一个多隐层的神经网络。

深度学习较多的层数设计，可能导致使用 Sigmoid 作为激活函数出现以下问题：

（1）更新效率低。Sigmoid 函数的取值区间是（0，1），恒为正，因此，链式更新参数时隐层的权重更新往往只能是同方向的，仅取决于 $\frac{\partial \text{Loss}}{\partial y}$ 的方向。假设隐层的参数向量为二维，那么，参数向量从图 6.12 原始位置优化至目标的过程中的梯度向量方向，只能是向着一、三象限的方向进行移动，结果只能是按照图中红色的“之”字形方式完成参数更新，相较于理想参数优化方向，极大地降低了参数学习的效率。

（2）梯度消失。Sigmoid 导数不超过 0.25 并且在函数取得较大值或者较小值时趋近于 0，因此，在反向求导过程中，多级梯度相乘后逐渐趋近于 0，这可能导致离输出层较远的网络层权重更新较慢或无法更新，导致模型学习过慢或者无法学习。

（3）计算效率低。Sigmoid 函数中含有指数运算，这可能导致计算开销较大，从而降低学习效率。

第（1）个问题可以通过使用 tanh 代替 Sigmoid 作为激活函数解决，tanh 的定义和求导公式如下：

$$\tanh(z)=\frac{e^{z}-e^{-z}}{e^{z}+e^{-z}}$$

$$\tanh(z)'=1-\tanh(z)^{2}$$

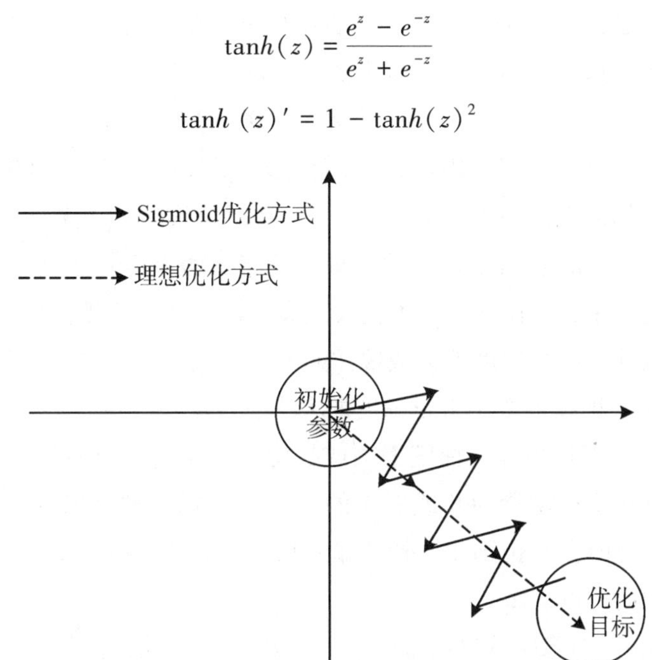

图 6.12　Sigmoid 激活函数易导致的“Z”字抖动更新

tan$h$ 的取值范围是（-1，1），为 0 均值函数，可以保证梯度向量在一、二、三、四象限自由选择方向更新，提升学习效率。当 $z=0$ 时，tan$h$ 的导数取 0 可以得到最大偏导值，但当 z 较大或者较小时，偏导数接近 0 值，可能导致梯度消失的产生。另外，tan$h$ 也没有解决指数运算带来的计算复杂度过高的问题。

目前，主流的深度学习模型中主要采用 relu 函数来解决上述问题：

$$\mathrm{relu}(z)=\begin{cases}0, & z<0\\ z, & z\geqslant 0\end{cases}$$

当 $z\geqslant 0$ 时，relu 函数的导数恒为 1，可以有效解决梯度消失问题，并且 relu 函数不存在指数计算，可以有效提升模型更新过程中的计算效率。relu 函数唯一存在的问题就是当输入值 $z<0$ 时 $\mathrm{relu}(z)=0$，经过该神经元的链式子项部分为 0，这会降低更新效率。可以尝试使用 leaky_relu 代替 relu，对 $z<0$ 时导数为 0 的情况进行改善：

$$\mathrm{leaky\_relu}(z)=\begin{cases}k*z, & z<0\\ z, & z\geqslant 0\end{cases}$$

其中，k 为参数，常用 0.01、0.02 这样的极小值以防止导数为 0。不过大部分情况下使用 relu 激活函数就可以得到比较好的结果，因为隐层中存在多个神经元，从概率来说，总有足够部分的神经元取值大于 0，使得参数可以一致顺利更新。

除了梯度消失问题，深度学习可能存在的另一个对称问题是梯度爆炸，梯度爆炸的原因是反向传播过程中存在多个大于 1 的项相乘。试想目前的激活函数采用 relu 的简化版 relu$(z)=z$，那么含 100 隐层的网络输出为

$$f_{101}=w1*w2\cdots w100*X$$

假设权重矩阵为单位矩阵且非 0 部分的系数均大于 1，则经过 100 次相乘后，f_{101} 就会变得非常大。而如果系数均小于 1，则经过 100 次相乘后 f_{101} 就会变得非常小。这种多个大于 1 或者小于 1 的数据相乘导致结果呈现指数级上升或者下降的可能性，也会发生在求梯度的过程中，继而导致梯度消失或者梯度爆炸，除了使用 relu 代替 Sigmoid、tan$h$ 作为激活函数外，改善梯度消失或爆炸的方式还包括：

（1）梯度截断。即在训练中限定梯度的大小。

（2）合理初始化权重矩阵。梯度消失或梯度爆炸是初始化权重过小或者过大导致的，应避免将所有权重都设置为 0 或者 1 的初始化方式。可以采用均匀或者正则化的初始化权重矩阵，此时，和正则化的特征输入相乘后的结果接近于 1，可以减少梯度消失或梯度爆炸问题的程度。

（3）BatchNorm，即隐层输出结果的归一化处理。区别于输入层的归一化，隐层的归一化往往输出分布并不完全处于（0，1）之间，这可引入一些随机噪声来实现。

（4）残差网络。即通过在网络上增加一些跳跃连接，构成残差块的形式加速训练，残差网络能够改善梯度消失或者爆炸问题的原因在于，激活函数选用 relu 时，如果层数过深（可能冗余）而隐层 $i+1$ 没有学习到有用的特征时，隐层 $i+2$ 和隐层 i 之间可以快速学习到恒等关系，就好比隐层 $i+1$ 不存在一样，从而改善层数过深带来的梯度消失或者爆炸问题（见图 6.13）。

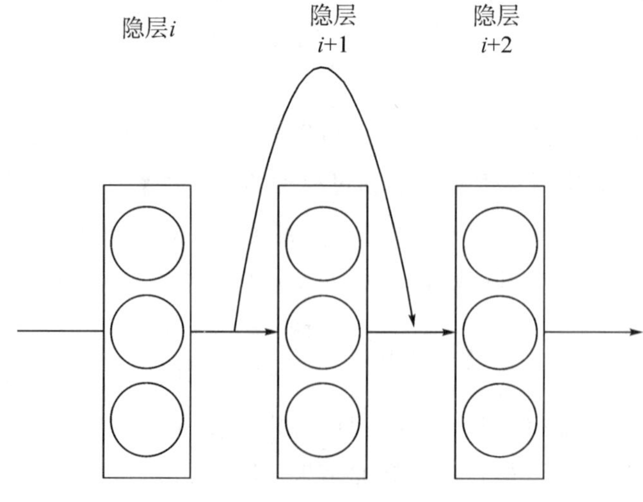

图 6.13 残差网络

2. 循环神经网络（RNN）

目前，时序神经网络在风控领域的典型应用模式是对时序类信息进行挖掘建模后，将模型预测结果作为子模型进行输入。比如，现在分析企业 A 和 B 的信用状况。A 企业在一年中 12 个月的存款量分别为［100，80，60，40，60，40，30，10，50，20，40，10］，B 企业为［2，4，4，3，8，5，6，6，7，6，8，10］。从绝对的存款量来看，A 企业相较于 B 企业优势会大得多，但从资金量的变化规律上看，A 企业的存款是有一定的减少趋势的，而 B 企业则明显处于上升趋势。常用于该变化规律信息的挖掘方式是衍生出类似于月度环比、季度环比等变化类指标，但该方式可能很难完全挖掘出较为复杂和隐藏的规律。另外，多个时序类指标相互作用的信息也很难通过衍生指标的方式挖掘，比如月均存款和月均转账次数变化规律的同时体现，而时序神经网络可以较好地解决上述时序规律类信息的挖掘问题。

循环神经网络（RNN）是最早出现用于解决时序规律挖掘问题的神经网络，和传统 DNN 所有的输入都在输入层同时输入不同，RNN 的特征输入是有先后顺序的。比如，12 个月的存款信息可以通过构建如图 6.14 的经典 RNN 结构进行顺序输入，每一时刻 t（月份）的输入包含通过前面所有月份训练得到的状态 H_{t-1} 和当前月份的特征切片 x_t，在完成 12 个月的时序信息挖掘后增加一个分类输出层完成输出，当然，在输出层之前还可以根据需要增加 1~2 层的全连接层。

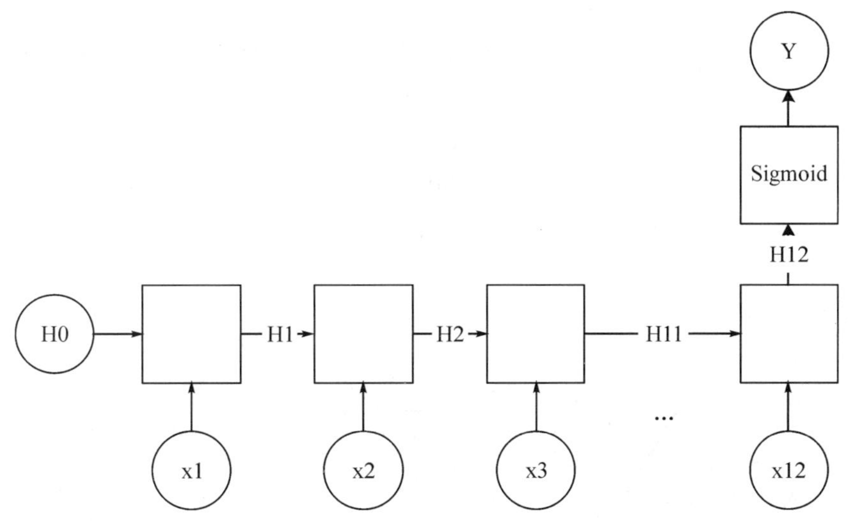

图 6.14　12 个月切特征顺序输入的 RNN 结构

3. 长短时记忆神经网络（LSTM）

RNN 的最大问题就是无法解决长期依赖，当真正有价值的信息和要预测的结果距离较远时，RNN 网络可能会存在无法记忆的现象。比如，句子“可乐喝起来有点?”，对于？的预测，RNN 网络很容易通过记住“可乐”“喝”等关键信息来预测词“甜”，但对于语句“听说××牌可乐味道很好，然而，今天买到的可乐过期了，可乐喝起来有点?"，对于? 的预测，RNN 可能无法记住较远的关键信息“然而”“过期”，从而预测出? 处的信息“怪”。长短时记忆神经网络（LSTM）通过增加一个专门的状态位信息 C_{t-1}，将 RNN 中的状态和输出进行区分，并引入三个“门”结构有效的改善长期依赖问题，如图 6. 15 所示。

遗忘门：遗忘门会根据前一时刻输出的 H_{t-1} 和当前时刻输入的 x_t 来决定将哪些信息进行遗忘。比如，在段落输入“过期”时，LSTM 会遗忘掉前面的信息“味道很好”，忘记功能的实现主要是通过输入为 H_{t-1}、x_t 的激活函数 Sigmoid 实现：

$$p_1 = \mathrm{Sigmoid}_1(H_{t-1},\ x_t)$$

$$f_1 = p_1 * C_{t-1}$$

其中，p_1 决定了前面信息保留的比例，当 p_1 对应的维度极小时，对应维度的状态 C_{t-1} 信息即通过 $C_{t-1} * p_1$ 被遗忘后输出 f_1。

输入门：输入门的作用主要是根据前一时刻输出的 H_{t-1} 和当前时刻输入的 x_t 来决定哪些新的信息需要补充。比如，输入“过期”时，输入门发现“过期”和之前的信息“味道很好”有很大冲突，需要大幅保留新的“过期”信息，该信息 $p_2 * f_2$ 会和经过遗忘门过滤的信息 f_1 组合成新的状态 C_t：

$$p_2 = \mathrm{Sigmoid}_2(H_{t-1},\ x_t)$$

$$f_2 = p_2 * \tanh_1(H_{t-1},\ x_t)$$

$$C_t = p_2 * f_2 + f_1 = p_2 * f_2 + p_1 * C_{t-1}$$

输出门：输出门会根据前一时刻输出的 H_{t-1} 和当前时刻输入的 x_t 来决定对当前状态信息 C_t 的哪一部分进行输出。比如当前的状态更新为“过期”以后，输出就可能预测为“怪”。

$$p_3 = \mathrm{Sigmoid}_3(H_{t-1},\ x_t)$$

$$H_t = p_3 * \tanh_2(C_t) = p_3 * \tanh_2(p_2 * f_2 + p_1 * C_{t-1})$$

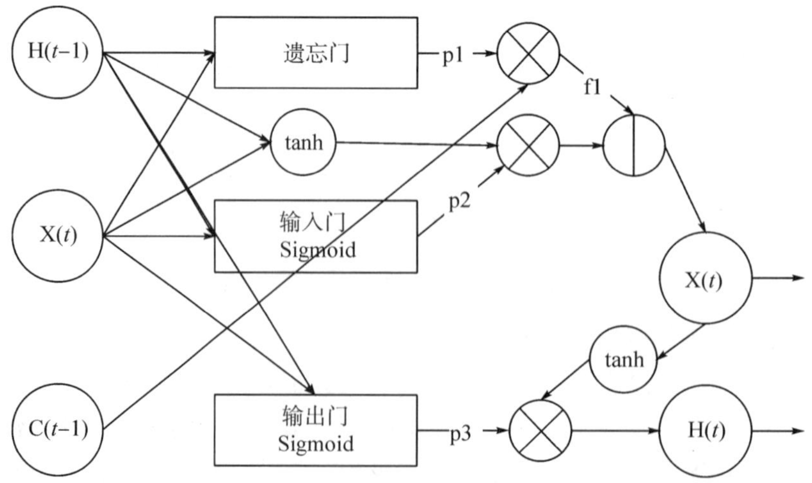

图 6. 15　LSTM 三门设计

4. 门控循环单元（GRU）

还有一种和 LSTM 类似，能够改善长期依赖问题的网络是门控循环单元（GRU）。如图 6.16 所示，GRU 的优势在于使用了“重置门”和“更新门”的双门结构，从而简化了 LSTM 的三门结构。

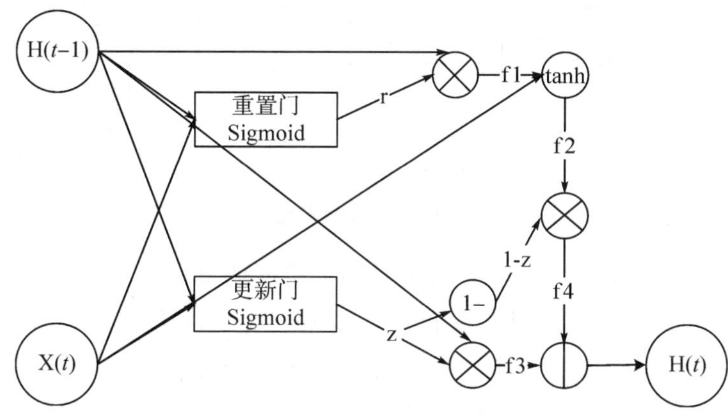

图 6.16 GRU 双门设计

重置门：重置门的作用主要是决定当前时刻的候选状态是否需要依赖上一时刻的网络状态。重置取值 r 越小，候选状态对于上一时刻的依赖程度就越小：

$$r = \text{Sigmoid}_1(H_{t-1},\ x_t)$$

$$f_1 = r * H_{t-1}$$

$$f_2 = \tanh\ (f_1,\ x_t)$$

更新门：更新门的作用主要是决定当前时刻的输出中，需要保留多少比例的历史状态 H_{t-1}，以及当前时刻的候选状态 f_2。更新门的取值 z 越大，前一时刻信息被保留的比例就越高：

$$z = \text{Sigmoid}_2(H_{t-1},\ x_t)$$

$$f_3 = z * H_{t-1}$$

$$f_4 = (1 - z) * f_2$$

$$H_t = f_3 + f_4 = z * H_{t-1} + (1 - z) * f_2$$

5. 卷积神经网络（CNN）

卷积神经网络（CNN）的主要应用领域是计算机视觉，其在信贷风控领域的直接应用较少。但考虑到神经网络知识体系的完整性，以及对于图卷积神经网络的启发，本书也对其进行简单介绍。

CNN 主要解决全连接神经网络参数过多导致的样本量需求过大问题。经典的卷积神经网络结构如图 6.17 所示。

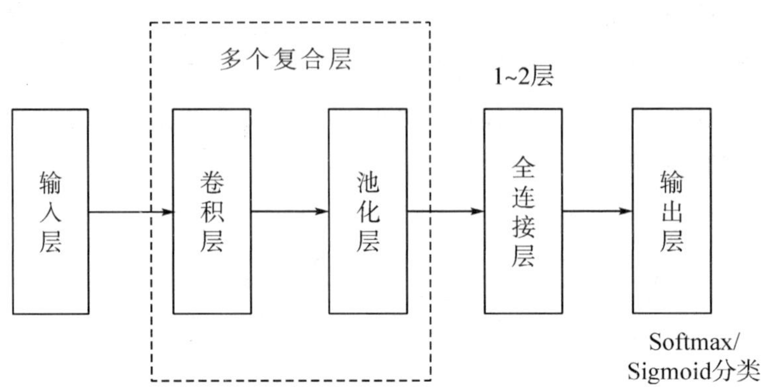

图 6.17　CNN 经典结构

（1）输入层。输入层主要用于图像转换后的特征信息输入。如传统的 RGB 三通道图片主要通过红、绿、蓝三种基本颜色之间的不同亮度的多个像素组合实现，因此，可以将图片转换为 m＊n＊3 的三维矩阵后通过输入层输入。

（2）卷积层。可以将卷积层看成图像特征的提取过程，卷积层的核心是共享卷积核的设计，共享卷积核大幅减少了权重参数，并且使得图像的内容不受位置的影响，常用的卷积核尺寸为 3＊3 或 5＊5，不使用偶数尺寸的卷积核是为了使通过填充技术保持卷积后得到的下一层网络尺寸不变。还有一种特殊的 1＊1 卷积核，可用于实现图像深度的增加或减少。比如，对 6＊6＊16 的输入，使用 1＊1＊8 的卷积核即降维为 6＊6＊8 的输出，同时，在 Incepiton（一种自适应卷积核大小的经典 CNN 网络结构）中 1＊1 卷积核可以起到减少计算量的作用。接下来，我们以 CNN 对字符“L”和“I”进行区分为例介绍以下卷积的原理。如图 6.18 所示，L 和 I 的一个显著区别在于 L 有一个接近直角的拐角，该拐角特征可以通过训练出 3＊3 的卷积核进行识别。如图 6.18 所示，卷积核在和图像中阴影区域执行卷积操作（矩阵对应位置相乘）得到

$$\begin{bmatrix} 1*100 & 0*0 & 0*0 \\ 1*100 & 0*0 & 0*0 \\ 1*100 & 1*100 & 1*100 \end{bmatrix}$$

所有项求和结果为 500，而如果是 I 字符，那么由于其使用 3＊3 卷积核操作时，仅可能得到最大 300 的卷积结果，也就是说事实上卷积核 $\begin{bmatrix} 1 & 0 & 0 \\ 1 & 0 & 0 \\ 1 & 1 & 1 \end{bmatrix}$ 起到了将 L 型中的拐角特征提取出来的作用，这个特征即可用于后续的 L 和 M 之间的区分。

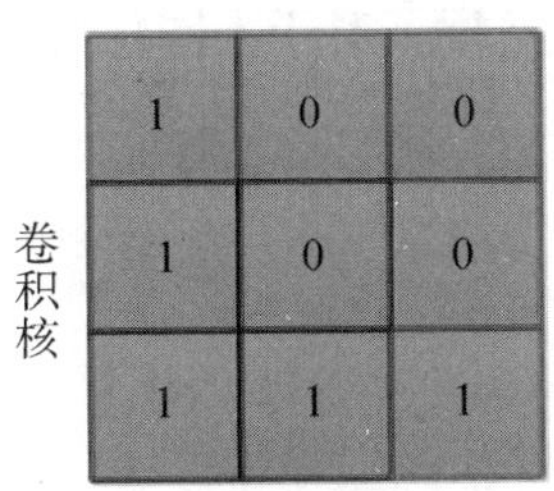

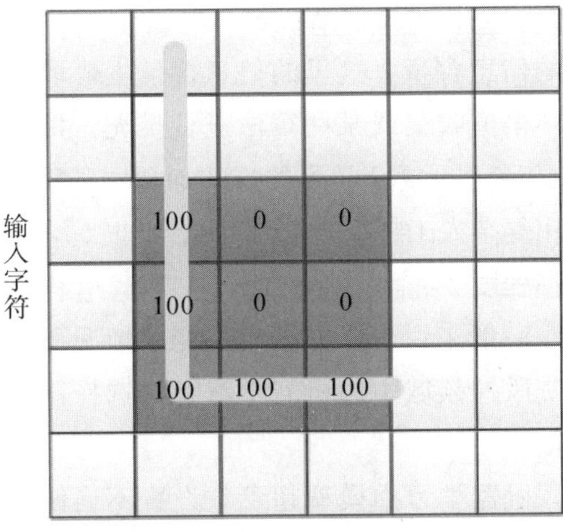

图 6.18 卷积过程示例

（3）池化层：卷积层的输入往往存在较多的冗余信息，对输入的位置也有一定的敏感性。池化如最大池化既降低了信息的冗余，又减小了输出结果对于字符位置的敏感程度。直观的感受就是其可以识别各种旋转后的“L”，上述“L”的 6∗6 尺寸图像经过卷积核尺寸为 3∗3 步长为 1 的不填充卷积层后输出为 $\begin{bmatrix} 100 & 300 & 0 & 0 \\ 100 & 300 & 0 & 0 \\ 200 & 500 & 200 & 100 \\ 0 & 200 & 100 & 100 \end{bmatrix}$，将 L 向下平移一格后经过同样的卷积层输出为 $\begin{bmatrix} 0 & 200 & 100 & 100 \\ 100 & 300 & 0 & 0 \\ 100 & 300 & 0 & 0 \\ 200 & 500 & 100 & 100 \end{bmatrix}$，同样使用尺寸为 2∗2 步长为 2 的池化层后两者的输出分别为 $\begin{bmatrix} 300 & 0 \\ 500 & 200 \end{bmatrix}$ 和 $\begin{bmatrix} 300 & 100 \\ 500 & 100 \end{bmatrix}$。显然，经过最大池化，一方面，剔除了大量卷积层操作导致的冗余信息，保留下 500 这一最核心的拐角特征信息；另一方面，提升了计算效率并且将平移后的特征 500 经过最大池化操作映射到了池化层输出的同一位置，实现了对于不同位置的“L”的高效识别，有效改善过拟合。

第三节 模型评估与优化

决定模型效果的因素很多，主要包括：

一是原始数据集中的信息含量。这里的信息含量主要取决于样本量和挖掘程度两方面，样本量可以通过多渠道收集或某些算法进行扩充，挖掘程度可以通过复杂人工特征+简单学习或简单人工特征+复杂学习的方式加深。基于模型可解释性的考虑，风控领域往往更倾向于使用复杂人工特征+简单学习，此时，全面高价值的特征体系构建决定了数据源信息的挖掘程度。

二是机器学习方式。一般来说，在数据集不变的情况下，复杂模型更容易接近数据集的效果上限，但信贷风控领域中的机器学习算法选择需要考量样本量、模型效果和可解释性三者间的平衡。

三是超参数合理性。机器学习中模型超参数设置不当使用，可能造成模型的过拟合或者欠拟合，继而引起模型的预测能力下降，因此，超参数调优过程几乎在每个模型训练过程中都是不可或缺的。

在标准的风控建模过程中，一旦确定好样本集和机器学习方法后，接下来的关键步骤就是模型的超参数调优。超参数调优即根据当前模型超参数在训练集、测试集上的模型表现不断迭代、改进，直至取得一组最优或者近似最优模型超参数，以用于正式建模的过程。

一、模型评价标准

模型评价的标准有很多，并且不同建模场景常用的模型评价标准可能存在一定的差异，本书介绍几个信贷风控场景下可能使用的模型评价指标，读者可以根据实际需求进行选择。

（一）准确率

准确率是最简单的分类模型评价指标，即我们关注最终模型预测的结果和实际结果一致的比例。准确率指标的缺点是样本不均衡时的衡量效果不佳，这是因为信贷风控场景中好坏样本常常是 99：1 这样的悬殊比例。如采用准确率作为评价标准进行相关训练，很可能会得到一个直接将所有样本预测为好的模型，即该模型的准确率为

99%，但这样的模型显然没有意义。

（二）AUC

二分类模型输出的是概率值，具体应用时我们可以选择一个 0 到 1 之间的概率作为阈值。大于该阈值的样本即预测为坏样本，小于该阈值的样本即预测为好样本，此时，使用输出概率结合阈值进行预测的样本可以分成四类，如表 6.7 所示。

表 6.7 预测结果和实际好坏矩阵

结果	预测为好（0）	预测为坏（1）
真实为好（0）	TN	FP
真实为坏（1）	FN	TP

可以通过 TN、FN、FP、TP 衍生出两个新的指标来对该阈值下的模型效果进行客观反映：

$$TPR = \frac{TP}{TP + FN} = \frac{\text{坏样本中被预测为坏的量}}{\text{坏样本总量}}$$

$$FPR = \frac{FP}{FP + TN} = \frac{\text{好样本被预测为坏的量}}{\text{好样本总量}}$$

TPR 事实上反应的是“真坏样本率”，FPR 反应的是“假坏样本率”。TPR 和 FPR 的业务含义是：如果风控策略使用该阈值进行客户筛选，可以有效减少 TPR 比例的坏客户，而为了减少该比例的坏客户，需要牺牲 FPR 比例的好客户。显然，同一阈值对应的 TPR 越高、FPR 越低就代表模型效果越好。AUC 量化了不同阈值下模型对于好坏客户的综合排序能力，AUC 的计算可以通过构建 ROC 曲线完成，ROC 曲线以不同阈值下的（FPR，TPR）为坐标构成，如图 6.19 所示。

图 6.19 为某风控模型的 ROC 曲线，其中，A 点代表使用阈值 0.1 进行筛选时可以通过牺牲掉 20%的好客户来减少 60%的坏客户，而 B 点代表使用阈值 0.4 进行筛选时可以通过牺牲 50%的好客户来减少 90%的坏客户。ROC 曲线和坐标轴之间围成的阴影部分面积即 AUC，一般情况下 AUC 的取值范围是［0.5，1）。如果 AUC 小于 0.5 说明模型的效果比随机猜测的情况还要差，可能存在错误；AUC 等于 1 说明所有的坏样本预测的违约概率均大于好样本，模型能完美地区分出所有的好坏客户，出现该情况的原因很可能是使用了事后变量。

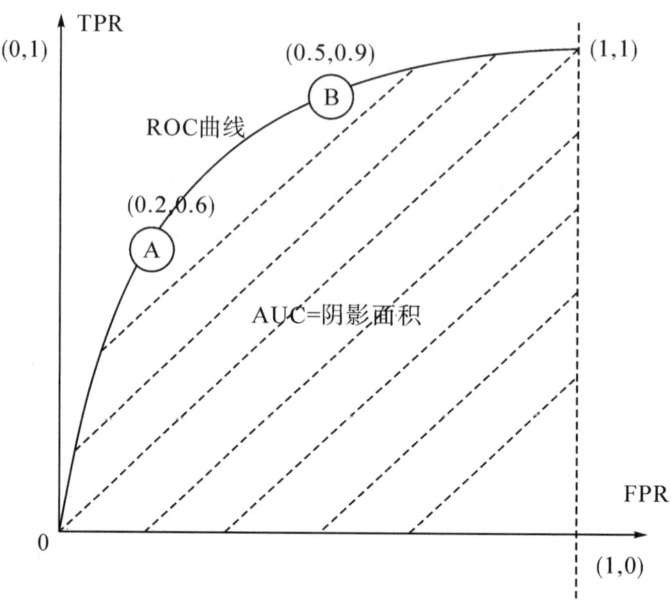

图 6.19 ROC 曲线示例

AUC 也可以理解为从样本中任取一个好样本和坏样本，模型预测好样本违约概率低于坏样本的概率，读者可以自行研究该方式下的具体计算方式。

（三）KS

AUC 反应的是使用 0 到 1 之间不同阈值时模型的总体排序能力，KS 则反映了模型在不同阈值下能达到的最大区分能力，KS 曲线使用概率阈值作为横坐标，并分别使用 FPR、TPR 作为纵坐标画出两条曲线，KS 示例如图 6.20 所示。

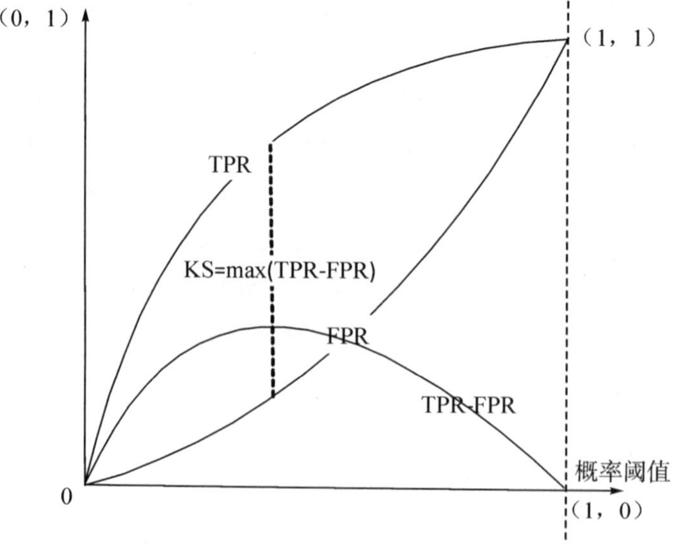

图 6.20 KS 曲线示例

之后即可使用以下公式计算出模型的 KS 值：

$$KS = \max(TPR - FPR)$$

信贷风控场景的模型效果常用 AUC 和 KS 进行综合评价，此外，PSI 也是风控场景中一个常用的模型评价维度。PSI 主要是对于模型的稳定性水平进行量化，该指标将在后面的评分卡建模章节结合具体应用场景进行介绍。

二、欠拟合和过拟合

欠拟合和过拟合时常困扰着建模人员，欠拟合可以直观地理解为模型训练得过于简单，过拟合则是模型训练得过于复杂。以下通过不同复杂度假设下建立的房价预测模型结果，对欠拟合、过拟合以及适度拟合三种模型状态进行介绍。

一是欠拟合。欠拟合引起的原因通常是复杂度假设过低，无法充分反映出房价的实际规律。欠拟合的典型表现是训练集和预测集的预测效果均不佳。如图 6.21 所示，该房价模型仅使用一次方程对于房价的预测模型进行假设，此时，对于部分客户的拟合效果较差。

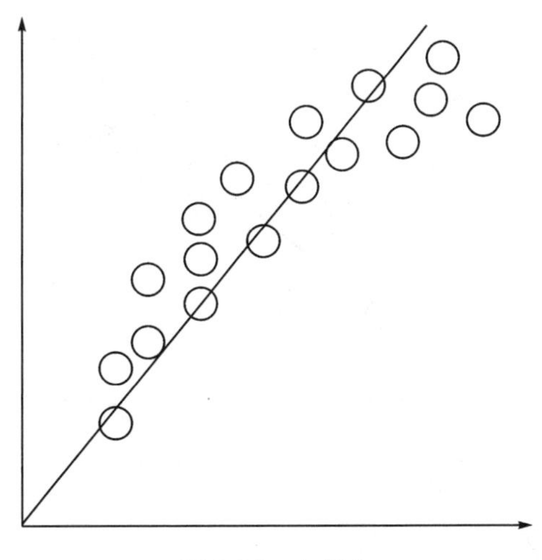

图 6.21 欠拟合

二是过拟合。引起过拟合的原因通常是复杂度假设过高，过于追求对训练集数据的拟合，从而导致模型的泛化能力不佳。过拟合的典型表现是训练集效果好而测试集效果差。如图 6.22 所示，该房价模型仅使用了高次方程对于房价的预测模型进行假设，从而实现了对于训练集数据的高度拟合。

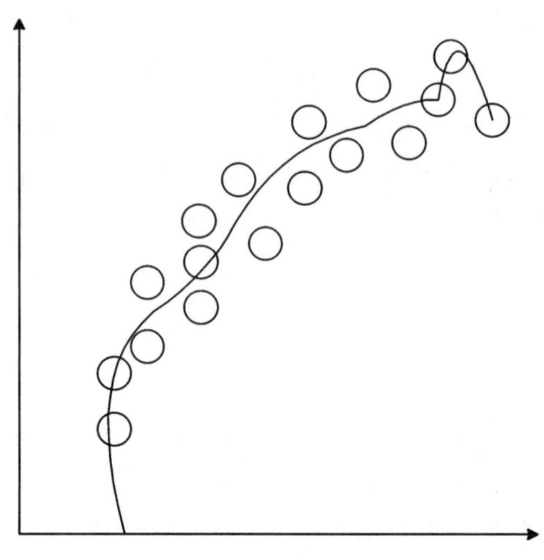

图 6.22 过拟合

三是适度拟合。适度拟合时，采用的模型假设复杂程度适中，此时的模型在训练集和测试集上的拟合效果均较好，且相差不大。如图 6.23 所示，该房价模型使用了二次方程对于房价的预测模型进行假设，从而实现了对于训练集数据的较好拟合。

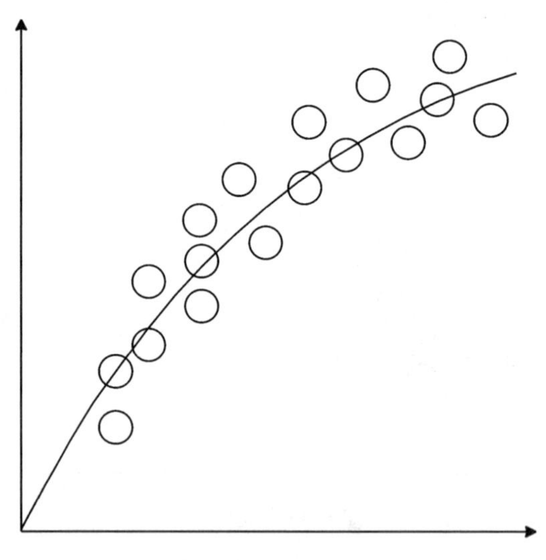

图 6.23 适度拟合

从模型复杂度变化的角度来看，随着模型复杂度的提高，训练集的效果会不断提高，但代表模型实际效果的测试集效果往往呈现先提高后降低的规律，在测试集泛化能力达到最高点之前的阶段即为欠拟合阶段，之后为过拟合阶段，如图 6.24 所示。

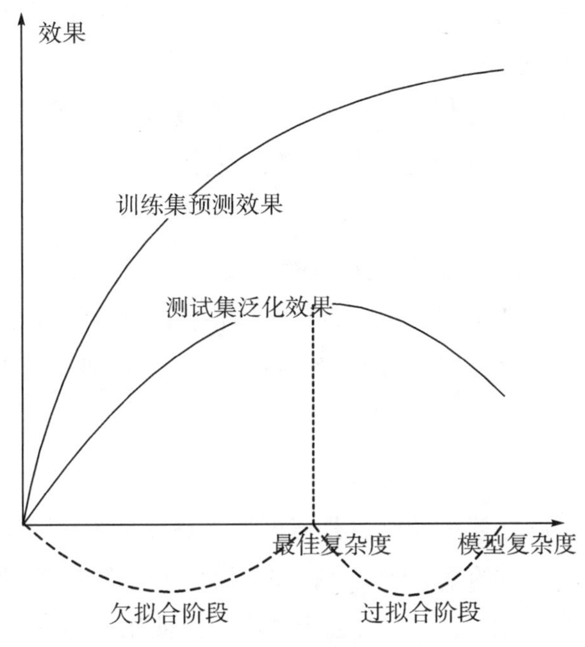

图 6.24 模型复杂度和过拟合、欠拟合关系

最佳的模型复杂度往往取决于样本量的多少，样本量越多可能含有的潜在信息也越多，需要更为复杂的模型假设进行充分挖掘。这也是大数据时代下以深度学习为代表的各类复杂模型大行其道的原因。

机器学习模型的常用训练方式是选择一个足够复杂的模型在过拟合的情况下进行训练，并根据验证集的表现不断减少模型的复杂程度，直至最优，因此，在大部分情况下，机器学习面临的是减少模型复杂度以减轻过拟合的问题。不同机器学习对该问题有着不同的解决方案，比如，逻辑回归模型可以通过加入 L1、L2 正则的方式减轻过拟合；树类算法可以通过减低树深、减少最大叶子节点树等方式减轻过拟合；深度学习中，常采用 dropout、隐层归一化、数据增强、earlystopping 等方式减轻过拟。

三、超参数调优

超参数调优的目标是找到一组泛化效果最好的模型超参数。为保证测试集对于模型效果评价的客观性，超参数调优需要从训练集中划分出验证集对超参数效果进行评估，同时，为了降低单验证集效果评价带来的随机性波动，超参数调优往往使用 k 折交叉验证的方式评价模型效果。k 折交叉验证即将训练集等分为 k 份，每次尝试使用 k-1 份数据进行训练，剩余的数据进行验证，最后使用 k 次模型的指标平均值对该组超参数进行评估，实践中常用5或10折交叉验证。当确定好最优的超参数组合后，即可用于原始训练集进行模型训练。

超参数调优的常用方法包括：网格搜索、顺序搜索、随机搜索和贝叶斯搜索等，实际使用过程中，读者可以结合样本量、算力、模型效果等具体情况进行选择。

（一）网格搜索

网格搜索先是在模型的各项超参数中选择一定数量的候选值，之后使用k折交叉验证法对模型的超参数组合效果进行穷举评估。网格搜索的优点是实现简单，缺点是耗时长，以10个超参数、每个超参数10个候选值为例，网格搜索需要计算10^{10}个超参数组合的模型效果。

（二）顺序搜索

相较于网格搜索，顺序搜索的优点是速度快，缺点是容易限于局部最优。顺序建模最好事先模拟相关超参数的重要性排序，如某模型中含有10个超参数，可以根据重要性将相关参数划分为1、2、3、4、5五个档次，先使用网格搜索法确定最重要批次超参数的值，之后按照顺序逐步确定所有参数的最优值。假设每次确定两个超参数，每个超参数的候选值也为10个，此时仅需计算$5*10^2$个组合的超参数效果。由于前面批次的参数确定后，无法改变，因此顺序搜索可能会限于局部最优困境中。

（三）随机搜索

随机搜索的过程即从所有的超参数组合中随机挑选出一定数量的超参数组合进行比较。实践表明，随机搜索实现简单、时间花费少，并且往往可以得到一个效果不错的近似最优解，可以作为一种常用的超参数调优方式使用。

（四）贝叶斯搜索

网格搜索开销过大，而顺序搜索、随机搜索很可能遗漏高价值的参数组合，因此，很多AutoML（自动化建模）的研究人员开始尝试采用贝叶斯搜索进行代替。贝叶斯搜索利用了之前搜索过程中积累的超参数效果评价信息，其假设模型超参数空间符合联合高斯分布，之后，通过已有的验证信息建立模型效果和各超参数之间的高斯回归模型，并使用该高斯回归模型预测各个超参数在各取值点的模型效果期望和方差。期望越大说明该超参点越可能得到比较好的模型效果，值得探索；方差越大说明该超参点的模型效果不确定性越高，也值得探索。因此，可以将各超参点的期望和方差代入事先定义好的优先级选择函数选择接下来要验证效果的超参数点，如常用的优先级选择函数定义如下：

$$P = \mu + n\sigma^2$$

其中，P 代表该超参数选择的优先级，μ 为高斯模型预测该超参点对应的模型效果均值，σ^2 为高斯模型预测该超参点对应的模型效果方差，n 一般为 0 或正整数。上述优先级定义公式决定了如果某个点模型效果的期望不高但方差很高，也可能被优先探索。在验证完优先级最高的一组或几组超参数效果后，结合之前的验证数据构建模型效果与超参点之间新的高斯回归模型，并使用新的模型尝试寻找一组或几组优先级最高的新超参点，之后，重复这一过程直至满足调参预设的终止条件。

第七章

图数据库及图算法介绍

信用量化和反欺诈是小微信贷大数据智能风控体系的核心。从过往业务经验上看，小微企业由于规模小，信用水平容易受到各关联方的影响，因此，构建知识图谱，并从图中挖掘出能对小微企业各种关联关系进行特征化表示的图指标，能显著提升小微企业信用模型的区分能力。另外，随着小微信贷面临的欺诈挑战，尤其是团伙类欺诈挑战的情况不断增加，仅基于小微企业自身相关信息进行的传统反欺诈方式越来越表现出局限性，这也迫切要求金融机构通过新兴的知识图谱技术增强小微信贷领域的反欺诈能力。

第一节　关系型数据库和图数据库

传统的关系型数据库在图特征挖掘及知识图谱反欺诈过程中表现出较强的局限性，如在传统关系型数据库中，计算关系类指标“本企业在 3 度朋友圈中的重要性”的资源开销巨大甚至难以实现。事实上，当前主流的大中型银行大都已经引入了图数据库构建企业知识图谱，以解决计算中涉及企业间关系的各类问题。

一、关系型数据库的存储形式

传统关系型数据库主要通过表的形式对相关数据进行存储。每张表在存储之前都需定义好字段属性，属性一般可分为主键和其他属性。主键可以是一列或者多列的组合，主要用于对每行数据进行唯一标识；其他属性主要用于不同维度信息的记录。

如表 7.1 所示，企业基本信息在关系型数据库中的存储形式，企业编号为主键，企业名称、人员规模、上游企业编号为相关属性。

表 7.1　企业基本信息表

企业编号	企业名称	人员规模/人	上游企业编号
00001	×××制造	30~50	00018
00002	×××生物	51~100	10998
00003	×××科技	101~200	16688
……	……	……	……

由于数据来源不同，不同类实体或者同一类实体的不同维度信息往往存储在不同的数据库表格中。关系型数据库主要使用“JOIN”操作实现不同数据表之间的信息关联。比如，企业的基本信息、财务信息和纳税信息往往存在于不同的数据表中，可以

通过"JOIN"操作将这些信息关联成一张含有三类信息的宽表以支持后续建模。

二、图数据库的存储形式

图数据库以图论为基础，以图的形式存储数据。在将数据导入图数据库之前需事先定义好点和边。点的定义主要包括类别和属性：点的类别用于区分大中型企业、小微企业、小微企业主等不同类别实体；点的属性包含主键和其他属性，主键是识别不同节点的唯一标识。边的定义和点类似，不同类型的边代表节点之间不同类别的关联关系，比如股权关系、交易关系、担保关系等，边的属性可用于边信息的存储，比如，股权边中股权比例等相关信息存储。

和关系型数据库相比，图数据库最大的变化是使用边替代了关系型数据库频繁的"JOIN"操作，其优点在于以下两点：

一是遍历效率高。比如，查找某企业上游企业的人员规模，可直接通过该企业节点的上游关系边找到对应的上游企业节点，这比传统关系型数据库全量关联后筛选查询的方式要快得多。并且，随着关联度数的增加，使用边代替"JOIN"操作进行图遍历的效率优势将进一步得到体现。

二是支持复杂的图算法进行相关特征的挖掘。最短路径、中心度、社区黑灰客户浓度等经典图特征天然适合基于图数据库的挖掘，这些图特征可以有效反应小微企业的外部风险，有效提升风控模型的效果。

第二节　图技术应用

图数据库的优势主要体现在图遍历及图特征挖掘的指数级效率提升上，当前图技术在小微信贷风控领域的主要应用模式有两种。

一是直接应用于反欺诈。在图数据库上直接进行无监督学习就能在反欺诈，尤其是团伙类反欺诈中取得良好的效果，具体应用方式主要包括：

（1）从黑灰名单客户出发，找到和黑灰客户在各种维度上的"业务距离"低于设定阈值的客户，增加线下调查等额外反欺诈措施。"业务距离"是资金流、控股关系、上下游、担保、共享"董监高"① 等相关关系，经过量化并结合路径类算法计算出的结果。

---

① 上市公司董事、监事和高级管理人员的简称。

（2）从申请客户出发，统计一定范围内的黑灰客户浓度，对于所在区域黑灰名单浓度超出阈值的客户增加额外反欺诈措施。这个范围可以是一定度数之内的区域，也可以是应用社区划分算法计算出的子社区。

（3）结合业务经验，对于可能存在欺诈的业务现象进行图指标的转换。比如，传统的欺诈经验告诉我们金融领域的聚集就意味着风险，此时，可以统计子网内节点之间的平均距离或者节点度数，当相关统计量显著超出平均水平时，增加额外反欺诈措施。

（4）从业务理解出发，对于可能存在欺诈的业务进行图结构的定义。比如，通过图中资金链路是否短期成环来防范交易背景真实性的欺诈风险。

二是挖掘出图特征，提升相关模型训练效果。目前，图特征的挖掘方式主要有显式和隐式两种。显式图特征挖掘即直接挖掘出小微企业的图特征，如度数、节点到3度范围内其他节点平均距离等，之后即可将图特征和传统特征结合提升相关模型的训练效果。隐式图特征挖掘主要通过图嵌入或者图卷积神经网络，对企业节点的网络特征进行隐式的向量化表示，该特征向量同样可以和传统特征结合，从而提升风控模型的训练效果。与显式图特征挖掘相比，隐式图特征更可能挖掘出全面的节点网络信息，其对于模型效果的增益也往往更大，代价是特征向量的可解释性差。

第三节 显式图特征挖掘算法

小微企业的信贷风险同时取决于自身情况和外部环境。显式图特征挖掘算法有力地支持了金融机构对小微信贷客户所处的外部环境类特征进行挖掘，主要分为四类：

一是相似度算法，该类算法主要用于计算节点之间的相似程度；

二是路径算法，该类算法主要用于计算节点之间的距离；

三是中心性算法，该类算法主要用于量化节点在子网内的重要程度；

四是社区发现算法，该类算法主要用于解决子网划分问题。

下面具体介绍这四类图算法的经典代表，实际使用过程中可以结合业务理解选择合适的算法，构建小微企业的相关图特征。

一、相似度算法

相似度算法在小微信贷风控领域的经典应用是计算节点和某黑名单客户之间的相似程度，代表性算法包括 Common Neighbors、Jaccard、Adar、Friends-measure 等。

（一） Common Neighbors

Common Neighbors 是最基础的相似度算法，计算的是两个节点之间拥有的共同邻居数量，一般来说拥有越多共同邻居的节点对相似程度越高，定义

$$\text{CommonNeighbors}(x, y) = |N(x) \cap N(y)|$$

其中，$N(x)$、$N(y)$ 分别代表节点 x、y 除了节点对以外的邻居节点集合，$|N(x) \cap N(y)|$ 代表集合交集部分的元素个数。如图 7.1 所示的 A、B 节点有

$$\text{CommonNeighbors}(A, B) = |\{C\} \cap \{C, D, E\}| = 1$$

（二） Jaccard

Common Neighbors 算法没有考虑节点邻居集合大小对相似度的影响，如图 7.1 中 E 节点由于邻居较多，使用 Common Neighbors 算法计算的结果是和多个节点的相似度都较高，这对那些邻居集合较小的节点可能不太公平。Jaccard 算法引入了归一的思想解决该问题，定义

$$\text{Jaccard}(x, y) = \frac{|N(x) \cap N(y)|}{|N(x) \cup N(y)|}$$

对于图 7.1 的 A、B 节点有

$$\text{Jaccard}(A, B) = \frac{|\{C\} \cap \{C, D, E\}|}{|\{C\} \cup \{C, D, E\}|} = 1/3$$

Jaccard 指数的取值范围是［0，1］，值越大说明节点之间的相似度越高。

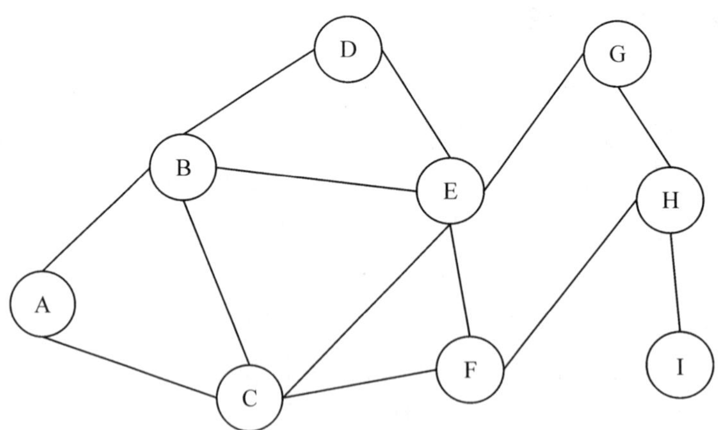

图 7.1 某节点网络结构图

（三） Adar

Common Neighbors 算法中没有考虑到不同邻居价值的差异，Adar 指数认为拥有较少邻居的节点带来的相似度增益应该更高，定义

$$\text{Adar}(x,\ y) = \sum_{k \in N(x) \cap N(y)} \frac{1}{\log\ |N(k)|}$$

K 代表 x 和 y 的邻居节点，则对于图 7.1 中的 B、C 节点有

$$\text{Adar}(B,\ C) = \sum_{k \in N(B) \cap N(C)} \frac{1}{\log|N(K)|} = \frac{1}{\log 2} + \frac{1}{\log 5} = 2.064$$

（四）Friendes-measure

Friendes-measure 也是在 Common Neighbors 基础上进行优化，其认为如果节点对的邻居节点互为邻居，那么，节点对的相似度就更高，原始版本的 Friendes-measure 认为节点对的共同邻居和互为邻居的邻居对的权重相同，笔者尝试引入 σ 以区分共同邻居和邻居互为邻居这两类关系带来的相似度增益，定义

$$\text{Friendes - measure}(x,\ y) = \sum_{m \in N(x)} \sum_{n \in N(y)} f(m,\ n) = 2.064$$

$$f(m,\ n) = \begin{cases} 1, & \text{if } m = n \\ \sigma, & \text{if } e(m,\ n) = 1 \\ 0, & \text{otherwise} \end{cases}$$

$m = n$ 时，$f(m,\ n) = 1$ 代表共同邻居的相似度增益为 1。$e(m,\ n) = 1$ 时，$f(m,\ n) = \sigma$ 代表互为邻居的邻居对的相似度增益为 σ。σ 一般取（0，1），可以通过控制 σ 的大小调整该情况下相似度的增益水平。

二、路径算法

路径算法在小微信贷风控领域的经典应用是计算小微企业和黑名单企业之间的关系距离，有权图的代表算法包括 Dijkstra、Bellman_Ford、SPFA，无权图的代表算法是 Graph Distance、Katz、Hitting Time 等。

（一）Dijkstra

Dijkstra 通过贪心策略计算节点到其他节点的距离，其声明一个数组 distance 保存节点到其他节点的最短距离，同时记录一个已经找到最短路径的节点集合 T，以下是 Dijkstra 算法在图 7.2 中计算 A 到其他所有节点最短路径流程：

（1）T= {A}，distance 初始化为

顶点	B	C	D	E	F	G	H	I
当前最短路径	2	4	∞	∞	∞	∞	∞	∞

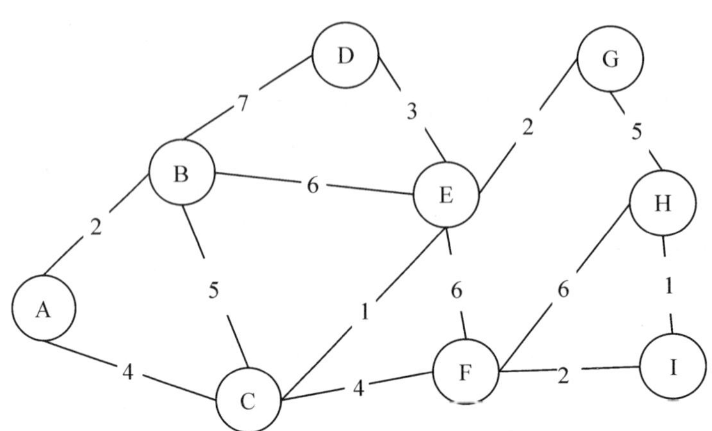

图 7.2　某带权节点网络结构图

（2）从 distance 中找到 T 以外当前最短路径最短的点加入集合 T，此时集合 T= {A，B}，且数组中 A 到 B 的距离已经从当前最短路径变成了最终最短路径。此时，可以使用 $distance_B$ 对 B 邻居节点对应的 distance 值进行更新，更新公式为 min {A→B→B 邻居路径长度，原 distance 值}，计算公式和更新结果如下：

$$distance_{C_{new}} = \min\{s_{ABD},\ distance_C\} = \min\{distance_B + BC,\ 4\} = 4$$
$$distance_{D_{new}} = \min\{s_{ABD},\ distance_D\} = \min\{distance_B + BD,\ \infty\} = 9$$
$$distance_{E_{new}} = \min\{s_{ABE},\ distance_E\} = \min\{distance_B + BE,\ \infty\} = 8$$

顶点	B	C	D	E	F	G	H	I
当前最短路径	2	4	9	8	∞	∞	∞	∞

（3）从 distance 数据中找到当前最短路径最短的点加入集合 T，此时集合 T= {A，B，C}，且 A 到 B、C 的距离已经从当前最短路径变成了最终最短路径，之后使用步骤（2）的思路通过 $distance_c$ 更新 distance 数组为

顶点	B	C	D	E	F	G	H	I
当前最短路径	2	4	9	5	∞	∞	∞	∞

（4）类似地，T= {A，B，C，E}，通过 $distance_e$ 将 distance 更新为

顶点	B	C	D	E	F	G	H	I
当前最短路径	2	4	8	5	8	7	∞	∞

这样每一步可以确定 A 到其中一个点的最终最短距离，最终 T= {A，B，C，E，G，F，D，I，H}，最终的 distance 数组更新为

顶点	B	C	D	E	F	G	H	I
当前最短路径	2	4	8	5	8	7	11	10

上述 distance 数组结果即为 A 到各节点间的最短路径。

（二）Bellman_Ford

Bellman_Ford 算法的时间复杂度比 Dijkstra 高，但解决了 Dijkstra 无法解决的存在负权值边图（没有负权回路，该类状况无解）的最短路径问题。不同于从点出发计算的 Dijkstra 算法，Bellman_Ford 主要从边的角度进行考虑，由于最短路径包含的边最多为 $n-1$ 条，因此，Bellman_Ford 可以通过对所有的边进行 $n-1$ 次松弛操作实现最短路径计算，图 7.3 为某带负权值路径网络结构图的最短路径计算示例：

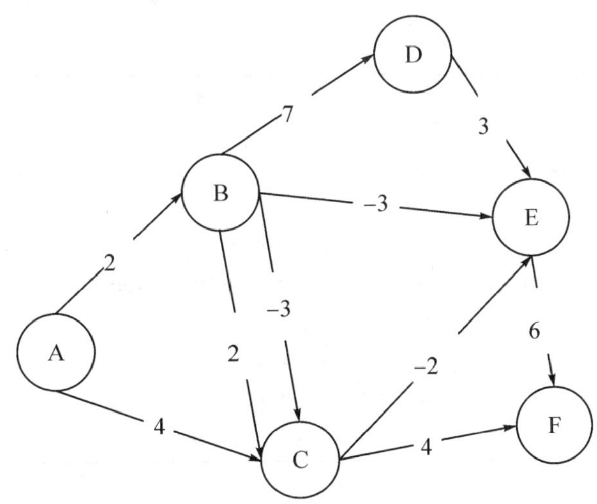

图 7.3 某带负权值路径网络结构图

首先，Bellman_Ford 类似于 Dijkstra 算法，要建立一个当前最短路径数组 distance，区别在于 Dijkstra 算法每一次循环会确定一个最短路径的点，但是，Bellman_Ford 仅知道有一个点已经是最短路径，但却无法判断具体的点，因此，不能像 Dijkstra 算法那样通过该点的邻居节点进行下一步更新，而是需要遍历所有的边进行循环更新。基于图 7.3 建立的 distance 数组为

顶点	B	C	D	E	F
当前最短路径	2	4	∞	∞	∞

接下来循环所有边，判断是否使得 distance 数据发生变化，

对于边 AB、AC：

$$\text{distance}_{B_{\text{new}}} = \min\{s_{AAB},\ \text{distance}_B\} = \min\{\text{distance}_A + AB,\ 2\} = 2$$

$$\text{distance}_{B_{\text{new}}} = \min\{s_{AAC},\ \text{distance}_C\} = \min\{\text{distance}_A + AC,\ 4\} = 4$$

distance 不更新。

对于边 BC：

$$\text{distance}_{C_{\text{new}}} = \min\{s_{ABC},\ \text{distance}_C\} = \min\{\text{distance}_B + BC,\ 4\} = -1$$

distance 更新为

顶点	B	C	D	E	F
当前最短路径	2	-1	∞	∞	∞

对于边 BD：

$$\text{distance}_{D_{\text{new}}} = \min\{s_{ABD},\ \text{distance}_D\} = \min\{\text{distance}_B + BD,\ \infty\} = 9$$

distance 更新为

顶点	B	C	D	E	F
当前最短路径	2	-1	9	∞	∞

对于边 BE：

$$\text{distance}_{E_{\text{new}}} = \min\{s_{ABE},\ \text{distance}_E\} = \min\{\text{distance}_B + BE,\ \infty\} = 5$$

distance 更新为

顶点	B	C	D	E	F
当前最短路径	2	-1	9	5	∞

对于边 CB：

$$\text{distance}_{B_{\text{new}}} = \min\{s_{ACB},\ \text{distance}_B\} = \min\{\text{distance}_C + CB,\ 2\} = 2$$

distance 不更新。

对于边 CE：

$$\text{distance}_{E_{\text{new}}} = \min\{s_{ACE},\ \text{distance}_E\} = \min\{\text{distance}_C + CE,\ 5\} = -3$$

distance 更新为

顶点	B	C	D	E	F
当前最短路径	2	-1	9	-3	∞

对于边 CF：

$$\text{distance}_{F_{\text{new}}} = \min\{s_{ACF},\ \text{distance}_F\} = \min\{\text{distance}_C + CF,\ \infty\} = -3$$

distance 更新为

顶点	B	C	D	E	F
当前最短路径	2	-1	9	-3	3

对于边 DE：

$$\text{distance}_{E_{\text{new}}} = \min\{s_{ADE},\ \text{distance}_E\} = \min\{\text{distance}_D + DE,\ -3\} = -3$$

distance 不更新。

对于边 EF：

$$\text{distance}_{F_{\text{new}}} = \min\{s_{AEF},\ \text{distance}_F\} = \min\{\text{distance}_E + EF,\ 3\} = -3$$

Distance 不更新。

之后，循环执行以上操作 $V-1$ 次即得到最终的结果。需要注意的是，如果图中存在负权回路则不存在最短路径，因为每走一圈负权路径都会使得距离变短。为检验图中是否存在负权回路，可以在 $V-1$ 次循环计算完成后，再对 distance 数组做一次校验性的循环计算。如果 distance 数组被修改，说明存在负权回路，此时，图不存在最短路径。

（三）SPFA

SPFA 算法可以看成是 Bellman_Ford 算法的队列优化版本，其认为 Bellman_Ford 中的 $V-1$ 次循环每次遍历所有边进行松弛操作效率太低，事实上，只有那些已经确定了最短路径的点所连出去的边才是有效的，所以理论上，仅需把已知最短路径节点连出去的边用来松弛操作就行了。但在实际操作中我们并不知道哪些点是已知节点，不过我们可以放宽条件，找出可能是已知节点的点，由于每次更新都会确定一个新的最短路径节点，因此该节点必然存在于松弛操作后更新的节点范围内。在稀疏图上使用 SPFA 可以大幅降低 Bellman_Ford 算法的计算量，但当图很稠密时，SPFA 就几乎退化成 Bellman_Ford，其原因在于此时的每个节点都要和很多节点进行松弛操作。

（四）Graph Distance

Dijkstra、Bellman_Ford、SPFA 的优点是适用性强，带权图、无权图均可使用，缺点是计算开销较大，并且随着图规模的扩大急剧增加。基于六度空间理论，我们知道小微企业之间的关联往往不会超过 6 跳，因此在计算无权图中小微企业之间的最短路径时，可以尝试使用 Graph Distance 算法优化计算效率。我们以计算图 7.1 中节点 A、H 之间的最短路径为例，讲述 Graph Distance 算法的计算过程。

（1）初始化仅包含起点 A 和终点 H 的集合：$U_1 = \{A\}$，$U_2 = \{H\}$；

（2）不断在 U_1、U_2 中轮流加入集合现有节点的邻居节点，直至两个集合的交集不为空。该步骤为一个迭代步骤：

第一轮，$U_1 = \{A, B, C\}$，$U_2 = \{H\}$，$U_1 \cap U_2 = \Phi$，继续；

第二轮，$U_1 = \{A, B, C\}$，$U_2 = \{H, G, I\}$，$U_1 \cap U_2 = \Phi$，继续；

第三轮，$U_1 = \{A, B, C, D, E, F\}$，$U_2 = \{H, G, I\}$，$U_1 \cap U_2 = \Phi$，继续；

第四轮，$U_1 = \{A, B, C, D, E, F\}$，$U_2 = \{H, G, I, E, F\}$，$U_1 \cap U_2 = \{E, F\}$，停止。

（3）A、H 节点之间的最短路径即为步骤（2）中的迭代轮数 4。另外，如果需要知道具体的最短路径，可以使用树将两边的节点分别保存后，最短路径由 U_1 生成树中顶点 A 到交集节点 E 或 F 的最短路径与 U_2 生成树顶点 H 到同一交集节点最短路径序列合并而成。本例中，一种选择为 A→B→E 和 H→G→E，合并后得到一条最短路径 A→B→E→G→H。

（五）Katz

大部分小微企业之间可能并不存在直接关联，但两个小微企业之间存在的路径数越多，则在未来建立联系的可能性也越高，又或者两个小微企业之间实际上是存在直接关系的，只是由于图中仅包含了一部分关联关系数据而未能展现。Katz 算法即用于量化节点之间的潜在距离，定义

$$\mathrm{Katz}(x, y) = \sum_{l=1}^{\infty} \beta^l \, |x \to y|^l$$

其中，$|x \to y|$ 表示从 x 到 y 长度为 l 的路径数量，$\beta(0 < \beta < 1)$ 是衰减系数。Katz 算法认为长度越长的路径对于 Katz 值的增益越少，$\mathrm{Katz}(x, y)$ 的计算结果越大，说明节点之间潜在的距离越短。

计算单个节点对 $x \to y$ 的 Katz 距离可以通过图遍历的方式实现，图很大时可以限制在 3 跳或者 4 跳以内，以节省计算开销并取得近似结果。如果要计算图中任意两点之间的 Katz 距离，也可以使用矩阵的方式进行：

$$\mathrm{Katz} = \beta A + \beta^2 A^2 + \beta^3 A^3 + \cdots = (I - \beta A)^{-1} - I$$

其中，A 为整个图的邻接矩阵，I 为 A 对应的单位矩阵，定义 v 为网络节点数，k 为度数最大节点的度，上述矩阵求逆运算时间复杂度为 $O(v^3)$，矩阵乘法为 $O(vk)$。因此，直接使用邻接矩阵方式的时间复杂度为 $O(v^3 + vk)$。

Katz 距离中 β 参数设定的主观性较强，如需将 Katz 距离作为有监督学习的指标进行应用，可以取几个不同的 β 值比较 IV 的大小来取得近似最优值。

（六）Hitting Time

Hitting Time 是基于随机游走思想进行的距离计算方式。$HittingTime(x, y)$ 代表从节点 x 出发随机选择一个邻居进行跳转，重复这一过程直至最终达到 y 需要的跳数期望。Hittime Time 可以定义为

$$\text{HittingTime}(x,\ y) = \sum_{l=1}^{\infty} l * P_l$$

其中，l 代表路径长度，P_l 代表 x 和 y 之间的路径长度为 l 的概率。

在图的规模较小时求解 Hitting Time，可以按照原始算法的定义将随机游走的停止条件严格设定为达到 y 节点，此时，统计 N 次随机游走中到达 y 所花费的跳数分布即可求解。比如，图 7.1 中从节点 A 随机游走至 E 1 000 次的跳数分布为

花费跳数	2	3	4	5	6	7
次数	400	300	200	70	20	10

$$\text{HittingTime}(A,\ E) = \frac{400}{1\ 000} * 2 + \frac{300}{1\ 000} * 3 + \cdots + \frac{10}{1\ 000} * 7 = 3.04$$

当图的规模较大时，可能存在单次游走花费时间过长的问题，此时，可以限定游走最大跳数以近似求解。如定义最大跳数为 4，结合六度空间里理论，4 跳以后还未到达的按照距离为 6 进行近似处理，使用该方法从 A 随机游走到 E 1 000 次的跳数分布为

花费跳数	2	3	4（已到达）	4（未到达）
次数	400	300	200	100

此时，求得近似解

$$\text{HittingTime}(A,\ E) \approx \frac{400}{1\ 000} * 2 + \frac{300}{1\ 000} * 3 + \frac{200}{1\ 000} * 4 + \frac{100}{1\ 000} * 6 = 3.1$$

三、中心性算法

中心性算法在小微信贷风控领域的经典应用是计算企业在子网中的重要性，代表算法包括 Degree、Closeness、Betweenness、PageRank 等。

（一）Degree

Degree 算法是通过对节点的重要性进行量化。如果是有向图，还需要考虑出度、入度，如企业的上游企业和下游企业可能需要分开考量，上下游企业的个数分别对应小企业节点的入度和出度。值得注意的是，不同子网之间的企业想用度数进行比较时，需考虑各自子图的规模大小，即去规模化问题。

（二）Closeness

Closeness 可以理解为接近中心性，其认为到社区内其他节点平均距离越短的节点中心度就越高，距离可以使用最短路径算法计算，之后求平均距离后取倒数即可计算

出 Closeness 值，Closeness 值越大，接近中心性越大。

（三）Betweenness

Betweenness 算法考量的是节点作为其他节点间联系的桥梁作用，具体可以计算该节点担任其他两个节点最短路径中间节点的次数。如果要考虑不同产业链子图之间的标准化问题，可以用子图中的路径数量进行归一化处理。

（四）PageRank

PageRank 中不但考虑了自身出入度的影响，还考虑了邻居节点重要性的影响，PageRank 最早用于搜索引擎的网页排序，主要通过基于超链接的互相引用找到最“重要”的 web 页面。PageRank 中递归定义一个节点的影响基于引用它的节点的影响，如果一个顶点有更多的引用顶点，或者它的引用顶点有更大的影响，那么这个顶点的影响就会增加，这种定义方式比较类似于我们对传统的社会影响力的认知。

PageRank 基于随机网络冲浪者模型来计算各节点得分。在该模型中，一个顶点的 PageRank 得分与一个随机网络浏览者在任何给定时间出现在该顶点的概率成正比，从而保证具有较高 PageRank 分数的节点是一个经常访问的顶点。模型的假设如下：

（1）事物当前的状态只与其上一个状态有关。

（2）一个节点的入度越大，得分越高。

（3）一个节点入度的来源节点得分越高，得分越高。

（4）处于各节点（网页）的用户会存在一定的概率随机选择某一网页，而不是以节点（网页）的出度（该网页的链接）作为下一个网页进行浏览。

假设一个点随着出度转移到下一个点的概率是相同的（对于有权值的图可以将权值和转移概率挂钩），那么，基于图 7.4 可以建立转移概率矩阵如下：

点	A	B	C	D
A	0	1/3	1/3	1/3
B	1/2	0	0	1/2
C	1	0	0	0
D	0	1/2	1/2	0

PageRank 初始化处于各个节点的概率均为 1/4，根据上述转移矩阵可以计算出转移一次后处于各节点的概率：

$$P(A) = P(B) * 1/2 + P(C) * 1 = 9/24$$

$$P(B) = P(A) * 1/3 + P(D) * 1/2 = 5/24$$

$$P(C) = P(B) * 1/3 + P(D) * 1/2 = 5/24$$

$$P(D)=P(A)*1/3+P(B)*1/2=5/24$$

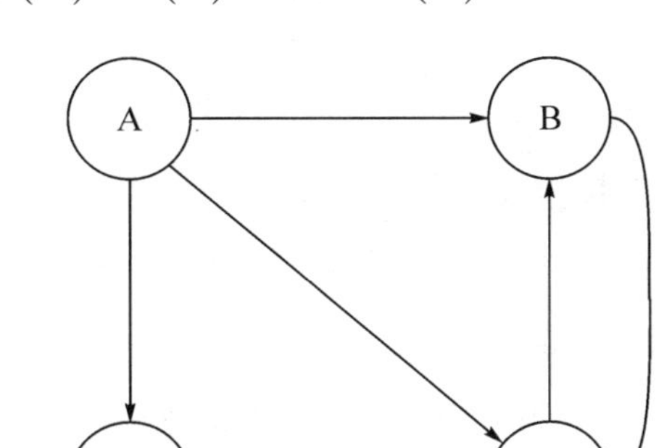

图 7.4　某网页链接示例

之后，根据新的状态计算下一状态处于各个节点的概率，并逐渐收敛至一组稳定的概率值。收敛的前提条件有三个：

（1）随机矩阵。矩阵中的数均大于等于 0，且所有行向量的元素和为 1。

（2）不可约矩阵。图中任何一个节点可以通过路径到其他任何一个节点。

（3）非周期矩阵。周期矩阵指自身的某个次幂为矩阵自身值。

由于上述的转移概率矩阵中 C 节点不满足条件（2），无法收敛。因此，PageRank 规定，每个节点会有一定概率不按照规定的线路而是在图中随机选择一个节点进行转移，如采用 0.15 作为随机转移概率时的转移概率矩阵为

点	A	B	C	D
A	0.85*0+0.15*1/4	0.85*1/3+0.15*1/4	0.85*1/3+0.15*1/4	0.85*1/3+0.15*1/4
B	0.85*1/2+0.15*1/4	0.85*0+0.15*1/4	0.85*0+0.15*1/4	0.85*1/2+0.15*1/4
C	0.85*1+0.15*1/4	0.85*0+0.15*1/4	0.85*0+0.15*1/4	0.85*0+0.15*1/4
D	0.85*0+0.15*1/4	0.85*1/2+0.15*1/4	0.85*1/2+0.15*1/4	0.85*0+0.15*1/4

同样初始化处于各个节点状态的概率是 1/4，根据新的转移概率矩阵，可以计算出下一步处于各个节点的概率：

$$P(A)=0.85*[P(B)*1/2+P(C)*1]+0.15*1/4=0.356$$

$$P(B)=0.85*[P(A)*1/3+P(D)*1/2]+0.15*1/4=0.2146$$

$$P(C)=0.85*[P(A)*1/3+P(D)*1/2]+0.15*1/4=0.2146$$

$$P(D)=0.85*[P(A)*1/3+P(B)*1/2]+0.15*1/4=0.2146$$

由于新的转移概率矩阵已经满足了随机、不可约和非周期三个条件，因此，迭代 N 次后即可得到每个节点最后的稳定概率。

四、社区发现算法

社区发现算法属于无监督聚类算法，常用于子图划分，代表算法包括 Connected Components、Lable Propagation、Louvain、Triangle Count 等。

（一）Connected Components

Connected Components 是一种极为简单的社区划分算法，该算法将相连的点都划分为同一个社区。如果是有向图，又可以根据社区图的强联通性和弱联通性分为 Strong Connected Components 和 Weak Connected Components 两类子算法：Strong Connected Components 代表强连通子图，图中任意两个节点之间都有至少一对去向路径和返回路径；Weak Connected Components 代表弱连通子图，即将子图中的有向边替换为无向边后，任意两个节点之间至少存在一条相连路径。

（二）Label Propagation

Label Propagation 算法主要分为两步：

（1）为所有节点指定一个唯一标签。

（2）逐轮更新所有节点的标签，直至达到收敛条件为止。每一轮的更新规则为，考察节点所有邻居节点的标签，并使用出现次数最多的标签进行更新，如果候选更新标签不唯一，则随机挑选一个进行更新。

Label Propagation 算法简单高效，但由于计算过程中存在随机选择，重复运行的结果可能存在差别。

（三）Louvain

Louvain 主要采用合并的策略实现，合并标准是模块度增益大小，算法的具体步骤如下：

（1）初始化每个数据点为一个社区。

（2）对每个数据点，尝试加入其邻居所在的社区，比较加入前后的模块度增益 ΔQ，选出增益最大的那个邻居社区，若对应的 $\Delta Q_{max} > 0$，则将该数据点并入该社区。

（3）将合并后的社区当成节点，并将社区内节点之间边的权重转化为新节点环的权重，社区间的边权重转化为新节点间的边权重。

（4）重复上述（2）（3）步骤，直至满足收敛条件。

Louvain 算法的本质是优化模块度，优点是快速、准确，属于性能最好的社区发现算法之一。模块度函数最初被用于衡量各类社区发现算法的效果，其能够刻画发现的社区的紧密程度。既然能量化算法的效果，也就能够被用来当作一个优化函数，即不断将通过社区合并实现模块度的增加，直至不变甚至减少。通常情况下，Louvain 中社区的个数由社区自己的性质决定，也可以在合并的过程中加入一些以前终止的条件，如模块度增益小于一定阈值或社区总数达到一定大小等。

（四）Triangle Count

Triangle Count 返回的是节点所在三角形的个数，可用于节点的社交网络水平分析。比如，产业链关系中，企业 A 认识 B 和 C，B 和 C 之间又相互认识，那么，ABC 之间就构成了一个社交三角形，显然拥有较多三角形的节点往往处于产业链关系中的核心地位。

第四节　隐式图特征挖掘算法

显示图特征挖掘算法的优点是可解释性强，缺点是图指标的设计同时需要一定的业务经验和算法理解。而隐式图特征挖掘算法解决了上述问题，其直接通过图嵌入和图卷积技术将节点所处的多维网络特征进行向量化的表示。隐式图特征挖掘算法的优势是效果好，对于业务经验无要求；缺点是特征向量的可解释性差，每一维度向量无法对应具体的业务含义。隐式图特征挖掘算法主要分为节点表示学习和图卷积。

一、节点表示学习

节点表示学习的目标是对网络特征的向量化表示，比如小微企业关系图谱中，可以通过节点表示学习将小微企业的网络特征进行向量化的表示，之后和小微企业自身的原始特征一起进行各类模型的训练。

节点表示的方式主要有矩阵分解和图嵌入两种。矩阵分解的思路是将图的邻接矩阵转换为两个维度较低的矩阵相乘，并将其中一个低维矩阵作为图中各个节点的向量表示结果。矩阵分解法的缺点一是时间复杂度高，二是没有考虑到 2 度及以上关联节点的位置关系，因此，当前常采用效果更好的图嵌入算法。

图嵌入的核心思想借鉴了 NLP（自然语言处理）中的词嵌入，图嵌入通过随机游走采样获得节点序列，这一步类似于词嵌入通过抽样句子并分词构建序列。之后即可参照词嵌入相关算法构建神经网络模型，经过训练后的隐层权重矩阵即为节点网络特征的向量化表示。为方便读者更好地理解词嵌入算法，下面依次介绍词嵌入、词嵌入优化和图嵌入。

（一）词嵌入

NLP 领域中的情感分类、语句推断、机器翻译等常见任务都需要词嵌入技术作为基础，词嵌入的作用是将机器学习中难以直接使用的非结构化文本数据转化为可用的结构化数据。One-Hot 是最早被人们想到的文本转换方式，但 One-Hot 的缺点有两个：

（1）向量维度过大，取决于文本中的词库规模。

（2）无法体现词语之间的相关关系。比如，“喜欢”和“喜爱”是两个含义接近的词语，而“喜欢”和“讨厌”是两个相反的词语。经 One-Hot 转换后，无法通过词向量距离体现出这两组词语的相似或相反关系。为此，词嵌入被语言模型的相关研究人员提出来以解决上述问题。

词嵌入的优势是可以使用比词汇库少得多的维度对文本进行向量化的表示，并且相似程度较高的词语之间词向量的距离也越近。词嵌入实现的主要模式有 Skip-gram 和 CBOW，两种模式原理相似，区别仅在于 Skip-gram 建模的方式是通过当前词语对上下文词语进行预测，CBOW 则是通过上下文词语来对当前词语进行预测。

假设我们的目标是对本书中词语“信贷”进行向量化的表示，下面介绍基于 Skip-gram 算法下的词嵌入流程：

（1）抽样句子。从本书中抽样多句包含“信贷”的句子，现在以“我们热爱小微信贷风控建模工作”为例句展示后续处理流程。

（2）样本构造。使用中文词库将该句分词得到结果：{“我们”，“热爱”，“小微”，“信贷”，“风控”，“建模”，“工作”}，设置词距，这是一个算法参数，用以调整样本中的词语在原始句子中的最大间隔。这里我们设置为 2，可以得到 4 个训练样本：{“信贷”，“热爱”}，{“信贷”，“小微”}，{“信贷”，“风控”}，{“信贷”，“建模”}。

（3）One-Hot 初始化。这里以样本 {“信贷”，“热爱”} 为例，假设本书的词库规模是 10 000，使用 One-Hot 将“信贷”和“热爱”分别转换为 10 000 维的向量，其中“信贷”转换为向量 $X_{1\times V}=\{x_1, x_2, \cdots, x_v\}$，$v=10\ 000$，并作为自变量 X，“热爱”转换为向量 $Y_{1\times V}=\{y_1, y_2, \cdots, y_v\}$，$v=10\ 000$，并作为因变量 Y。

（4）模型构建。如图 7.5，以 X 为输入、Y 为输出构建一个单隐层神经网络模型。注意，这里的隐层 Hidden layer 无须引入非线性的激活函数，输出层 Output layer 使用 Softmax 分类器对输出结果进行转换。

使用所有的样本进行类似于 {“信贷”，“热爱”} 的 One-Hot 转换后，对上述神经网络模型进行训练，最终得到隐层的输入权重矩阵 $W_{V\times N}$，“信贷”的向量化表示结果为 $X_{1\times V} * W_{V\times N}$，大小为 1 * N 维，由于 N 取决于隐层节点个数，一般不超过几百，因此，经过词嵌入算法转换的词语可以从 One-Hot 表示方式下的万维降至百维。

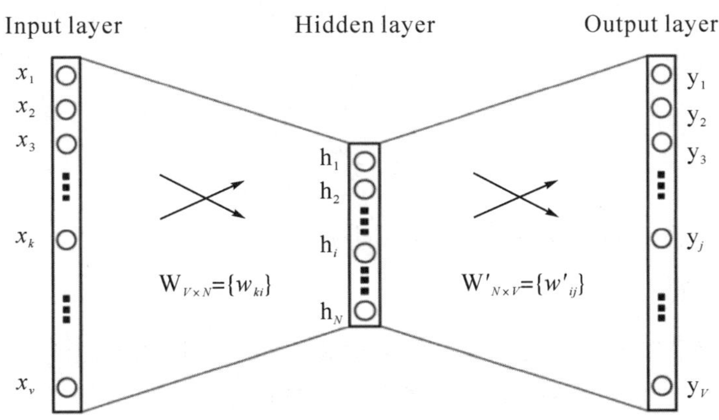

图 7.5　无激活函数的单隐层神经网络

注意在词嵌入建模的目的不是为了构建预测模型进行预测，而是使用样本训练出隐层的权重矩阵 $W_{V\times N}$ 以用于词向量的计算。

（二）词嵌入优化

原始版本的 Skip-gram 算法在输出层中使用了 Softmax 分类器，而 Softmax 分类器的分母涉及 10 000 维向量的加法计算，十分费时，并且词汇表的单词数量有时远远不止 10 000 个，这时的 Softmax 相关运算可能导致模型的训练时间过长。Skip-gram 的计算效率可以通过 Softmax 或者负采样的方式进行改善：

（1）分级 Softmax 使用了一种类似于二分查询的方式，可以理解为一棵二叉树形式的分类器，该方式可以将原始 Softmax 分类器计算时间从 O（V）降至 O（logV）。此外，该分类树并不是一棵平衡的二叉树，可以将常见词语构造在靠近根部的叶子节点上，不常见的词语构造在较深的叶子节点上，以进一步提升模型的训练效率。

（2）负采样将所有训练的原始样本定义为正样本，并对每一个正样本从词汇表中以一定概率抽取 K 个词语构成 K 个负样本。K 是一个超参数，和词汇表整体的大小有关，当数据集较大时，K 取 2~5，数据集较小时，K 可以取 5~20。假设 $K=3$，那么，对于正样本｛“信贷”，“热爱”｝，可以抽样得到 3 组负样本｛“信贷”，“方式”｝、｛“信贷”，“有关”｝、｛“信贷”，“原始”｝。此时，输出变量变为样本中两个词语经过 One-Hot 转换后形成的向量矩阵：$X_{2\times V}$，$v=10\ 000$，正样本定义样本标签 $y=1$，负样本 $y=0$，由于仅有正负两类样本，可以使用二分类函数 Sigmoid 代替原始的多分类函数 Softmax，避免 Softmax 带来的计算量过大的问题。负采样的基本方式有两种：一种是基于本书中词语的频率进行抽样，另一种是基于本书中词语进行均匀抽样。第一种抽样方式的缺点在于可能会得到“信贷”和大量｛“的”，“我们”，“了”｝这样的高频词汇组成的负样本；第二种抽样方式可能存在代表性不足的问题。实践表明，基于

上述两种方式的折中抽样方式往往能取得比较好的训练结果，适用于大部分情况的经验抽样概率公式为

$$P(w_i)=\frac{f(w_i)^{0.75}}{\sum_{j=1}^{10\,000} f(w_j)^{0.75}}$$

其中，$f(w_i)$ 代表词语 w_i 在本书中的词频。

（三）图嵌入

图嵌入可以借鉴词嵌入进行节点的向量化表示。词嵌入通过采样从语料库中获取词语序列，图嵌入则通过随机游走从图中获取节点序列，之后两者即可通过相似的算法完成词语或节点的向量化表示。

为保证节点向量的信息含量，转换后的节点向量需要保持两种意义上相似性的节点之间向量距离较近：

（1）节点处于相近的社区内。主要体现节点之间的距离远近，如图 7.6 中节点 $\{S_1, S_2, S_3, S_4, u\}$ 相似，因为其处于同一社区。

（2）节点所处的位置相似。主要体现节点在网络结构中的角色，如图 7.6 中节点 $\{u, S_6\}$ 相似，因为其在各自社区内的位置相似。

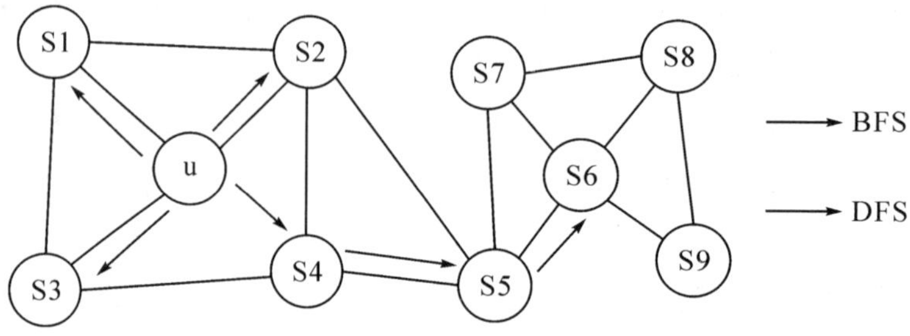

图 7.6　BFS 和 DFS 示例

不同任务中节点相似度定义的角度可能不同，因此，学者们在随机游走的基础上定义了一种基于概率的选择性游走策略，以满足不同任务对于深度优先游走 DFS 和广度优先游走 BFS 这两种方式的优先级控制。一般来说，DFS 可以较好地反映出节点之间的结构相近程度，BFS 可以较好地反映节点之间的位置相近程度。

选择性游走策略实现了非等概率的游走，假设上一步从图 7.7 中的节点 t 游走到了节点 v。

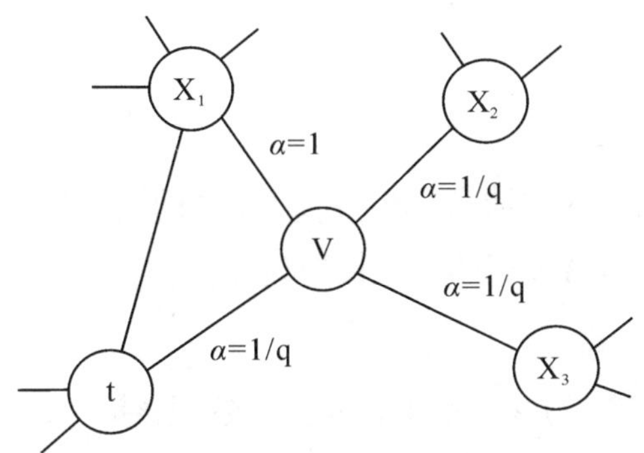

图 7.7　游走概率示例

那么，下一步的游走概率公式为

$$\alpha(t \rightarrow v) = \begin{cases} \frac{1}{p}(d = 0) \\ 1(d = 1) \\ \frac{1}{q}(d = 2) \end{cases}$$

公式中 d 代表 v 的下一跳节点和上一跳来源节点 t 之间的跳数，$d = 0$，即走回 t 点，$d = 1$ 只能选择和 t 距离为 1 的节点 x_1 进行游走，$d = 2$ 可以选择和 t 距离为 2 的节点 X_2 或者 X_3 进行游走。值 $\frac{1}{p}$、1、$\frac{1}{q}$ 代表选择的相对概率，实际使用过程中需要根据可选的路径总数进行归一化处理。公式中 p 和 q 的大小分别用于控制游走过程中的返回和远离特性：

（1）当 $p = q = 1$ 时，采样得到的节点序列结果和随机游走相似。

（2）当 $p > \max(q,\ 1)$ 时，采样会尽量不往回走，从而避免对序列中已经拥有的节点进行二次采样，倾向反映出 DFS 的特征。

（3）当 $p < \min(q,\ 1)$ 时，采样会尽量返回上一跳节点，从而使得游走始终围绕原始节点进行，倾向反映出 BFS 的特征。

（4）当 $q > 1$ 时，游走会倾向于在节点 t 的周围进行游走，倾向于反映 BFS 的特性。

（5）当 $q < 1$ 时，游走会倾向于远离节点 t 进行游走，倾向于反映出 DFS 的特征。

二、图卷积

显示图特征挖掘和图嵌入无法考虑节点自身的特征，图卷积神经网络则可以同时结合节点的网络特征和自身特征在图上进行训练。

（一）求和图卷积

传统卷积神经网络 CNN 的核心在于卷积核，卷积核的形式是二维矩阵，可用于图片特征的提取，由于图片结构的平移不变性，卷积核无论移动到图片的哪个位置，内部的结构都是一样的。CNN 的强大在于通过卷积核实现了参数共享，大幅降低了神经网络中的参数数量，从而极大地降低了深度学习对于样本量的需求，提升了图像识别效果。图片结构属于典型的欧式空间数据，欧式空间数据的特点就是结构很规则，但图数据的结构并不是规则的，则属于典型的非欧式空间数据。因此，CNN 中卷积核的设计方式无法直接作用于图卷积神经网络（GCN）中。

假设图中含 N 个节点，每个节点都有自己的特征，那么，整个图的拓扑信息可以使用一个 N＊N 维的邻接矩阵 A 进行存储，所有图节点的特征信息可以用一个 N＊D 维的矩阵 A 进行存储。从信息的角度来说，邻接矩阵 H 和节点特征矩阵 A 中已经包含了整个图中的所有有效信息，如果我们知道某些节点的好坏，就很容易想到使用 H 和 A 分别代表节点的网络特征和自身特征，并将其作为自变量，以节点的好坏作为因变量，构建神经网络进行训练。考虑到 X 和 A 的维度，将 A 和 X 的内积作为输入得到神经网络每一层的传播规则为

$$H^{(l+1)}=f^{(l)}[AH^{(l)}W^{(l)}]$$

其中，$H^{(l)}$ 为所有节点的当前特征矩阵，$H^{(0)}$ 为节点自身的特征矩阵，$H^{(l+1)}$ 为本层输出并可作为下层输入，$f^{(l)}$ 为本层非线性函数如 tanh 或者 relu 等，$W^{(l)}$ 为本层系数矩阵。事实上，这里的邻接矩阵 A 类似于卷积核，并且和 CNN 中卷积核是训练出来的不同，GCN 中的卷积核是训练之前就确定好的。

（二）均值图卷积

很多时候，使用求和图卷积已经可以得到一个不错的结果，每一层进行 $AH^{(l)}$ 计算后生成的矩阵是邻居该特征值的加权和，因此，GCN 中的每一层传播实际上就是将节点周围特征加权求和作为新特征的过程。但由于邻接矩阵 A 的对角线都是 0，因此 $AH^{(l)}$ 计算没有加入节点自身的特征值，这会导致节点自身的特征在第一次传播的过程中丢失，为解决该问题，可以将 A 的对角线全部赋值为 1，即 A+I，之后得到新的传播规则：

$$H^{(l+1)}=f^{(l)}[(A+I)H^{(l)}W^{(l)}]$$

直接使用 $AH^{(l)}$ 计算结果作为新特征的另一个缺点是新特征的大小和节点的度数高度相关。由于新特征是周围节点特征的和，度数较大节点的新特征经过几次传播后会越来越大，而度数较小的节点特征经过几次传播后相对变小，这可能导致训练过程中的一系列问题。为此，我们考虑对特征矩阵进行归一化操作，并得到新的传播函数：

$$H^{(l+1)} = f^{(l)}\left[D^{-1}(A+I)H^{(l)}W^{(l)}\right]$$

其中 I 为邻接矩阵 A 对应的单位矩阵，D^{-1} 为 $A+I$ 对应度矩阵的逆矩阵，比如 A、B、C，D 三个节点的度分别是 4，2，2，1，那么对应的，

$$D = \begin{bmatrix} 5 & 0 & 0 & 0 \\ 0 & 3 & 0 & 0 \\ 0 & 0 & 3 & 0 \\ 0 & 0 & 0 & 2 \end{bmatrix}$$

$$D^{-1} = \begin{bmatrix} 1/5 & 0 & 0 & 0 \\ 0 & 1/3 & 0 & 0 \\ 0 & 0 & 1/3 & 0 \\ 0 & 0 & 0 & 1/2 \end{bmatrix}$$

此时，图卷积核为 $D^{-1}(A+I)$ 。

（三）谱图卷积

从社交网络考虑，度数较少的邻居带来的影响应该更大，因此，应该提高度数较少邻居在新特征值计算过程中的权重，同时，保持均值法中的卷积核 $D^{-1}(A+I)$ 的归一能力。

谱图卷积使用一个新的卷积核 $D^{-0.5}(A+I)D^{-0.5}$ 代替原始版的 $D^{-1}(A+I)$ 以实现上述功能。谱图卷积是目前使用较多的图卷积版本，每一层的传播规则为

$$H^{(l+1)} = f^{(l)}\left[D^{-0.5}(A+I)D^{-0.5}H^{(l)}W^{(l)}\right]$$

（四）图卷积应用

图卷积的本质是一种特征提取手段，即将仅包含自身特征的矩阵 $H^{(0)}$ 转换成同时考虑周围节点特点信息的新特征矩阵 $H^{(n)}$，n 的大小决定了节点邻域的考虑范围，如 $n=3$ 时，图卷积经过 3 层传播形成的节点新特征矩阵中包含了节点 3 度以内邻居节点的信息。图卷积的强大毋庸置疑，那么实践过程中，我们是如何利用图卷积来提高小微信贷风控的模型效果的？

如图 7.8 所示，我们已经构建了小微企业知识图谱，建模可用的样本一般是部分有过信贷记录的企业，假定｛D，E｝是好样本，｛B，F｝是坏样本，模型目标为预测节点｛A，C，G，H，I｝的好坏。

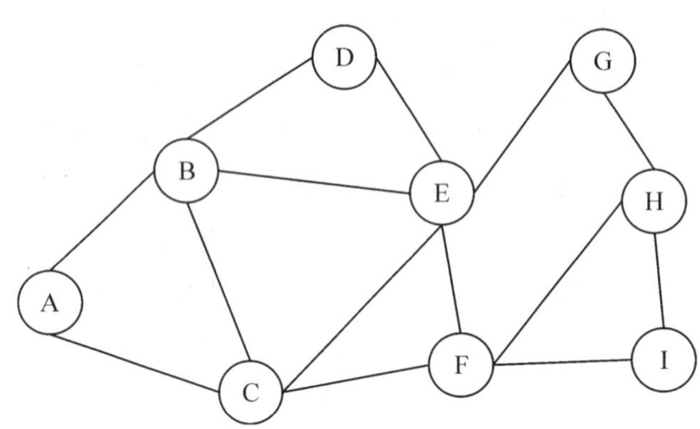

图 7.8　图卷积建模示例

可以构建一个四层的图卷积神经网络。其中，前三层使用传播公式 $H^{(l+1)}=f^{(l)}[D^{-0.5}(A+I)D^{-0.5}H^{(l)}W^{(l)}]$ 进行，最后一层使用分类器输出，并将损失函数定义为 {D，E，B，F} 这四个带标签节点的交叉熵损失函数，之后使用梯度下降法进行训练即可确定网络中各层的参数，令矩阵

$$\tilde{A}=D^{-0.5}(A+I)D^{-0.5}$$

所有节点的网络特征和自身特征即可通过图卷积神经网络进行向量化的表示为

$$H^{(3)}=f^{(3)}\{\tilde{A}f^{(2)}[\tilde{A}f^{(2)}(\tilde{A}H^{(0)}W^{(2)})W^{(2)}]W^{(3)}\}$$

其中，$f^{(2)}$、$f^{(2)}$、$f^{(3)}$ 代表前三层使用的非线性转换函数，$H^{(0)}$ 代表节点自身特征矩阵，$W^{(2)}$、$W^{(2)}$、$W^{(3)}$ 代表前三层的系数矩阵。

上述模型训练完成后，可以使用 {D，E，B，F} 在 $H^{(3)}$ 中对应的特征向量和节点自身的特征结合，训练一个新的二分类模型。预测时，结合 {A，C，G，H，I} 在 $H^{(3)}$ 中对应的特征向量和节点自身的特征，通过新的二分类模型计算违约概率即可。

在带权图中，可以考虑将节点之间的亲密关系也考虑进卷积核的设计中，因此，越是亲密的节点其特征的权重应该设置得越高，读者可以尝试通过带权邻接矩阵实现。

从可解释性角度来说，相较于图嵌入，图卷积形成的特征向量是有一定意义的。其可以看作是周围邻居节点特征加入一些非线性转化的平均值，因此，图卷积转化后的特征向量具有一定的可解释性。从模型效果角度来说，相较于图嵌入，图卷积往往可以得到更为强大的向量表示结果，尤其是存在部分标签可用于半监督学习的情况。

图卷积在风控领域的一个问题是新节点的特征表示，如果小微客户之前不在图中，那么，图更新会导致邻接矩阵发生变化，整个模型都需要重新训练。由于图更新和模型训练工作量较大，一种处理方式是周期化地重新训练模型。比如，3 个月重新训练一次图卷积+信用模型，在此期间，新的节点图特征向量部分可以定义为缺失值，仅对节点自身特征进行信用评分。

第八章

传统评分卡模型构建方法

评分卡模型是目前金融领域使用最为广泛的一种风险量化建模技术，其在传统信贷领域发挥着十分关键的作用。评分卡技术通过数据挖掘和统计方法，利用数据对客户的风险进行量化，从而解决了传统金融机构“风险量化和控制”这一制约业务发展速度的关键问题。近年来，基于大数据的评分卡技术对消费金融、小微信贷等业务的飞速发展起到了关键性的作用。

从模型效果上看，评分卡技术使用逻辑回归作为训练方法，模型上限相较于以 Xgboost 为代表的集成树模型或深度学习模型存在一定劣势，但对银行等金融机构来说，其存在着一些重要的甚至无法替代的优势：

一是容易掌握。评分卡技术使用逻辑回归完成模型构建，逻辑回归作为机器学习领域最基础的算法，原理简单，参数较少，容易被银行从业人员快速掌握。

二是可解释性强。评分卡可以转换为表格打分的形式，客户每个特征不同取值的评分公开透明，容易被业务人员接受并验证。

三是符合监管要求。一些信贷产品的监管法规规定客户有了解信用评分和评分理由的权利，评分卡可以满足这一要求。

四是稳定性高。评分卡入模的变量一般控制在 10~20 个，在建模过程中可以尽可能地选用稳定性高的变量，这样构建的模型效果稳定，发生波动的概率小。

五是部署迭代便捷。评分卡模型通过简单的判断逻辑即可实现快速部署迭代。

基于上述考虑，目前，银行小微信贷数字风控体系中的大部分模型都选用评分卡技术进行构建。标准化的评分卡建模分为八步：数据准备、特征筛选、测试集划分、变量分箱和 WOE 编码、逻辑回归建模、模型调整与评价、评分卡转化、评分卡模型分类与应用。

第一节　数据准备

数据准备的目标是通过客群定义、变量挖掘、数据预处理后形成一张可用于后续建模的数据宽表。

一、客群定义

选取正确的建模样本是开发风险评分模型的首要环节，如开发一款通用类的小企业风险评分，为保证样本的代表性，就需要选取所有的小企业客群作为样本客群。

风险评分卡的本质是提供一种标准，基于客户观察期情况对客户表现期好坏情况进行预测的标准。为此，观察期和表现期的定义对于信用评分的效果有着十分重要的影响。从时间轴上看，观察点之前的一段周期为观察期，其作用是对客户情况进行多维度的数据映射，实现特征变量的数据挖掘；观察点之后的一段周期为表现期，其作用是对客户好坏进行定义，实现客户标签的数据挖掘。

观察期的定义不宜太长或者太短，不宜太长的原因是太久以前的行为与表现期好坏相关性较弱，不宜太短的原因是需要在观察期挖掘出足够区分好坏样本的各类特征。表现期和观察期的确定需要综合考虑多种因素后确定，通用小企业评分的表现期常定义为 24 个月。一方面，考虑到小企业 2 年前的情况可能和小企业未来的风险表现相关性不大；另一方面，需要 2 年的数据表现才能构建出类似年度波动类的指标充分反映企业经营趋势。维度丰富的特征体系有助于提升模型对于好坏客群的识别潜力。

表现期的定义同样不宜太长或者太短，太长的话会导致观察期特征的预测能力减弱，太短的话又不足以让客户风险充分暴露。小企业通用评分常将表现期定义为 15 个月，以保证表现期可以覆盖一年期信贷产品的还款周期，并使风险充分暴露至逾期 90 天以上的阶段。

好坏客户的定义上，有两种常用的处理方式：一种是按照业务经验将最大逾期 90 天以上的客户定义为坏客户，另一种是建立违约状态转移矩阵来确定坏样本的口径。

二、变量挖掘

评分卡属于有监督建模，需要在建模前确定具体的因变量和自变量，因变量即样本的好坏，自变量则需要一定的业务经验结合可用数据的现状综合定义。自变量的定义可以参考本书第五章中的内容构建多级指标体系完成。指标体系设计的好坏往往决定了一个风险评分模型的上限，因此，指标体系的设计最好群策群力，集中多人智慧协作完成。业务经验丰富的项目组成员可以通过思考和客户信用情况相关的要素进行发散性设计，数据、技术经验丰富的项目成员则可以通过各类数据字典来进行补充。一般来说，一套全面的小微企业信用评价指标体系最好能包括但不限于企业基本信息、企业经营信息、企业账户行为、企业信用状态、企业履约能力、企业发展前景、小企业主信用等多维数据信息，并衍射出多级变量指标体系。

三、数据预处理

指标设计完成后，需要通过多张数据源表间的反复关联加工，并结合缺失值填充、异常值处理等数据预处理手段形成标准化的数据宽表才可用于后续建模。一般来说，数据预处理的过程至少包含真实性校验、异常值处理、多类别合并、缺失值填充四个步骤。

（一）真实性校验

评分卡模型的效果和数据的真实程度呈显著正相关，为保证建模数据的真实可靠，首先，要尽可能剔除那些价值不高且无法验证真伪的数据，比如工商数据中的企业利润、负债等无法验证的小企业财务数据；其次，指标加工过程中涉及的数据源表需要反复检查，避免因数据源表过期、失效等问题导致挖掘出的指标信息失真，并使用不同数据源加工同一指标进行交叉验证；最后，可以观察加工成的最终宽表，对于相关类的指标进行一些简单的逻辑判断来进一步验证。比如，近 12 个月转账金额、近 6 个月转账金额、近 3 个月转账金额、近 1 个月转账金额这四个指标应该满足 12 个月转账金额>近 6 个转账金额>近 3 个月转账额>近 1 个月转账金额这一基本逻辑关系。

（二）异常值处理

数据在产生过程中往往会形成一些异常值，这类异常值会对模型的预测能力形成干扰。数据异常的情况多种多样，有的是数据本身错误，有的代表着特殊的业务含义，要具体问题具体分析。比如，小企业成立年限取值为“-3”，就属于数据错误；而企业主近一个月消费额为“-100”，可能代表的是冲正交易或者退货交易。因此，异常值的处理需要结合业务和逻辑综合进行。

（三）多类别合并

评分卡模型中，单变量取值过多可能会影响模型的稳定性，因此，对于那些类别过多的数据可以按照业务含义进行适当的合并处理。比如，将小企业所在市按照目前国家公布的城市排名分为超一线、一线、二线等少数几个类别，同时，类别变量也需保证合理的数量，过少的类别可能导致模型的区分能力不足。多分类变量合并的粗细粒度主要和样本总量有关，样本量多的情况，可以分得细些，样本量不足的情况下，分得粗些。

（四）缺失值填充

合理的缺失值填充方案可以极大地提升模型鲁棒性，由于机构数据质量参差不齐，目前没有统一的缺失值处理方案。笔者常用的一种缺失值填充方案是根据数据缺失率的高低进行差异化处理：当缺失率过高超过 80%时，建议直接删除该变量；当缺失率较高超过 50%但低于 80%时，可以在保留原有变量的基础上，衍生一个新的二元缺失指示型变量；当变量缺失率中等超过 20%但低于 50%时，将缺失值设为一档；当变量缺失值较低小于 20%时，结合变量具体业务含义尝试使用均值/中位数/众数/0/-99 等特殊值进行合理填充，上述阈值可以结合具体数据质量进行调整。

第二节　特征筛选

特征筛选的作用有三个：一是解决建模时间过长的问题，由于评分卡建模的耗时总量和候选特征集的大小呈正相关，因此，通过特征筛选减少候选变量，可以极大地减少建模过程中的时间开销；二是缓解共线性问题，原始变量集中往往存在变量共线性问题，可能影响模型结果的可解释性；三是提高模型在不同时间段的稳定性，评分卡是将过去的统计规律应用到未来，因此必须尽可能保证模型中的相关特征随着时间变化不会出现大的波动，否则会导致模型训练时效果好，但实际使用中快速衰减。

特征筛选的方式较多，这里从变量的预测力、共线性以及稳定性角度分别给出一些常用的筛选方案，读者可结合实际情况灵活选择多种方法进行组合筛选。

一、预测力筛选

预测力筛选的目标是保留那些信息含量较高，或者在建模过程中能起到作用相对较大的变量，仅从单个变量的信息含量考虑可以采用 IV、KS 等指标进行筛选，考虑到多个变量相互作用则可以采用变量重要性进行筛选。

(一) IV 筛选

单变量预测力大小常用 IV（Information Value）进行衡量，IV 的计算公式是

$$IV = \sum_{i=1}^{n} \left(\frac{BAD_i}{BAD_{total}} - \frac{GOOD_i}{GOOD_{total}}\right) * \ln\left(\frac{BAD_i / BAD_{total}}{GOOD_i / GOOD_{total}}\right)$$

其中，n 代表变量取值类别，BAD_i 代表第 i 类取值含有的坏样本数，BAD_{total} 代表坏样本总数，$GOOD_i$ 代表第 i 类取值含有的好样本数，$GOOD_{total}$ 代表坏样本总数，变量不同取值的好坏比例的差异越大则 IV 越高。分类变量可以直接使用上述公式进行 IV 计算，连续性变量可以通过分箱转换为分类变量后进行 IV 计算。IV 的大小可以为变量预测能力的大小起到很好的参考作用，具体标准见表 8.1。

表 8.1　IV 预测力参考标准

IV 范围	预测力水平
$IV < 0.02$	几乎无预测能力
$0.02 \leqslant IV < 0.1$	预测能力较弱
$0.1 \leqslant IV < 0.3$	预测能力中等

表8.1(续)

IV 范围	预测力水平
0.3 ≤ IV < 0.5	预测能力很强
IV ≥ 0.5	预测能力过强，很可能为事后变量

IV 筛选的具体阈值需要结合候选变量总数和 IV 分布情况综合考虑，如在候选变量较多且存在大量高 IV 变量的情况下，直接删除 IV<0.1 的变量；在候选变量较多但高 IV 变量较少的情况下，考虑将变量的筛选阈值从 0.1 降至 0.02；在候选变量总数较少的情况下，直接保留 IV 前 80%变量。单变量的筛选并没有固定模式，需要结合具体情况进行筛选。

（二）变量重要性筛选

变量重要性主要考虑多变量共存建模时，各变量起到的相对作用大小，常用的变量重要性评估方法是通过建立树模型进行判断。因为仅用于变量相对重要性的相对评估对建立模型的效果要求不高，所以可以在样本量较大或者平台计算性能有限的情况下，选择最快的随机森林，使用初始化的参数或者微调后快速建模即可。

不同树类模型中特征重要性的计算方式略有不同，主流的树类模型大多提供训练中和训练后两种变量重要性计算结果：训练中量化主要通过模型训练过程中特征的分裂次数或信息增益水平进行计算，参与分裂次数越多或信息增益越大说明变量越重要；训练后量化主要通过 OOB（out of bag）法对比完成，OOB 法对比使用原始特征值或随机赋值两种方式建模在保留测试数据集上的模型效果，差异越大说明该变量越重要。

二、共线性筛选

共线性的存在会导致模型的解释性和稳定性变差，因此，风险评分建模会对共线性问题进行处理，共线性的剔除可以使用各类变量筛选方案进行灵活组合，这里给出两种适用于大于部分情况的共线性处理方案：

（1）常用 SAS 语言进行建模的传统金融从业者可以采用建模前变量聚类+建模中逐步回归+建模后 VIF 检验的方式，主要原因在于 SAS 对于变量聚类和逐步回归均提供了快速的实现方式。

（2）常用 python 语言进行建模的互联网金融从业者可以采用建模前相关系数+VIF 方差膨胀性筛选方案，其原因在于目前 python 环境常用的机器学习库中不提供变量聚类和逐步回归的直接调用，使用相关系数+VIF 筛选也基本可以达到去除共线性的目的。

如在经过共线性筛选的建模结果中仍然发现个别变量的系数值为负，这可能导致模型在某些评分项的评分标准与业务专家的经验相悖，出现这种情况的原因往往是一个相关性的变量出现了大幅加分的情况。比如，当变量“近12个月日均存款”和“近6个月日均存款”同时入模时，可能存在“近6个月日均存款”越高分数反而越低的情况，其原因是变量“近12个月日均存款”中高存款客群加分过多，而这部分客群和“近6个月日均存款”中的高存款客群重复度较大。因此，机器在学习中判定需要扣减该选项一定分数才能使模型拟合得更好。

变量系数估计为负可能会导致评分卡中的部分变量评分标准和经验相反而不被认可，该问题的解决方案有两个：

（1）在候选变量个数较为充足时，可以适当提高共线性处理过程中的相关阈值，以进一步降低残存的共线性。

（2）在候选变量个数已经不足时，直接提高共线性筛选标准可能会导致可用的特征过少，此时可以考虑将建模结果中系数为负的变量剔除后重新建模，直至模型结果中的变量系数全为正。

（一）变量聚类筛选

变量聚类主要通过将变量分组后，选择组内最有代表性的一个或者几个变量作为模型的输入变量，从而减少候选变量维度，降低共线性。变量聚类其实是递归调用主成分分析的过程，下面以变量集 $\{x_1, x_2, \cdots, x_{10}\}$ 为示例讲解变量聚类的具体流程：

（1）变量集 $\{x_1, x_2, \cdots, x_{10}\}$ 进行主成分分析后得到若干主成分。

（2）观察第二主成分的特征值，如果第二特征值大于阈值，一般取1或者0.7，则分别计算 $x_1, x_2, \cdots, x_{10}$ 与第一和第二主成分之间的相关性，按照和第一、第二主成分的相关性程度高低，将 $x_1, x_2, \cdots, x_{10}$ 分为和第一主成分相关性水平更高的变量集和第二主成分相关性水平更高的变量集，这里分拆为变量集一 $\{x_1, x_2, x_3, x_7\}$ 和变量集二 $\{x_1, x_2, x_3, x_7\}$。

（3）在变量组一和变量组二中重复上述步骤，直至第二主成分特征值小于等于阈值后停止分裂。

变量聚类之后，即可从每组中选择有代表性的变量来代替该组所有变量，理想的变量应该是组内代表性强而与最近组的相关性弱，变量的代表性水平可以通过以下公式进行量化：

$$K = \frac{1 - R_{\text{own}}^2}{1 - R_{\text{closest}}^2}$$

其中，R_{own}^2 是通过变量对自己所在组其他变量进行拟合得到的拟合优度，反映变量对于自己所在变量组的代表水平；R_{closest}^2 代表变量对距离最近的变量组的代表水平。R_{own}^2

和 $R^2_{closest}$ 均处于 0 到 1 之间，且随着组内代表能力 R^2_{own} 的增强 K 减小，组间相关性程度 $R^2_{closest}$ 的增加 K 增大，因此 K 值越小的变量越适合作为该变量组的代表变量。

可以直接选择变量组内 K 值最小的变量作为该变量组的代表变量，当变量组同时存在多个 K 值较小变量时，可以从业务角度出发，优先选取解释性强、加工简单的变量作为代表变量。

（二）相关系数筛选

相关系数筛选主要通过计算两两变量间的线性相关性来降低共线性，变量相关性的大小可以通过皮尔森相关系数 r 进行量化：

$$r = \frac{\mathrm{Cov}(v_1,\ v_2)}{\sqrt{\mathrm{Var}[v_1] * \mathrm{Var}[v_2]}}$$

其中，$\mathrm{Cov}(v_1,\ v_2)$ 为两个变量之间的协方差，$\mathrm{Var}[v_1]$ 为变量 v_1 的方差，$\mathrm{Var}[v_2]$ 为 v_2 的方差，皮尔森相关系数 r 的取值范围是 $[-1,\ 1]$，相关系数的绝对值越大说明两变量之间的相关性越强，相关系数的参考标准如表 8.2 所示。

表 8.2　相关系数参考标准

相关系数	相关水平
$\|r\| < 0.3$	微弱相关
$0.3 \leq \|r\| < 0.5$	低度相关
$0.5 \leq \|r\| < 0.8$	显著相关
$0.8 \leq \|r\| < 1$	高度相关
$\|r\| = 1$	完全相关，两个变量本质等价

使用变量相关性进行特征筛选需要建立相关系数矩阵，比如，某特征组 $\{x_1,\ x_2,\ x_3,\ x_4,\ x_5\}$ 的相关系数矩阵结果如表 8.3 所示。

表 8.3　相关系数矩阵结果示例

相关系数	x_1	x_2	x_3	x_4	x_5
x_1	1	0.63	0.01	0.34	-0.22
x_2	0.63	1	0.14	0.25	0.71
x_3	0.01	0.14	1	-0.26	-0.17
x_4	0.34	0.25	-0.26	1	0.04
x_5	-0.22	0.71	-0.17	0.04	1

建立相关系数矩阵后可以按照以下逻辑进行筛选：找到所有超出阈值的特征组中相关系数最高的组，从中剔除 IV 较低的变量。如暂定 0.6 的阈值，我们发现超过阈值的特征组有（x_1，x_2）和（x_2，x_5），由于（x_2，x_5）相关系数 0.71 最高，此时如果：

（1）$IV_{x_2} < IV_{x_5}$，则剔除 IV 较低的变量 x_2，模型保留变量集为 $\{x_1, x_3, x_4, x_5\}$。

（2）$IV_{x_2} \geqslant IV_{x_5}$，则剔除 IV 较低的变量 x_5，又由于 $IV_{x_1} < IV_{x_2}$，剔除 IV 较低的变量 x_1，最终模型保留的变量集为 $\{x_2, x_3, x_4\}$。

（三）VIF 方差膨胀性筛选

相关系数主要解决两两特征之间的相关性问题，VIF 进一步解决特征之间的多重共线性问题，VIF 的计算公式为

$$\text{VIF} = \frac{1}{\sqrt{1 - {R_{x_i}}^2}}$$

其中，${R_{x_i}}^2$ 是用特征 x_i 作为因变量，其余特征作为自变量建立的多元回归模型的可决系数，其代表了使用其余变量通过回归关系能解释的特征 x_i 变异在其总变异中的比率，${R_{x_i}}^2$ 越大说明 x_i 越可以用其他变量进行解释。由于 $0 \leqslant {R_{x_i}}^2 \leqslant 1$，因此 VIF $\geqslant 1$ 且 VIF 越大，说明 x_i 和其余变量之间的多重共线性程度越严重。

使用 VIF 进行特征筛选时，每一轮需要计算出每个变量和其余变量的 VIF 值，并从所有 VIF 大于阈值的变量中剔除一个 IV 最小的变量，重复上述过程直至所有特征的 VIF 值均低于阈值为止，常用阈值筛选标准为 5 或 10。

假设上述经过相关系数初步筛选后的变量集为 $\{x_1, x_3, x_4, x_5\}$，计算每个特征和其余特征构建回归模型后的 VIF 值如表 8.4 所示。

表 8.4　VIF 第一轮计算结果

回归模型-因变量	回归模型-自变量	${R_x}^2$	VIF
x_1	$\{x_3, x_4, x_5\}$	0.9	10
x_3	$\{x_1, x_4, x_5\}$	0.92	12.5
x_4	$\{x_1, x_3, x_5\}$	0.95	20
x_5	$\{x_1, x_3, x_4\}$	0.75	4

假设阈值为 10，那么 x_1、x_3、x_4 都和其余变量存在多重共线性，假设 $IV_{x_1} < IV_{x_3} < IV_{x_4}$，剔除 x_1 后重新计算 VIF 结果如表 8.5 所示，此时，所有变量的 VIF 均低于 10，筛选结束得到变量集 $\{x_3, x_4, x_5\}$。

表 8.5　VIF 第二轮计算结果

回归模型-因变量	回归模型-自变量	R_x^2	VIF
x_3	$\{x_4, x_5\}$	0.8	5
x_4	$\{x_3, x_5\}$	0.875	8
x_5	$\{x_3, x_4\}$	0.75	4

三、稳定性筛选

稳定性筛选主要用于提高模型的稳定性，常用的稳定性量化指标是 PSI：

$$PSI = \sum_{i=1}^{n}(VAL_i - TRA_i) * \ln\left(\frac{VAL_i}{TRA_i}\right)$$

其中，n 代表变量的取值类别，VAL_i 代表跨周期验证样本中第 i 类取值的样本占比，TRA_i 代表开发样本中第 i 类取值的样本占比。分类变量可以直接使用上述公式进行 PSI 计算，数值型变量或者评分结果可以先分箱转换为分类变量后计算，PSI 与稳定性水平的对应关系可参考表 8.6。PSI 常用的阈值筛选标准是 0.25，后期的模型监控时也常用该阈值进行相关预警。

表 8.6　PSI 稳定性水平参考标准

PSI 取值	稳定性水平
$PSI < 0.1$	无明显波动，稳定性高
$0.10 \leqslant PSI < 0.25$	有部分波动，稳定性中等
$PSI \geqslant 0.25$	有明显波动，稳定性低

第三节　测试集划分

为客观评估模型的泛化能力，保留一定比例的测试集是十分必要的。测试集应合理设置大小，过大可能造成建模数据的浪费，过小可能造成效果评估不可靠。8∶2 或者 7∶3 的比例适用于大部分的建模环境，当样本总量较多尤其是坏样本较多时，可以适当减少测试集所占比例，或者改用保留一定数量代替按比例划分的方式。风险评分模型的一个潜在风险是时间变化导致的效果波动，因此，模型上线前的跨时段验证是十分必要的，建模人员可以根据上线紧急程度、数据情况等在模型观测点之后的 3/6/12

月构建跨时段测试集用于模型效果稳定性的验证。

逻辑回归算法涉及参数较少，采用默认参数也往往能得到较好的模型效果，如需进行额外调参，可以通过在训练集中划分验证集的方式进行。

第四节　变量分箱和 WOE 编码

变量分箱是把连续型变量划分为几组或者将类别较多的分类变量进行适当合并的过程，变量分箱的作用主要体现在：

一是进一步处理那些类别过多但无法通过业务含义直接合并的分类变量。

二是降低异常或者噪声数据对于模型结果的影响，提升模型鲁棒性。

三是逻辑回归属于广义线性模型，连续变量分箱相当于为模型引入了一定程度的非线性，提升了模型的表达能力。

四是通过分箱可以将缺失值作为单独一类，该方法有时可以提升模型效果。

按照分箱过程中是否使用样本的标签信息又可以分为有监督和无监督两大类方式。

一、无监督分箱

无监督分箱的代表是等频分箱和等距分箱。等频分箱，即设定好区间个数后，每个区间包含相同数量的样本。等距分箱即在连续变量的最小值和最大值之间设置若干差值相等的均匀分割点。

建议优先使用等频分箱法，原因在于变量取值往往表现出非均匀分布的特性，此时，等距分箱容易导致样本量过于集中。如特征“小企业存款”的取值范围为［0，1 000 000］，按照等距 5 箱的方法可能 50% 比例的小企业都置于箱体［0，200 000］中，这可能导致取值［0，200 000］之间的小企业区分能力下降，而其余 4 个箱体由于样本量过少可能导致相关统计值置信度不足，模型过拟合风险增加。

二、有监督分箱

想在无监督分箱的基础上进一步提升模型效果，可以尝试有监督分箱，有监督分箱的代表方法是卡方分箱和最优分箱。

卡方分箱是基于卡方检验下的箱体合并算法，由于卡方值可以有效量化两个区间好坏比例的差异程度，算法是每次将具有最小卡方值的相邻区间合并，直到箱体降至预设数量或者相邻箱体的最小卡方值超过阈值时停止。离散型变量比如城市等，可以直接使用卡方分箱进行处理，连续变量需要先划分为一定数量如 100 个初始化区间后，再进行卡方分箱。

最优分箱算法基于信息增益或者 ks 最大来选择最佳的分割点，之后对完成划分的左右箱体循环使用这一过程，直至箱体总数达到预设数量或信息增益不足时停止。同时，最优分箱法一般会增加一个每箱占比总体不低于一定比例的划分限制条件，以免不同箱体之间的样本量差异过大。

卡方分箱和最优分箱是有监督分箱中基于合并和切割方式的代表。从速度上看，最优分箱的速度往往要优于卡方分箱。以初始化 100 箱的卡方分箱和 100 个候选分割点的最优分箱为例，单次合并或者划分操作耗时相近，如果最终的分箱目标是 8 箱，那么卡方分箱需要 92 次合并，而最优分箱仅需 7 次划分。因此，有监督分箱中，建议读者优先选用最优分箱。

三、WOE 编码

分箱之后都是分类变量，由于逻辑回归只能拟合数值型变量，传统方式是通过哑变量或者独热编码处理将分类变量转换成数值型变量，但评分卡中使用 WOE 编码进行转换，WOE 的计算公式为

$$WOE_i = \ln\left(\frac{BAD_i / BAD_{total}}{GOOD_i / GOOD_{total}}\right)$$

WOE_i 代表分类变量第 i 类取值的 WOE 值，本质上反映了分类变量第 i 类取值中好坏比例和总体样本好坏比例的差异性，WOE 编码的优点在于：

（1）使用 WOE 编码建模，可以通过后续数学变化将模型结果转换为易于理解的表格评分方式，大大提升模型可解释性，这也是选用逻辑回归作为建模方法的初衷。

（2）WOE 编码起到了标准化处理变量的作用，并且 WOE 取值与违约概率具有某种线性关系，因此，研究同一变量 WOE 的变化趋势和业务含义可以进一步提高模型在变量层面的业务解释性。

第五节 逻辑回归建模

评分卡建模的机器学习方式是逻辑回归，相关原理可以参考本书第六章中的介绍。在具体建模过程中，逐步回归是一种常用建模方式，其本质是一种变量筛选提高模型

效果和可解释性的过程，这里以 sas 语言为例，介绍五种常用的逐步回归方式。

第一，selection = NONE，使用该选项后，模型会将所有变量纳入，在候选变量较多时，该方法会导致大量的共线性冲突，从而使得评分卡的解释性无法满足需求，一般不建议使用。

第二，selection = FORWORD。使用该选项后，模型首先仅用一个截距项对模型进行拟合，接下来每次从剩余的变量中选择卡方统计量最大的变量，并对该变量进行 p 值检验，如果 p 值小于设置阈值，默认 0.05，该变量即被纳入模型。之后，重复上述过程，直至所有变量都被纳入模型或者没有变量符合进入模型的条件。该方式的缺点是一旦某个变量被纳入模型，那么接下来阶段，即使变量的显著性降低，仍然会被保留在模型中。

第三，selection = BACKFORD。该选项和 FORWORD 相反，先用所有变量对模型进行拟合，在后面的每一步中，移除 wald 卡方统计量 p 值最大的变量，直至所有变量的 p 值小于阈值，默认 0.05。后向选择的缺点是一旦某个变量从模型中移出，将不会再被重新纳入。

第四，selection = STEPWISE。其相当于正向选择和逆向选择的结合，最初阶段和 FORWORD 相同，但在后面的每一步选择中，通过正向选择增加最优变量的同时，使用逆向选择移除最差的变量。

第五，selection = SCORE。该方法会基于预设的变量个数找出最优的模型，第一步找出最优的单变量模型，其次找出最优的双变量模型，以此类推，直至模型中变量的数量达到预先设置的 stop 值。从变量个数 0 开始寻找最优模型是因为在正则项的作用下，变量个数的增加会导致惩罚值的增加，因此效果预测效果相近的模型中含有的变量越少越好。

第六节　模型调整与评价

AUC 和 KS 均是对模型区分能力的有效量化。AUC 值反映了模型整体上对于好坏样本的区分能力。KS 值反映最优取值情况下对于好坏样本的最佳区分程度，KS 值的最优点可以为信贷场景中准入阈值的设定提供参考。AUC 和 KS 不存在严格的线性相关关系，不同样本不同模型同一 AUC 对应的 KS 取值可能略有差异，但总体来说 AUC 和 KS 互相决定了对方的上限，两者大致呈正相关。

一、模型调整

逻辑回归建模过程中不可避免地会出现一定程度的过拟合或欠拟合，可以通过计算训练集和测试集的 AUC、KS 差值进行判断调优：

（1）训练集和测试集的差值较大时，说明模型的过拟合程度较为严重，此时的调优方向应重点放在降低模型复杂度、增加样本量等方式上。

（2）训练集和测试集的差值几乎为 0，说明模型此时可能存在一定程度的欠拟合，此时的调优方向应重点放在提高模型复杂度等方式上。

（3）训练集与测试集相差较小，但与跨时段测试集相差较大，说明模型的稳定性需要改善，可以考虑剔除一部分 PSI 较高的变量重新建模。

基于一定数据集情况下的模型存在一个理论效果上限，模型调整的目的就是通过观察训练集和测试集效果的差异尽可能接近这个上限。

二、模型评价

好的模型需要符合两个条件：区分能力强且稳定性高。区分能力主要通过测试集 AUC、KS 评估，稳定性可以通过跨时段测试集的 PSI 评估。

表 8.7、表 8.8 分别是模型区分能力在不同 KS、AUC 取值下的强弱参考标准。

表 8.7 KS 区分能力参考标准

KS 取值	区分能力
[0，0.2)	几乎无区分能力，不建议使用
[0.2，0.3)	有一定的区分能力，勉强可以使用
[0.3，0.5)	有较强的区分能力，建议使用
[0.5，0.75)	有很强的区分能力，建议尽快上线
[0.75，1]	模型可能存在事后变量，建议排查

表 8.8 AUC 区分能力参考标准

AUC 取值	区分能力
(0，0.5)	低于随机区分能力，可能存在异常
[0.5，0.6)	略优于随机区分能力，不建议使用
[0.6，0.7)	有一定的区分能力，勉强可以使用

表8.8(续)

AUC 取值	区分能力
[0.7, 0.8)	有较强的区分能力，建议使用
[0.8, 0.9)	有很强的区分能力，建议尽快上线
[0.9, 1]	可能存在事后变量，建议排查

模型稳定性可以参考跨时段测试集的 PSI 进行判断，具体标准可以参考表 8.6 相关内容。一般来说，如果入模变量的 PSI 基本稳定，模型出现大幅波动的可能性较低。

第七节　评分卡转化

一、标准格式

逻辑回归模型需要进行一系列转换才能形成评分卡的标准格式，最终的入模变量一般控制在 10~20 个，入模变量的不同取值即对应不同的分数。表 8.9 是一个小企业标准评分卡示例，按照该评分表，某个成立 3 年、近 3 个月累计跨行转出金额 200 000 元，企业主学历为大学的小企业评分为（20 + 6 + 10 + 7 +其余变量得分）。不难看出，标准评分卡具有以下优势：

第一，易于理解。便于业务人员和客户理解评分标准，方便业务人员找到客户评分较低的原因，并给出相关解释。

第二，方便比较。可以从不同企业的分数差异直观地感受违约比率的差异，比如评分刻度为 3 的情况下，得分 100 的小企业违约比率是得分 103 客户的两倍。

第三，使用简单。每个评分都对应某一特定的违约比率，违约比率又可以转换成违约概率，易于使用标准评分卡来制定信贷政策。

表 8.9　标准评分卡示例

变量名称	取值	分值
初始分		20
成立年限	[0, 3)	4
	[3, 5)	6
	[5, 10)	10
	[10, +∞)	8

表8.9(续)

变量名称	取值	分值
近3个月累计跨行转出金额	[0，10 000)	6
	[10 000，100 000)	10
	[100 000，+∞)	4
企业主学历	研究生及以上	11
	大学	7
	高中及以下	5
……	……	……

二、总分转换

评分卡通过定义以下表达式来完成违约概率 p 到分数 S 的转换：

$$S = A - B * \log\left(\frac{p}{1-p}\right)$$

式中，S 为客户得分，p 为模型预测的违约概率，$\frac{p}{1-p}$ 又称为Odds违约比率，A 为控制转换分数大小的常数，B 为控制转换分数差异程度的常数，A 和 B 共同决定了转换分数的取值范围。理论上，A 和 B 是可以任意设置的，但为了使转换的分数具有更好的参考意义，可增加两个业务假设条件以增强评分的可解释性：

（1）某特定违约比率 R_0 对应特定分值 S_0。

（2）违约比率翻一倍对应的分差为一个PDO 。

上述假设对应两个限定公式：

$$S_0 = A - B * \log(R_0)$$

$$S_0 + \text{PDO} = A - B * \log(2R_0)$$

通过上述二元方程组可解出满足业务假设的常数 A、B：

$$A = S_0 + \frac{\text{PDO}}{\log(2)} * \log(R_0)$$

$$B = \frac{\text{PDO}}{\log(2)}$$

也就是说，通过设定上述的 A 和 B 值，就可以将违约概率 p 的客户转换成得分 $A - B * \log\left(\frac{p}{1-p}\right)$，并且：

（1）得分 S_0 的客户对应违约比率为 R_0，违约概率为 $\frac{R_0}{1+R_0}$。

（2）两个分差为 S_1 的客户，违约比率相差 $\frac{S_1}{PDO}$ 倍，其中 $PDO = B * \log(2)$。

例如，某小企业评分卡设定违约比率为 1：10 的客户的对应分数为 100，违约比率翻一倍对应的分差为 10，即可以计算出 A、B 后设定违约比率得分转换公式为

$$S = 66.8 - 14.4 * \log(\text{Odds})$$

或违约率得分转换公式：

$$S = 66.8 - 14.4 * \log\left(\frac{p}{1-p}\right)$$

同时，得到表 8.10 的结果。

表 8.10 评分卡刻度表

分数	Odds（违约率：未违约率）	违约率（%）
……	……	……
120	1：40	2.44
110	1：20	4.76
100	1：10	9.10
90	1：5	16.67
80	1：2.5	28.57
……	……	……

三、变量分值分配

上述公式可以将模型的概率转换成具有一定业务含义的得分，在 A 和 B 确定之后，还可以结合各个变量的模型系数以及 WOE 值，确定不同变量不同取值下的得分。

基于逻辑回归公式：

$$\log\left(\frac{p}{1-p}\right) = \beta_0 + \beta_1 * \text{WOE}(x_1) + \cdots + \beta_n * \text{WOE}(x_n)$$

其中，p 为模型预测概率，β_0，β_1，…，β_n 为拟合的模型参数，$\text{WOE}(x_1)$，…，$\text{WOE}(x_n)$ 为各变量对应的 WOE 值，代入前面公式有：$S = A - B * [\beta_0 + \beta_1 * \text{WOE}(x_1) + \cdots + \beta_n * \text{WOE}(x_n)]$

$\text{WOE}(x_n)$ 可定义为

$$\mathrm{WOE}(x_n) = \lambda_{n1} * \omega_{n1} + \cdots + \lambda_{nm} * \omega_{nm}$$

其中，m 代表变量 x_n 的取值类别，λ_{n1}、$\lambda_{n2}\cdots\lambda_{nm}$ 分别代表 x_n 是否处于该类别，任一样本 λ_{n1}，λ_{n2}，…，λ_{nm} 中有且仅有一个取值为 1，其余为 0。使用上式将 $\mathrm{WOE}(x_1)\cdots\mathrm{WOE}(x_n)$ 展开后计算得到

$$S = (A - B\beta_0) - (B\beta_1\omega_{11}) * \lambda_{11} - (B\beta_1\omega_{12}) * \lambda_{12} - \cdots - \cdots - (B\beta_n\omega_{n1}) * \lambda_{n1} - (B\beta_n\omega_{n2}) * \lambda_{n2} - \cdots$$

上述公式即为标准评分卡的数学形式，转换成的结果如表 8.11 所示，如果已经计算出了 A 和 B，表中结合分箱定义即可以形成评分卡的标准格式，进行客户评分。

表 8.11　标准评分卡数学形式

变量名称	取值（对应分箱类别）	分值
初始分		$A - B\beta_0$
x_1	1	$-(B\beta_1\omega_{11})$
	2	$-(B\beta_1\omega_{12})$
	……	……
……	……	……
x_n	1	$-(B\beta_n\omega_{n1})$
	2	$-(B\beta_n\omega_{n2})$
	……	……

第八节　评分卡模型分类与应用

从应用角度来说，按照不同应用场景分类，传统评分卡模型又可以分为申请评分卡模型、行为评分卡模型、催收评分卡模型、通用评分卡模型、申请欺诈评分卡模型，前三张卡也是我们常说的 A 卡、B 卡和 C 卡。这些模型的建模方法大同小异，主要还是遵从上述评分卡模型的构建方法。由于这几类模型在现有以及可预见的将来，仍然在商业银行小微信贷风控中发挥重要的作用，因此这里对这几类模型做个简单的介绍。

一、申请评分卡模型

申请评分卡模型量化的是客户在通过申请后的表现期时间范围内出现违约的概率，相较于单一的规则类准入方式，申请评分模型的优势主要体现在：

一是规则准入仅能避免一些比较明显的风险，否则，每增加一条准入规则，都会对一定比例的客户进行限制，这势必导致目标客群急剧减少，这也是竞争日趋激烈的信贷市场几乎无法接受的。

二是规则准入的结果仅是通过或者不通过，无法为不同客户差异化的风险定价提供支持，这可能导致产品的市场竞争力不足，业务规模难以做大。

申请评分卡模型包含专家模型和数据模型两种，目前，主流的专家模型以业务经验为主，结合一定数据分析手段构建出专家评分的指标体系，并为各指标分配权重分值。专家评分模型的优势在于充分利用了业务人员的历史经验和一定的数据信息，劣势在于分值的设定主观性较强，不同业务专家设计的指标体系和权重分布可能存在较大差异。因此，专家评分往往会通过多位专家探讨构建一套指标体系后，分别设计权重求平均的方式改善这一缺点。专家评分适用于业务发展的早期阶段，此时，样本量还不足以支持构建高效的数据申请评分模型。

在业务发展到一定规模之后，基于大数据的申请评分几乎是每一家金融机构的必然选择。申请评分模型主要为具体的信贷产品而建，在样本量超过一定程度后效果会很快超过通用类评分。相较于专家申请评分，数据申请评分每一项指标的打分权重都是通过机器学习，从该产品历史好坏客户的表现中学习所得，更加客观准确，并且随着业务规模的发展，这一优势会逐渐增大。

申请评分模型尤其是数据申请评分卡已经在信用卡、消费贷款等领域充分证明了自己的价值，可以预见，其在小微信贷领域的未来也会发挥出不可替代的作用。一款100亿元规模的小微信贷产品，每降低0.1%的坏账率，就可以减少1 000万元左右的损失，高效的申请评分模型对于坏账率的改善程度往往远超0.1%。目前，很多大中型金融机构都已经意识到了这一点，并在自己的主流小微信贷产品中构建数据申请评分模型以提升产品的核心竞争力。

二、行为评分卡模型

行为评分可以为智能化的贷中预警、额度调整提供最新的风险水平参考。行为评分的构建目标和申请评分类似，都是为了预测客户违约的概率，不同点在于行为评分的特征体系一般由贷前数据、申请评分以及用信数据构成，数据维度更加丰富。为了保证模型效果，行为评分在构建时最好选择距离申请节点一定时长后的时点作为观测点，以保证对于客户贷中行为的充分观察。

行为评分的效果比较依赖贷款相关账户的行为数据，需要排除一些行为数据缺乏的异常样本干扰，比如，开户时间不足6个月的贷款账户，提前注销关闭的贷款账户，司法冻结等异常贷款账户。行为评分卡的应用场景一般是放款 6 个月之后的活跃贷款客户，而不包括这些异常的账户，因此，异常样本的剔除有助于提升模型效果。

三、催收评分卡模型

催收评分模型是进行催收策略优化的基础，主流的催收模型体系由账龄滚动率、还款率、失联率三种模型构建。这三类模型主要使用贷前、贷中、还款、信用变动、催收方式等多阶段多类别数据构建特征体系。三类模型的预测目标不同：账龄滚动率模型主要对客户不同逾期状态之间的转移概率进行预测，还款率模型预测的是最终催收回的账款比率，失联率模型用于预测客户失联概率。

催收评分模型需要支持不同逾期状态的客户的差异化催收策略设计，因此，账龄滚动率、还款率、失联率在样本量满足条件的情况下需要根据不同的逾期状态分别构建多个子模型。

在模型应用方面，相较于传统的催收策略，催收评分模型的应用极大地提升了催收效率。传统的催收策略主要是根据客户不同的逾期时长采取差异化的催收手段，表 8.12 展示某机构按照客户逾期时间长短设计的传统催收策略。

表 8.12　传统催收策略示例

状态	还款日到期前 2 天	逾期 0~7 天	逾期 8~29 天	逾期 30~59 天	逾期 60~89 天	逾期 90+天
催收方式	短信邮件	智能电话	人工电话	上门	委外	法律/核销

上述策略的优势是简单有效，能保证基本的催收还款率，缺点是可能影响部分用户的产品使用体验、客均催收成本较高，比较适合那些业务量不是很大，品牌价值一般的中小金融机构。

样本较多、技术能力强、重视自身品牌形象的大型金融机构更适合使用基于催收模型设计的差异化催收策略。根据业务经验，客户逾期的表现主要包括：

（1）有还款能力和还款意愿，偶尔忘记还款，该类客户一般通过短信、邮件提醒后基本都会还款。

（2）有还款能力但还款意识不强，存在惯性逾期行为，该类客户一般通过人工电话沟通正式提醒后大部分都会还款。

（3）有还款能力但还款意愿较低，该类客户一般需要针对性地设计催收策略，增加催收力度和频率，以提高其还款意愿。

（4）短期无还款能力但有还款意愿，能通过贷前申请说明客户可能是因为短期财务、回款等问题无法还款，但主观上仍愿意还款，此类客户催收的契机是客户恢复还款能力，比如收回一笔应收账款，催收策略上可以保持温和的催收手段增加沟通频率，在客户恢复还款能力后第一时间督促其还款。

（5）无还款能力且无还款意愿，很可能为欺诈用户。该类客户的典型特征是放款后快速套现全部贷款、无任何还款行为且账户几乎不活跃。该类客户一般在准入阶段就被拦截，如果仍然出现在催收阶段，一方面，可以通过委外或者法律等手段降低损失，另一方面，需要考虑贷前准入反欺诈相关模型的优化。

基于催收模型的表现可以对客户逾期表现进行相关推测，从而对客户进行分类并设计出针对性的催收策略。比如，1 类客户表现在模型上的特点可能是逾期滚动率 M1→M2+概率低，还款率较高且 30 天内和 90 天内基本一致，失联率很低；4 类客户的表现为 M1→M2 概率高，M1→M3+概率低，30 天内还款率低，30~90 天还款率高，30 天内失联率低，30~90 天失联率低。

真实场景中客户逾期的表现比上述的分类要复杂得多，并且可能存在不同类别的转变，比如，一个无还款能力但有还款意愿的客户可能会因为反感不恰当的催收手段，在一段时间后转变成一个有还款能力但无还款意愿的客户，这是信贷机构不愿意看到的。因此，催收评分、催收策略仅仅提供了一种标准化的理论指导，当进入人工催收环节后，催收人员和客户的沟通能力也是极为重要的，具体的催收手段、催收策略需要根据客户的反映及时调整。当然，客户的反映可以加工成相关特征用在催收模型的构建上，以提升相关模型的预测效果。

四、通用评分卡模型

通用评分是客户层级的风险评分，对应客户在表现期长度的未来时间内出现任一信贷产品违约的概率。相较于申请评分，通用评分可以使用客户在多个信贷产品的表现数据作为样本建模，因此，样本量一般较为充足，模型效果比较稳定。

由于样本量较大且数据参差不齐，小微企业通用评分卡可以通过分群建模优化整体效果，如按照有无信贷历史、新老客户进行划分，有贷老客户可以充分利用信贷历史数据提升模型精度，新客户则可以通过采购外部数据、外部通用分补充信息维度。分群建模一方面需要权衡好分群的粒度粗细，太粗无法充分利用不同客群的数据表现，太细则可能存在工作量过大样本不足等问题；另一方面，分群建模后不同子客群的好坏样本比例往往不同，抽样以后需进行分数修正以使得客户分数横向可比。特征方面，除了小微企业的相关特征外，可以考虑将小企业主信用评分作为子变量，或者直接加入一部分重要的企业主信用相关特征。

通用评分适用于小微信贷产品的早期阶段，该阶段的特点是业务规模较小，可用于构建申请评分的样本不足，使用通用评分设置准入门槛可以起到不错的筛选作用，当产品发展到一定规模后，使用该产品样本构建的申请评分则更适合用作产品级的准入门槛设置。

五、申请欺诈评分卡模型

相较于其他评分卡主要应用于信用风险防范，申请欺诈评分模型主要用于欺诈风险的防控。反欺诈建模的一个难点是欺诈样本较少，很多时候很难区分清楚客户不还款是信用违约还是欺诈违约，这就导致可用于建模的欺诈样本难以获取，建议的解决方案包括：

一是业务经验判定，反欺诈人员通过业务规则判定为欺诈的客户。

二是结合业务特点将放款后即全额支用转移贷款、首次还款即逾期、账户几乎无活跃数据、失联等具有典型欺诈特点的客户标记为欺诈样本。

反欺诈建模的另一个难点是较为依赖第三方数据的补充。旧客欺诈多涉嫌相关数据、流水造假，仅依赖内部数据难以识别客户的欺诈行为；新客欺诈可用数据集中在申请流程中的录入信息和申请行为，数据维度略有不足。

近年来，随着图技术的发展，基于知识图谱的反欺诈能力逐渐展示出优势，相较于传统的单点信息，知识图谱着重于挖掘企业的外部关联关系信息，对于第三方欺诈防范的效果提升比较明显。

目前，基于知识图谱的反欺诈应用方式主要有三种：

一是利用半监督或者有监督的方式进行异常子图挖掘、社区发现或标签传播直接发掘欺诈团伙。

二是利用传统图算法挖掘出企业节点的相关图特征，比如路径、中心度、一二度关联特征等指标，结合其他指标进行反欺诈建模。

三是利用图嵌入等深度学习方法以向量形式表示出企业节点的拓扑关系，结合其他指标进行反欺诈建模。

第九章

评分卡模型建模的几个创新优化方法

上一章介绍了评分卡的标准建模流程，这一章介绍一些改善评分卡效果的可行性方案，主要从模型定义优化、特征挖掘优化和建模方法优化三个方面展开介绍。

第一节 模型定义优化

一、口径优化

表现期决定了观察客户是否发生违约行为的时长，但并非出现过逾期等违约行为的客户就一定是坏客户。比如，信用卡业务中很多客户都存在忘记账期而出现逾期的情况，但经过银行的短信、客服等相关提醒，即可快速还款，从还款意愿来看，这部分客户并没有拖欠账款的主观动机，不应定义为坏客户。

好坏客户的定义需要结合具体的业务场景设定，只有客户违约达到一定天数后才能将客户定义成坏样本，违约程度一般通过建立转移概率矩阵进行挖掘。转移概率矩阵可以统计表现期内同一客户每两个月之间的状态转移情况进行构建，某场景下的转移概率矩阵经计算后如表9.1所示，M0代表客户状态为未逾期，M1为逾期1~29天，M2为逾期30~59天，M3、M4……以此类推，图中百分比数值即代表状态转移占比，如M0M0=96%说明本月未逾期客户下月未逾期的比例为96%，M1M2=56%说明本月已经逾期1~30天的客户在下个月有56%转移成了逾期30~59天，也就是说出现逾期0~29天的客户有56%的概率是继续恶化的。一旦客户逾期状态达到M3时就有90%的概率在下月继续恶化并趋于稳定，因此，该例将坏客户定义为最大逾期M2+的客户为合适。

表9.1 转移概率矩阵示例

状态	M0/%	M1/%	M2/%	M3/%	M4/%	M5/%	M5+/%
M0	96	4	0	0	0	0	0
M1	36	8	56	0	0	0	0
M2	10	7	9	77	0	0	0
M3	2	1	3	4	90	0	0
M4	2	0	1	1	4	92	0
M5	1	0	0	0	2	3	94
……	……	……	……	……	……	……	……

经验表明，开发一款效果稳定的评分卡最好能拥有至少 1 500 个好客户和 1 500 个坏客户，因此，状态的定义还需要同时考虑到坏样本数量的多少。表现期长短、总样本量、好坏比例都可能影响到坏样本量，当坏样本太少无法满足建模需求时，可以适当放宽坏样本定义口径，以提升坏样本浓度进而满足建模需求，比如，对上述业务中不同最大逾期状态对应的样本量进行统计得到表 9.2 的结果。

表 9.2　最大逾期状态对应样本量

表现期最大逾期状态	样本量/个
M2+	300
M2	800
M1	1 500
M0	97 400

如果按照之前的转移概率矩阵分析结果，使用 M2+作为坏样本口径，仅有 300 个坏样本可用于后续建模，坏样本过少可能引发模型过拟合等一系列风险。可以尝试使用将样本口径放宽至最大逾期 M1+客户，得到可用于建模的坏样本量 1 100 个，基本满足建模需求。还有一种可行性的处理方案，仍然定义 M2+为坏样本口径，那么，M2+坏的概率为 1，由于 M2 转移至 M2+的概率为 77%，因此可以将其坏的程度定为 0.77，以此进行后续的建模处理。该方案的好处是既扩充了样本，又对 M2+和 M2 客群进行了区分，更加有利于提升模型对于 M2+客群的识别能力。

优化完坏样本口径后，好样本口径也可以进行优化。之前将坏客户以外的客群均定义为好客户，即 M0、M1。观察转移矩阵可知 M1M2 转移概率为 56%，M2M3 转移概率为 77%，因此 M1 转移至 M2+这一坏客群的概率为 43%。如果直接将所有的 M1 认定为好客户，可能降低好客群样本纯度，减少了好样本和坏样本的平均距离，降低了模型效果上限，因此，可以将 M1 客群剔除，仅保留未曾逾期过的 M0 客群作为好客户的样本。

二、速率提升

商业银行尤其是大型商业银行存量客群非常庞大，从数据处理和建模效率考虑，可以选择部分样本代表总体完成建模，从模型效果考虑，建模样本量也不宜过小，样本量过小可能无法充分代表样本总体。样本常用的抽样方法有随机抽样和分层抽样。随机抽样，即在确定好最终样本规模后从总体中完全随机抽取，假设某银行共有小微企业 1 000 万个，从中随机抽出 10 万个作为建模样本代表。随机抽样的缺点在于没有考虑到银行好坏样本比例的悬殊性。上述 1 000 万个客户中可能仅有 20 万个为坏客户，这样抽出的 10 万个样本组成为 9.8 万好客户和 2 000 个坏客户，坏样本量的不足可能会引起过拟合等一系列问题，因此，在好坏样本天然比例悬殊的风控场景中，可以更多地采用分层抽样来完成样本的选取，比如，预设分层抽样的目标为抽样出好坏比例 9∶1、总量为 10 万个的样本代表，即最终形成 9 万个好客户和 1 万个坏客户组成的建模样本。

采用分层抽样时，模型预测的将是基于抽样后好坏样本比例的违约概率，由于在进行违约损失等的估算时可能会用到客户的实际逾期概率，因此，需要进行真实概率的修正。

在逻辑回归模型中，只有截距项会受到抽样的影响，假定原始数据拟合得到的模型如下：

$$\log\left(\frac{p}{1-p}\right)=\beta_0+\beta_1 * x_1+\cdots+\beta_n * x_n$$

那么，抽样数据拟合的模型如下：

$$\log\left(\frac{p^*}{1-p^*}\right)=\ln\left(\frac{\pi_0/\pi_1}{\rho_0/\rho_1}\right)+\beta_0+\beta_1 * x_1+\cdots+\beta_n * x_n$$

结合上述两式可知：

$$p=\frac{p^*\frac{\rho_0}{\rho_1}}{(1-p^*)\frac{\pi_0}{\pi_1}+p^*\frac{\rho_0}{\rho_1}}$$

其中，p 为原始预测概率，p^* 为抽样预测概率，$\frac{\pi_0}{\pi_1}$ 和 $\frac{\rho_0}{\rho_1}$ 分别为原始数据和抽样数据中的好坏样本比例。在后续的标准评分卡的转换过程中，变量的评分标准无须改变，仅需将初始分 $A-B\beta_0$ 调整为 $A-B\left(\beta_0-\ln\left(\frac{\pi_0/\pi_1}{\rho_0/\rho_1}\right)\right)$ 即可，即完成真实概率修正。

三、样本扩充

信贷场景下的客户天生存在好坏样本比例悬殊的特点，尤其在新产品研发或业务量未达到一定规模之前，高于 1 500 的坏样本难以达到，此时，应用各类方法对坏样本进行合理扩充是十分必要的。

（一）时间维度扩充

该方法常用于申请评分的构建，由于是针对单一业务场景的贷前信用评分，业务早期阶段，产品的申请量往往十分有限，可以在不同月份设置多个观测点的方式获取样本，该方法的一个好处在于通过收集同一年份中不同申请月份的样本，提升建模样本对于不同月份申请贷款客户的代表性。

（二）场景迁移

新产品研发时常常面临没有样本或者样本不足的困境，可以考虑使用相似客群其他场景中的样本进行扩充。如某中小型银行针对当地小企业主群体开展了一项特定的现金贷业务，经过1年发展积累坏样本量300个，若直接使用该样本进行建模，样本量可能不足。经过业务分析，可以选择和现金贷客群最为接近的小企业信用卡客群，并从中找出符合该现金贷准入条件的坏样本700人进行坏样本扩充，之后使用扩充后的1 000个坏样本进行相关建模训练。需要注意的是该方案要控制场景外样本扩充的数量，若太小，达不到改善过拟合的效果，若太多，则模型效果可能会偏移业务场景，因此，可以保留一部分原始的坏样本，加入不同数量的扩充样本后进行效果验证，以选择最优的迁移样本占比。

（三）虚拟样本合成

样本扩充也可以尝试使用技术手段进行虚拟样本的合成，比如 bootstrap 抽样法、Smote 合成法、半监督学习等。

· bootstrap 抽样法。bootstrap 即从坏样本中有放回地抽样形成一个新的训练集，从来没被抽到过的坏样本可以直接作为测试集。

· Smote 合成法。Smote 法主要通过在坏样本和距离较近的邻居之间构建连线，并在直线中随机插入虚拟节点作为新样本，Smote 的本质是基于插值法来合成新样本。

· 半监督学习方法。风控场景中常常存在一部分未到还款期的客户，可以考虑通过半监督方法利用该部分客户进行补充。可以使用有标签的数据先构建一个模型，然后使用该模型在未到期的用户中选择一部分对改善模型性能帮助最大的客户，发给业务部门，由业务部门通过调查的方式确认相关客户资质，以尽可能少的人工标注获得尽可能多的有用信息。

四、分群建模

同一评分卡模型的客群过大可能会产生两个问题：

一是客户特征分布可能存在群体性差异。比如，某信贷场景的客户包含个体工商户、小企业两类用户并且未做区分，个体工商户由于规模较小，在很多数值上可能相较同等风险水平的小企业偏低。又比如，北方某地区消费贷客户包含农户客群和城市客群，对于农户来说，由于要起早开始一天的农活，可能在该时段会有消费购置生活用品的习惯，体现在数据上，凌晨 3~6 点月均消费笔数较高的可能是比较勤劳肯干的农民，是比较优质的客群。而在城市中，凌晨 3~6 点月均消费笔数较高的可能是一些生活习惯较差的次级客群。

二是不同客群之间的数据覆盖情况存在较大差异。有贷客群往往包含大量的信贷历史类数据，衍生加工出很多高价值的指标，但如果将有贷、无贷客群放在一起建模，会显著提高信贷历史类指标的缺失率，从而导致指标区分能力降低。指标的缺失率提高或者区分能力降低可能导致该指标无法入模，信息利用不充分。

因此，在样本量足够的前提下，对特征表现或数据丰富程度存在差异的群体进行分群建模，是十分有必要的。当前阶段的分群建模主要还是基于对不同子客群的业务理解，常将企业按照有无历史贷款、行业等进行划分。建议可以在此基础上考虑对于某些高 IV 变量的不同取值进行分群建模，因为 IV 高的变量说明其变量中不同类别的客群违约概率存在较大差异，这可能是由于该变量不同取值客群间的系统性差异引起的。

五、拒绝推断

在进行评分卡开发时，若仅使用已知表现的客群进行建模，可能导致模型存在一定的代表性偏差。从模型效果上看，假设真实客群的违约率较高，而已知表现客群的违约率较低，如果仅使用已知表现客群进行申请评分卡的开发，由于建模所用客群的违约率低于整体客群的真实违约率，就可能会低估客户的实际违约概率。从模型变量上看，在迭代更新评分模型时，由于建模样本已经使用旧的评分卡进行了过滤，可能导致某些旧评分卡中的关键变量在建模样本中的区分能力下降，继而使得新模型中该变量权重过低甚至无法入模。

因此，需要进行拒绝推断以优化模型对被风控拒绝客群的代表能力。拒绝推断并没有标准做法，主要包括开放测试集、内外表现对照、简单扩充、分层扩充、模糊扩充等几种方式。

（一）开放测试集

开放测试集是通过额外准入一部分被拒绝客群的方式，对拒绝客群的表现进行采样。开放测试集的优点是简单有效，被公认为在各类拒绝推断方法中效果最好；其缺点在于成本较高，在有效风控策略下的拒绝客群的预期坏账率往往较高，额外准入的这部分拒绝客群会提高业务总体的坏账率。考虑使用该策略时，可以通过抽样结合降低额度的方式减少损失，抽样的过程最好考虑时间的影响，结合每天的拒绝总量按照比例分层抽样。

（二）内外表现对照

拒绝客户可能在本机构其他产品或其他机构获得准入，可以结合客户在机构内部的其他产品的表现以及征信进行分析。内外表现对照的优点是成本较低，客户的征信在申请时本就需要查询，内部产品表现的查询也基本无额外开销。由于机构之间、产品之间对于相似客群的准入条件往往类似，所以能获取到额外表现的客户可能不多。

（三）简单扩充

简单扩充的方法是先用当前样本建立模型，并用该模型对拒绝客群进行打分，将拒绝客群排序后，基于拒绝客群预期的坏客户占比设定分数线，拒绝客群预期的坏客户占比可以通过平均分数对比当前客群的平均分数进行调整，一般为 2~5 倍。高于该分数的客户认定为好客户，低于该分数的客户认定为坏客户，并加入表现客群中重新训练模型。

（四）分层扩充

简单扩充在标记拒绝客群时未考虑不同分数段客户之间的区别。分层扩充与之的区别在于标记拒绝客群时，并不是简单地通过一个分数划分，而是通过分层抽样的方式进行。如拒绝客群的评分范围为 10~100，分层后得到 5 个不同的分数段 10~20、20~40、40~60、60~80、80~100，各分段样本对应的表现样本平均违约率分别为 30%、20%、10%、6%、4%，即可从各分段中随机抽取对应比例的客户标记为坏样本，如表 9.3 所示。

表 9.3　拒绝客群分数分布

分数段	样本总数/个	该分段表现样本平均违约率/%	生成坏样本/个	生成好样本/个
10~20	400	30	120	280
21~40	600	20	120	480
41~60	800	10	80	720
61~80	1 000	6	60	940
81~100	2 000	4	80	1 920

（五）模糊扩充

模糊扩充是分层扩充的升级版，其对于拒绝客群进行好坏标记时，并不分层，而是直接将预测概率 p 的拒绝样本衍生为 p 权重的坏样本和 $1-p$ 权重的好样本后，进行带权重建模。

使用简单扩充、分层扩充或模糊扩充法时，基于表现客群训练的模型对拒绝客群的打分可能存在一定误差，这就导致使用拒绝客群扩充后构建的新模型也存在一定误差，此时，可以考虑使用新模型进行未准入客群的第二次打分并按照新的分数更新未准入客群的好坏标记。重复这一过程直至未准入客群的分数波动基本稳定。

总的来说，采用拒绝推断的方法的优点是可以保持评分的可解释性，缺点是对有偏样本的处理效果有限。如果能降低对模型可解释性的要求，增量学习在模型迭代场景下可能是一种更好的学习方式，如基于 XGBoost 的增量学习可以在早期样本训练的树结构不变的情况下，通过对新一期积累数据的训练增加新子树，或者以直接更新原树叶子节点权重的方式进行学习。

第二节　特征挖掘优化

一、衍生优化

从信息论的角度来说，越是能多挖掘出更多不同维度的信息，最后就越是可能建立一个上限更高的模型，因此，特征衍生是一种提高模型上限的有效方式。

特征衍生可以通过不同时间维度统计量对相应指标进行合理衍生。比如，“小企业存款”这个指标，可以合理衍生出“小企业近 1 个月存款”“小企业近 3 个月存款”“小企业近 6 个月存款”“小企业近 12 个月存款”等不同时间段的统计数据，以尽可能全面的描述小企业的存款情况。

还可以衍生出动态类的变化指标对小企业的存款变化信息进行描述，比如衍生出“近 1 个月小企业存款增加值”“近 1 个月小企业存款增加率”“近 3 个月小企业存款增加值”“近 3 个月小企业存款增加率”等不同统计周期的动态变化指标。相较于静态类指标，动态类指标往往可以对小企业的经营趋势形成更有效的判断。比如，企业 A 第一个月的存款为 10 万元，第二个月为 5 万元，企业 B 第一个月的存款为 1 万元，第二个月为 1.5 万元，从静态数据上看，A 的存款显然高于 B，但 A 存款的月环比变化率为 -50%，而 B 的存款月环比变化率为+50%，A 的绝对存款值高可能是因为 A 企业的规模相较 B 企业稍大，B 的存款变化率高，可能说明 B 的财务状况更加良好。

二、图特征

现阶段的评分卡主要是基于客户自身的信息构建，随着图数据库的快速发展，部分技术领先机构的评分模型中也逐渐加入了一些反应客户社会关系的高价值图特征。

图特征的相关挖掘算法可以回顾本书第七章相关介绍。

三、分箱策略

在样本和特征确定后，特征的分箱处理常常能起到优化模型的作用，合理的分箱策略需要根据坏样本的数量具体调整。

当总体样本量较少时，若分箱的个数越多，每一箱体内含有样本量就会越少，基于好坏样本比例计算的 WOE 等统计量的置信度随之降低，这可能导致过拟合的程度变高。如某样本按照变量“客户月均存款金额”进行分箱，等频分 6 箱时，最高存款区间的200 个样本中仅有 2 个为坏样本。由于坏样本过少，增加或减少一个坏样本都可能带来 WOE 等统计量的快速变化。若简单地将分箱策略调整为等频分 3 箱，之前区间 1（坏客浓度 20%）和区间 2（坏客户浓度 10%）中的客户可能就无法有效区分。事实上，我们希望的是在坏客户集中的区域分得更细，在坏客户稀疏的地方分得更粗，为此，若采用无监督分箱则可以尝试用等坏样本分箱替代等频分箱，若采用有监督分箱则可以将分箱停止条件从低于一定样本占比调整为低于一定坏客户占比。

当总体样本量较多时，分箱个数过少难以充分挖掘特征的区分能力，导致模型存在一定程度的欠拟合。此时，采用有监督或者无监督分箱法均可以适当增加最大分箱数。

总的来说，建议采用控制每箱坏样本占比的方式，在保证相关统计量置信度的前提下，挖掘每个变量的潜在区分能力。

四、稀疏特征处理

稀疏特征主要指那些 0 值占比极高的特征，由于模型优先选择的是对于整体样本的区分度高的特征，单个的稀疏特征往往很难入模，这可能造成某些维度的信息缺失。比如，小企业贷款中，“企业主信用卡是否逾期 0~30 天”这个指标可以对客户违约状态给出很好的反映，但由于信用卡逾期的客户往往占比极低，该类指标基本很难入模。还有一类比如“客户手机是否安装某 APP”指标能对客户的兴趣爱好维度信息进行有效补充，但除了微信等少数 APP 外，大部分 APP 的用户数不多，尤其是对于信用较有判断价值的博彩、借贷类 APP。按照传统的信用评分建模方法，由于上述特征大部分均为稀疏类特征，基本很难入模，因此，这里提供两种对于高维稀疏类特征进行处理以提升模型表现的方法。

第一种是根据业务经验进行评分调整，该处理方式比较适合那些带有明显好坏区分能力的稀疏类特征。比如，对已经逾期、核销类的客户在原评分卡的基础上适当减分甚至取固定低分值；对机构内部员工、慈善爱好者等客户进行适当加分。调整分数的策略需要结合调整前指标不同取值对应的好坏客群的比例和分数的差异，以及信用评分的应用策略进行。

APP 类的特征往往很难通过单一的稀疏特征对客户的好坏进行判断。第二种方法是我们可以使用 FM 类模型构建子模型进行处理。高维稀疏特征下的 FM 效果往往要比使用传统的 LR、GDBT 类算法好得多，其原因在于 FM 类算法采用了特殊的矩阵求解思路，对于输入数据的稀疏性不敏感，FM 特征的本质相当于对原始稀疏特征做嵌入，得到低纬稠密特征，因此，可以在平衡解释性的基础上使用生成的稠密特征或者仅使用子模型预测结果替代原始的 APP 类特征和原始的其他特征，共同放入 LR 中进行训练。

第三节 建模方法优化

一、迁移学习 TrAdaBoost

本章第一节介绍了场景迁移的方法进行样本的初步扩充，在迁移场景中可以使用和原始场景相同的准入条件，筛选出尽可能相似的迁移样本，但迁移场景和原始场景的样本差异性是不可避免的，简单的筛选方法只可能减少该差异。为此，这里介绍一种基于 AdaBoost 思想演变出来的场景迁移方法 TrAdaBoost，以进一步优化迁移学习的效果。

AdaBoost 的核心思想是根据样本在本轮基分类器中预测是否正确进行样本权重的相关调整，预测错误的样本被认为是难以分类的样本，需给予更高的样本权重以训练下一轮分类器。最后，使用带权重的加法将每一轮获得的模型相加，分类越精准的基模型占比权重越高。

TrAdaBoost 利用了 AdaBoost 中基于模型预测是否正确进行权重调整的思想。对于原始样本，TrAdaBoost 权重调整的思路和 AdaBoost 相同，即提高每一轮分类错误样本的权重以增强其学习。对于迁移样本，TrAdaBoost 认为分类错误的原因可能是与原始样本分布不同，因此，降低其权重可以降低其对模型训练结果的影响程度。假定原始样本规模为 m，新增迁移样本 n 个，各样本对应的初始化权重向量 $w^1=(\omega_1, \cdots, \omega_{n+m})$，对于从 1 到 N 的第 t 轮迭代执行以下操作：

（1）归一化每个数据的权重，使其成为一个分布，

$$P^t = w^t / \sum_{i=1}^{n+m} \omega_i^t$$

其中，P^t 代表 t 轮归一化之后的样本权重向量，w^t 代表 t 轮归一化之前的样本权重向量，ω_i^t 代表 t 轮样本 i 归一化之前的样本权重向量。

（2）使用带权重 P^t 的原始样本和迁移样本共同训练得到第 t 轮分类器 h_t，并计算 h_t 在原始样本中的错误率 e_t，

$$e_t = \sum_{i=n+1}^{n+m} \frac{\omega_i^t * |h_t(x_i) - c(x_i)|}{\sum_{i=n+1}^{n+m} \omega_i^t}$$

其中，$h_t(x_i)$ 代表原始样本使用 t 轮分类器的预测结果，$c(x_i)$ 代表原始样本标记值。

（3）计算原始样本和迁移样本的权重调整速率 β_t 和 β，

$$\beta_t = \frac{e_t}{1 - e_t}$$

$$\beta = \frac{1}{1 + \sqrt{2\ln n/N)}}$$

其中，原始样本的权重调整速率 β^t 每次随着分类错误率 e_t 降低而减少，迁移样本的权重调整速率保持不变。

（4）调整原始样本和迁移样本的权重向量 w^{t+1} 为

$$w^{t+1} = \begin{cases} \omega_i^t * \beta_t^{|h_t(x_i)-c(x_i)|}, & n+1 \leqslant i \leqslant m \\ \omega_i^t * \beta_t^{|h_t(x_i)-c(x_i)|}, & 1 \leqslant i \leqslant n \end{cases}$$

（5）原始 TrAdaBoost 使用后一半的基分类器进行预测，

$$h_f(x) = \begin{cases} 1, & \prod_{t=\lceil N/2 \rceil}^{N} \beta_t^{-h_t(x)} \geqslant \prod_{t=\lceil N/2 \rceil}^{N} \beta_t^{-1/2} \\ 0, & \text{otherwise} \end{cases}$$

这里使用错误率构建权重，对后一半基分类的结果进行求和操作后进行类别判定，但集成学习的方式可能无法获得变量级别的评分解释性。

因此，为保证迁移学习下的评分解释性，基学习器使用逻辑回归，并且可以考虑仅使用原始样本中表现最好的一个基逻辑回归学习器，作为最终的评分模型，以保证模型在评分和变量级别的解释性。

TrAdaBoost 训练过程中，原始样本预测错误权重不变、预测正确权重提高，迁移样本预测错误权重降低、预测正确权重不变，因此，经过足够多轮训练后，迁移样本权重的占比会降得很低。此时的模型效果可能退化为为使用迁移样本的 AdaBoost，为此，可以尝试设置不同迭代次数 N 进行验证。此外，TraAdaBoost 支持样本权重的初始化设置，可以尝试不同的样本权重初始化策略，结合迭代次数 N 进行网格化的效果验证。

二、GBDT+逻辑回归组合方案

风险评分一般采用逻辑回归进行训练以满足可解释性要求。逻辑回归作为一种线性模型，难以发觉特征之间的非线性关系。比如，对于 A、B 两个指标，逻辑回归模型是单独看待这两个指标的，但可能当 A、B 同时处于某特定区间时，会出现违约率突然上升等异常情况，逻辑回归无法有效挖掘和体现出这部分信息。通过业务经验，可以对部分指标之间进行人工衍生以增强特征之间的联系，但人工衍生特征的方式存在很大的局限性：

一是工作量太大。包括多维变量两两之间都需要考虑是否需要衍生，如何选择最佳切分点进行组合等问题，更不用说考虑更复杂的三个及以上变量如何组合的问题。

二是有效指标比率太低。实践证明，绝大部分的衍生特征都是无效和低价值的。此外，受限于个人经验，衍生出的特征可能多为处于某一些维度的信息，对于模型的增益有限。

基于上述考虑，需要一种自动化的特征衍生方法以提升逻辑回归的非线性表达能力，这里介绍一种使用 GBDT+LR 的模型组合方案。该方案先使用样本训练一个 GBDT 模型，之后将 GBDT 最后的叶子节点作为特征来构建新的模型，GBDT 中每棵决策树从根节点到叶子节点的路径就是该叶子节点对应的特征组合，处于该叶子节点内的样本组合特征的取值即为 1，否则为 0。由于 GBDT 中树深可以超过 2，通过 GBDT 进行的特征挖掘可以得到二阶、三阶甚至更多特征的组合，最后将通过叶子节点构建的交叉特征和原始特征一起放入逻辑回归模型进行训练，即可得到效果接近 GBDT 类算法的逻辑回归评分卡。

事实上，相较于仅使用单决策树或者 bagging 思想的随机森林算法，基于 boosting 思想构建的 GBDT 类算法更适合进行自动化的特征衍生，其优势在于：

一是表达能力更强。单决策树的表达能力有限，挖掘出的特征个数有限，如果想挖掘更多的交叉特征，需要在决策树的参数中将树深设置得较高，这可能会带来比较严重的过拟合。另外，较深决策树挖掘出的交叉特征往往都是由多特征组成的高阶特征组合，这不符合优先挖掘低阶高价值特征组合的目标，毕竟，越高阶的特征解释性越弱。

二是模型拟合效果更好。随机森林算法中，不同树之间是独立的决策树关系，可能衍生出许多类似的特征组合，而 GBDT 类算法是基于前面决策树的残差不断进行训练的。GBDT 中早期的决策树可以衍生出对大多数样本有较好区分能力的组合特征，后期决策树则衍生出对于特定少数样本有区分能力的组合特征，优先选择前面的衍生特征有利于在控制衍生特征数量的情况下获得较高的模型增益。

三、循环神经网络+逻辑回归组合方案

本章特征优化部分已经介绍了通过衍生出反映客户动态变化的指标，以提升模型上限的方法。该方法的局限在于：

一是工作量比较大，难以衍生彻底，比如对于客户存款这个指标，可以衍生近一月、近两月等多种多样的变化统计口径。

二是难以反映隐层较深的复杂变化规律，这些特定的规律可能难以直接理解，但十分有价值。

上述问题的本质是对于客户时序信息的挖掘不够充分。为了弥补人工类时序特征的局限性，可以尝试采用循环神经网络+逻辑回归的组合方式进行学习。其中，RNN 等循环神经网络模型主要负责对特征的时序规律信息进行充分挖掘。比如可以将客户 1—12 月的时点存款作为时序变量放入循环神经网络模型进行训练，并将训练得到的预测结果作为一个子特征和原始特征一起放入逻辑回归模型进行训练，以提升模型效果上限。

时序特征的构建需要考虑切片粒度，一般来说，按日为粒度的切片太细，按季节的又太粗，这两种情况都会使时序规律的挖掘难度增加。建议大部分情况优先使用月度统计数据构建时序模型。在循环神经网络模型的选择上，使用月度切片时由于时间序列不会太长，RNN、LSTM、GRU 算法差异不大，均可以尝试使用；而使用日切片时，可以优先选择长时序下建模效果更好的 LSTM 或 GRU 模型。

四、模型融合方案

本章前面介绍的评分卡模型优化方案都是在尽可能不降低模型可解释性，基于模型仍然使用逻辑回归的限制下进行的。随着金融机构对于复杂模型的接受程度不断提高，GBDT、深度学习也不断被尝试应用于风险评价中。在此基础上，使用多类别模型融合可以显著降低预测方差，原因如下：

第一，从统计的角度来看，机器学习任务的假设空间往往很大，可能有多个假设在训练集上达到同等性能，此时，若使用单学习器可能因误选而导致泛化性能不佳，结合多个学习器有助于减少这一风险。

第二，从计算的角度来看，单个模型往往容易限于局部极小、局部最优等问题中，这可能会导致模型的泛化性能变差，而多类别模型的结果互相结合，有效分散了单个

模型可能因局部极小问题带来的泛化性能变差问题。

第三，从表示的角度来看，某些学习任务的真实假设可能不存在于当前所选择学习算法的假设空间中，此时使用该类算法可能存在模型上限瓶颈问题，如结合多类模型，就有更高的概率学习到一个更好的近似结果。

集成类模型的效果取决于个体学习器的准确性和不同学习器之间的差异程度。个体学习器准确性越高，学习器之间差异性越大，则集成效果越好。基于上述考虑，候选模型的效果不能明显低于其他模型，并要选择那些原理或假设差异性较大的算法。

第十章

风控技术创新

本章内容是笔者在创作过程中感觉最难写的一章，也是体现本书创新之处的关键章节。本章的内容几乎没有其他相关书籍可以提供参考，均为本书作者原创。本章的创新模型算法大多是作者在原创并使用后取得不错效果的一些模型，绝非空谈。笔者希望通过本章内容的介绍，能够从概念和思想上为广大普惠金融的从业者们在模型算法层面开启一种新的思路。星星之火，可以燎原。笔者坚信小微信贷大数据智能风控模型方法点滴的创新都会助力普惠金融事业越走越远！

第一节 资金交易紧密度

资金交易数据是银行的核心数据，也是最有价值的数据。一方面，商业银行尤其是大中型银行仅每日新增的资金交易就高达千万甚至上亿笔，这些数据的背后潜藏的信息量巨大，价值亟待挖掘；另一方面，仅使用股权、担保等确定性关系构建的企业知识图谱，可能存在关联关系覆盖不足的问题，这可能导致基于知识图谱技术在信贷风控领域的应用效果不佳。基于上述两方面考虑，本书提供一种创新的资金交易紧密度模型方法以优化企业知识图谱。资金交易紧密度模型以主体之间的交易明细数据为基础，量化出企业—企业、企业—个人、个人—个人之间的资金交易紧密程度的相对水平，作为知识图谱中的一种新型关系为各类创新型应用打好基础。

资金交易紧密度模型在设计过程中需要考虑的因素如下：

一是分群建模。不同类型的交易关系需要分开建模，企业—企业之间的交易金额一般要比企业—个人、个人—个人大，一笔 10 万元的交易为两类关系带来的资金交易紧密度增益显然不同。

二是时间衰减。历史周期内的每笔交易都会带来资金交易紧密度增益，且该增益随着距今时间的增加不断衰减。另外，考虑到资金交易类流水数据较多以及对于部分新开户客户的公平性，可以将建模周期设置为最近 1 年或者 2 年。

三是金额笔数。每次交易带来的资金交易紧密度增益可以划分为金额部分产生的增益和笔数产生的增益两部分，累计交易总额相同时，多次少额比少次多额带来的资金紧密度增益更高。

四是交易占比。AB 资金交易紧密度受到 A 总体交易水平的影响，A 和所有节点的累计交易水平越高，其余因子相同时的 AB 资金交易紧密度越低。因此，AB 资金交易紧密度和 BA 资金交易紧密度不同。

五是交易平衡。AB 资金交易紧密度受到 A→B、B→A 交易占比平衡性的影响，比如，同样两笔交易，一笔 A→B 和一笔 B→A 比 2 笔 A→B 的交易代表的资金交易紧密度水平更高。

六是结果可解释性。资金交易紧密度模型的输出结果为［0，1］之间的排序值，可以结合总体分布了解强弱水平。

基于上述考量，以近1年内存在历史资金交易关系的企业A、B为例，介绍资金交易紧密度模型的构建算法：

$$P_{AB\_交易} = \mu_{金额} * F_{调整金额得分} * F_{金额占比因子} * F_{金额平衡因子} + \mu_{笔数} * F_{调整笔数得分} * F_{笔数占比因子} * F_{笔数平衡因子}$$

$$F_{调整金额得分} = F_m\left[\sum_{i=1}^{n_{ab}} \left(m_{ab\_i} * 0.5^{\frac{t_{ab\_i}}{t}}\right)\right]$$

$$F_{金额占比因子} = F_{m_{propotion}}\left[\frac{\sum_{i=1}^{n_{ab}} \left(m_{ab\_i} * 0.5^{\frac{t_{ab\_i}}{t}}\right)}{\sum_{i=1}^{n_a} \left(m_{a\_i} * 0.5^{\frac{t_{a\_i}}{t}}\right)}\right]$$

$$F_{金额平衡因子} = F_{m_{blance}}\left[\frac{\sum_{i=1}^{n_{ab\_d}} \left(m_{ab\_d\_i} * 0.5^{\frac{t_{ab\_d\_i}}{t}}\right)}{\sum_{i=1}^{n_{ab}} \left(m_{ab\_i} * 0.5^{\frac{t_{ab\_i}}{t}}\right)}\right]$$

$$F_{调整笔数得分} = F_n\left(\sum_{i=1}^{n_{ab}} 0.5^{\frac{t_{ab_i}}{t}}\right)$$

$$F_{笔数占比因子} = F_{n_{propotion}}\left(\frac{\sum_{i=1}^{n_{ab}} 0.5^{\frac{t_{ab\_i}}{t}}}{\sum_{i=1}^{n_a} 0.5^{\frac{t_{a\_i}}{t}}}\right)$$

$$F_{笔数平衡因子} = F_{n_{blance}}\left(\frac{\sum_{i=1}^{n_{ab\_d}} 0.5^{\frac{t_{ab\_d\_i}}{t}}}{\sum_{i=1}^{n_{ab}} 0.5^{\frac{t_{ab\_i}}{t}}}\right)$$

$P_{AB\_交易}$：求解的AB资金紧密度。

$\mu_{金额}$：金额在AB资金紧密度中的权重。

$\mu_{笔数}$：笔数在AB资金紧密度中的权重，显然$\mu_{金额} + \mu_{笔数} = 1$。

$F_{调整金额得分}$：AB间调整交易总金额转换成［0，1］之间的得分，$F_m(x)$ 是一个将调整交易总金额映射成［0，1］值的函数，t代表半衰期时长。

$F_{调整笔数得分}$：AB间调整交易总笔数转换成［0，1］之间的得分，$F_n(x)$ 是一个将调整交易总笔数映射成［0，1］值的函数，这里设置为和金额部分相同的半衰期t，也可以进行差异化的设置。

$F_{金额占比得分}$：AB 调整交易总金额占比 A 调整交易总金额转换成［0，1］之间的得分，$F_{m_{propotion}}(x)$ 是一个将占比成［0，1］值的函数。

$F_{笔数占比得分}$：AB 调整交易总笔数占比 A 调整交易总笔数转换成［0，1］之间的得分，$F_{n_{propotion}}(x)$ 是一个将占比成［0，1］值的函数。

$F_{金额平衡因子}$：AB 交易金额平衡性水平转换成［0，1］之间的得分，$F_{m_{blance}}(x)$ 是一个将 AB 间借方调整交易总金额占比 AB 调整交易总金额映射到［0，1］之间的因子。

$F_{笔数平衡因子}$：AB 交易笔数平衡性水平转换成［0，1］之间的得分，$F_{n_{blance}}(x)$ 是一个将 AB 间借方调整交易总笔数占比 AB 调整交易总笔数映射到［0，1］之间的因子。

n_{ab}：AB 建模周期内的总交易次数。

m_{ab_i}：AB 建模周期内第 $i(i \in \{1, 2, \cdots, n_{ab}\})$ 笔交易的金额。

t_{ab_i}：AB 建模周期内第 $i(i \in \{1, 2, \cdots, n_{ab}\})$ 笔交易距今天数。

m_{a_i}：A 建模周期内第 $i(i \in \{1, 2, \cdots, n_a\})$ 笔交易的金额。

t_{a_i}：A 建模周期内第 $i(i \in \{1, 2, \cdots, n_a\})$ 笔交易距今天数。

n_{ab_d}：AB 建模周期内贷方总交易次数。

$m_{ab\_d\_i}$：AB 建模周期内第 $i(i \in \{1, 2, \cdots, n_{ab_d}\})$ 笔贷方交易的金额。

$t_{ab\_d\_i}$：AB 建模周期内第 $i(i \in \{1, 2, \cdots, n_{ab_d}\})$ 笔贷方交易距今天数。

n_{ab}：AB 建模周期内总交易次数。

m_{ab_i}：AB 建模周期内第 $i(i \in \{1, 2, \cdots, n_{ab}\})$ 笔交易的金额。

t_{ab_i}：AB 建模周期内第 $i(i \in \{1, 2, \cdots, n_{ab}\})$ 笔交易距今天数。

n_a：A 建模周期内总交易次数。

m_{a_i}：A 建模周期内第 $i(i \in \{1, 2, \cdots, n_a\})$ 笔交易的金额。

t_{a_i}：A 建模周期内第 $i(i \in \{1, 2, \cdots, n_a\})$ 笔交易距今天数。

资金交易紧密度模型可以调整的参数主要分为三类，这里提供一个初始化的思路：

（1）μ_m 和 μ_n 初始化为 0.4、0.6，代表交易次数比交易金额对资金紧密度的增益略高。

（2）t 初始化为 365，半衰期为 1 年。

（3）$F_m(x)$、$F_{m_{propotion}}(x)$、$F_{m_{blance}}(x)$、$F_n(x)$、$F_{n_{propotion}}(x)$、$F_{n_{blance}}(x)$ 这 6 个映射函数可以根据 x 各分位数取值进行分箱转换。分箱转换一方面起到了一定的抗过拟合作用；另一方面，使得资金交易紧密度的结果处于［0，1］之间，具有良好的可解释性，如某 $F(x)$ 的映射方式如表 10.1 所示。

表 10.1 分位值映射示例

所处分位数范围（0~100）	映射结果［0，1］
0~20	0.6
21~40	0.7
41~60	0.8
61~80	0.9
81~100	1

第二节 关系综合亲密度

资金交易紧密度模型解决的是企业—企业、企业—人、人—企业、人—人之间基于资金层面的交易紧密程度，但节点之间的关系除了资金交易外还有很多种，关系综合亲密度模型即通过节点之间的多类型关系对节点之间亲密度程度进行综合量化。亲密度模型在设计过程中考虑的因素如下：

第一，节点之间的关系类别很多，想要统一量化多维度关系在亲密度模型中的作用，必须统一各维度关系的度量标准。

第二，两两间不同种类关系对于亲密度的提高，应该是一种不断累积提升却很难到达上限（$P=1$ 即百分百信任）的过程。

第三，假如存在 N 种不同类别关系的节点对 AB 的亲密度为P_{AB}，如果缺失了一种或几种关系，亲密度水平一定不变或者降低。

第四，不同类别的关系之间可能存在相关性。

基于上述考虑，多种关系在亲密度上的体现非常接近于信任概率，即越亲密的人信任概率越高，基于第一点的考虑，可以使用层次分析法完成所有关系类别的整体排序。以人—人关系中的亲属、资金、校友和同乡四种关系为例，最终的排序结果可能是：亲属>资金>校友>同乡，因此，可以参考社会学的“五缘理论”给四类关系赋值，如亲属 0.9、资金 0.7、校友 0.3、同乡 0.2。此外，按照同一种关系中是否存在强弱区别又可以分为无强弱差异的第一类关系和有差异性的第二类关系，如第一类关系中的亲属、校友根据排序赋值的信任概率为 0.9、0.3，而第二类关系的信任概率水平还需结合自身的强弱进行调整，如资金根据排序结果结合资金交易紧密度水平得到的信任概率为 0.7＊资金交易紧密度。

基于第二、三点考虑，可以尝试将不同类别的问题转换为概率的融合问题。同时基于第四点考虑，可以通过聚类后融合的方式降低不同类别关系相关性对于模型结果的影响。

如图 10.1 所示，AB 间的关系可以按照相关性聚类成 k 种相互独立的大类，记第 $v(v \in \{1, 2, \cdots, k\})$ 大类中各含 m_v 种关系，第 v 类关系中第 w 种为 v_w，定义：

P_{v_max}：v 类关系中信任度最高的关系使得 A 信任 B 的概率。

$P(M_{v_1} \cup \cdots M_{v_{m_v}})$：$v$ 类关系中所有关系使得 A 信任 B 的概率。

u_v：AB 间第 v 类关系的聚类系数，$u_v = \dfrac{P_{v\_max}}{P(M_{v\_1} \cup \cdots M_{v\_m_v})}$

则亲密度 P_{AB} 计算公式如下：

$$
\begin{aligned}
P_{AB} &= P(M_{1_1} \cup \cdots M_{1_{m_1}} \cdots \cup \cdots M_{k_1} \cup \cdots M_{k_{m_k}}) \\
&= 1 - (1 - u_1 * P_{1_{max}})(1 - u_2 * P_{2_{max}})\cdots(1 - u_k * P_{k_{max}})
\end{aligned}
$$

理想情况下，当各大类关系中均存在一种使得聚类系数接近 1 的代表关系时，上述公式可以化简为

$$P_{AB} = 1 - (1 - P_{1_{max}})(1 - P_{2_{max}})\cdots(1 - P_{k_{max}})$$

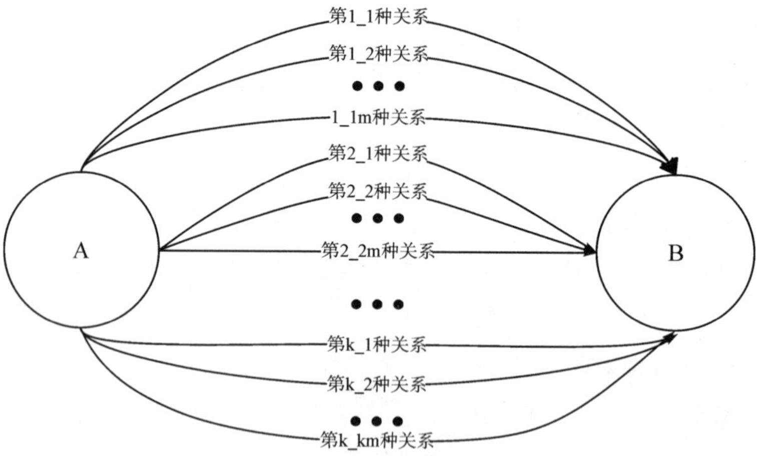

图 10.1 AB 多关系聚类

第三节 社会资本值

长期以来，商业银行大多采用 AUM 类指标来衡量个体自身的金融资产情况，但缺乏个体社会关系资产的相关量化指标。为此，本书创新性地构建社会资本值模型，以

完成对于个体社会资本的量化。社会资本值一方面包含社会对个体的认可程度，另一方面考虑了个体潜在可以调用的社会资源总量。

从信用角度来说，小企业的信用情况往往和小企业主高度相关。由于人是社会关系的总和，企业主的还款能力和还款意愿往往和他的社会认可度以及社会资源息息相关。因此，社会资本值高的客户往往表现出高信用水平的特点，其可以作为一款和AUM类指标互补的数据产品，广泛用于各类风控、营销模型的构建及策略应用中。

社会资本值模型在设计过程中考虑的因素如下：

（1）社会资本值和节点自身个人资本无关，仅取决于节点自身的信用水平、周围节点的个人资本以及节点间的亲密度水平。个人信用情况越好，和他人的亲密度水平越高，邻居的个人资本越高，其社会资本值就越高。

（2）节点自身的信用情况可以通过建立节点自身特征的通用信用模型进行量化，亲密度水平可以使用本书介绍的亲密度模型量化。在计算企业主社会资本前，还需要先完成所有人个人资本的量化。个人资本可以通过当前资本+潜在资本计算，当前资本可以使用AUM值代替计算，潜在资本则可以使用年收入进行替代，即个人资本约等于AUM+年收入。由于数据缺失问题，很多客户可能无法直接获取年收入数据，该缺失值可以通过建立客户自身特征和客户年收入的预测模型填充。如银行中往往有一部分代发工资客户，这部分客户的年收入相对可信，可以使用该客群的数据训练收入预测模型，进而预测非代发工资客群的年收入。这个模型预测的收入可能并非客户的真实收入，但代表了拥有该特征的个体能在社会上取得的收入水平，即潜在资本的体现。

（3）和A亲密度以及个人资本相同的两个A的邻居节点，拥有更多朋友的邻居节点带来的社会资本值增益越小。

基于上述假设，笔者设计了以下公式计算A的社会资本值：

$$\text{社会资本} = \sum_{i=1}^{A\text{的1度邻居数}} A\text{信用} * f(iA\text{亲密度}/i\text{节点1度邻居亲密度汇总}) * (i\text{个人资本} + i\text{社会资本})$$

其中，f是一个将亲密度占比映射到［0，1］之间的函数。注意上述公式可能无法直接计算结果，因为A社会资本值的计算使用到了邻居的社会资本值，而邻居的社会资本又需要用邻居的邻居的社会资本……上述问题有两种处理方式：

第一，近似计算法。即在计算A邻居i社会资本时，仅考虑i节点除A外的邻居节点的个人资本部分，此时，上述公式可以通过下列公式计算近似值：

$$\text{社会资本} \approx \sum_{i=1}^{A\text{的1度邻居数}} A\text{信用} * f(iA\text{亲密度}/i\text{点1度邻居亲密度汇总}) * (i\text{个人资本} + i\text{近似社会资本})$$

$$i\text{近似社会资本} = \sum_{j=1}^{i\text{的1度邻居数}} i\text{信用} * f(ij\text{亲密度}/j\text{点1度邻居亲密度汇总}) * j\text{个人资本}$$

第二，图传播计算法。可以结合 pagerank 算法的计算方式，先给所有节点初始化一个社会资本值的初始值，如将初始值设为所有节点个人资本的均值，之后在图上使用社会资本值公式进行迭代计算，经过 n 次迭代后收敛的结果即为社会资本值。

笔者在实践中发现，上述两种方式都可以完成社会资本值的计算。第一种方式的优点在计算简单高效，并且方便其他业务人员理解，以推广社会资本值的应用。第二种方式的优点在于计算结果更加精准，但对于图数据库的计算性能和人员的算法要求更高。

第四节　行业地区风险指数

传统行业、地区指数大都采用线下抽样调查+专家评分的方式构建。通过对小企业的抽样调查，收集包括企业销售、利润、人数、纳税、资产、负债等财务相关数据后进行专家评分，生成指数。这种方式的缺点在于：

一是需要大量的抽样调查工作。由于指数的构建和监控是一个长期的过程，人力花销会比较大，而如果抽样的样本太少又可能导致行业、地区代表性不足的问题。

二是企业主填写的数据真实性很难验证。为了获取更多的信贷支持，小企业主天生存在美化相关数据的动机。

针对传统指数编制方法中人力消耗较大以及小企业数据真实性难以保证的缺点，本书建议使用第三方的线上数据替代线下收集的财务数据，使用无监督算法进行风险指数类模型的构建。

无监督类指数模型的效果主要取决于几个方面：

第一，不同维度的权重设计是否合理。

第二，考量的信息维度是否充分。

第三，数据的获取是否长期稳定。

针对第一个问题，可以多找几名业务专家设置权重后取平均值进行调整，针对第二、三个问题，建议考虑以下数据维度构建行业、地区风险指数模型：

（1）行业、地区整体信贷规模和不良率等指标。社会信贷整体不良水平能有效反映目前的信贷环境优劣。

（2）行业、地区中上市公司的股价、市盈率、市净率等指标。股价天然具有预测未来好坏的属性，处理的时候可以根据相关公司的市值进行归一化处理，从而区别不同规模公司的影响程度。

（3）行业、地区中小企业通用信用分平均值等。暂无通用信用分相关产品的机构可以考虑外采相似产品代替。

（4）行业、地区中小企业负面统计信息。如失信数、行政违法数、限制高消费数、欠税数、负面舆情数等。

（5）行业、地区宏观经济指标。如 GDP、投资额、政府负债、高新企业个数等，该类数据可以作为地区发展水平、发展前景的重要参考。

小企业由于研发费用和人才的限制，往往存在产品附加值低、科技含量不高的问题，因此，受到行业、地区内大中型企业的影响较大，构建相应的行业、地区指数对行业、地区发展情况进行宏观监控，或者作为其他风险模型的输入变量都是十分有价值的。除了关注指数的绝对值大小外，还应关注指数的变化趋势，比如一周变化、月度变化、季度变化、年度变化等。当相关指数绝对值过低、波动过大、趋势较差时，需要及时排查原因。如在贷前阶段，可以根据具体原因灵活调整授信策略；贷中阶段则需要及时开展相关企业的处理，尽早防范系统性风险的产生。

第五节　额度优化模型

目前，对于小微信贷授信额度的量化，银行通常的做法是在客户还款能力的基础上，结合客户已有授信、信用水平、银行内部政策进行相关调整，额度公式可以总结如下：

$$\text{额度} = \text{还款能力} * \text{政策系数} * \text{信用系数}$$

$$\text{还款能力} = \text{偿债基准} - \text{已有授信}$$

$$\text{政策系数} = \text{宏观系数} * \text{业务系数}$$

企业的还款能力主要取决于偿债基准和现有负债，目前，几乎所有主流的小微信贷产品都是以找到偿债基准对应的数据支撑为基础的。这些数据要么可以直接反映企业的资产状况，比如企业、法人、家庭的净资产水平；要么可以建立和企业营收能力之间的推断关系，比如账户交易、纳税、电费、代发工资类数据。已有授信主要考虑到小微企业现有的负债结构，以避免多头授信超出企业的还款能力，从而导致违约事件发生。

政策系数主要包含宏观层面的风险因素和业务目标两个方面的考量。宏观层面的风险因素主要根据国家相关政策，根据行业、地区等因素进行调整。比如，银行对国家支持发展的新兴行业给予一定的系数上浮，对于落后或产能过剩行业的系数进行下调甚至拒绝。业务目标的调整主要是根据产品不同阶段的业务目标进行的微调。比如，在产品的初始阶段，风控样本不足，难以构建高效的风控体系，此时可以保持较为谨慎的风控政策，适当调低额度系数以控制总体的风险敞口。当业务发展到一定规模后，风控能力基于样本量的增加快速提升，可以适当提高额度系数以提高产品市场竞争力。

信用系数是根据客户信用水平进行的调整，信用调额目标也是为了提升产品的竞争力，属于风险定价的一个方面。

传统额度模式的缺点有三个：

第一，使用单维数据确定额度的产品容易被客户反推出额度的计算规则，有针对性地伪造数据，从而使得实际授信的额度超出客户的还款能力，造成潜在风险。

第二，对于数据信息丰富的客户，未能充分利用客户的各类数据确定一个合理的综合额度，这可能造成额度偏低，影响客户的产品体验。

第三，传统解决额度调整的方式主要是通过额度使用情况和贷中信用评分的策略矩阵完成，但该方式的缺点在于额度调整存在一定滞后性。另外，额度调整系数的设定存在较强主观性。

基于上述考虑，本书介绍一种创新型的基于 tobit 算法的额度模型。该模型通过已授信客户的信贷使用情况，在额度模型的构建中综合考虑客户的需求和还款能力。tobit 模型中，特征部分可以将客户用于授信的多类型数据作为自变量，而将客户通过用信情况推断的最适宜授信额度作为因变量。与普通回归类模型不同，tobit 模型拟合的 y 值可以是一个确定的数，也可以是一个范围。该值由客户贷后用信情况决定，一般存在以下几种情况：

第一，客户正常还款且额度使用率低，如支用期间平均使用率低于 50%，客户的实际需求额度低于授信额度，因此，为节约额度占用，合理的授信额度应处于［产品最低额度，p）之间。

第二，客户正常还款且额度使用率中等，如支用期间平均使用率处于 50%~80%，客户此时的实际需求额度基本和授信额度相同，实际给予的额度可以设置为当前额度 p。

第三，客户正常还款且额度使用率高，如支用期间实际使用率长期高于 80%，客户此时的实际需求额度明显高于授信额度，并且由于客户还款行为良好，合理的授信额度应该高于 p。

第四，客户出现明显逾期，这里的明显逾期一般指排除忘记等因素下的逾期，这说明授信额度过高，超过了客户的承受能力，最适合的授信额度应该低于当前额度 p。

结合上述四点，tobit 多维度综合授信模型拟合的 y 值应该按样本的表现情况设置，如表 10.2 所示。

表 10.2　tobit 拟合值设置

客户 p 额度下用信表现	拟合的 y 值
正常还款且额度使用率较低	[产品最低额度，p)
正常还款且额度使用率中等	p
正常还款且额度使用率极高	(p，产品最高额度]
出现明显逾期	[产品最低额度，p)

当信贷机构对企业的盈利场景控制力较强时，一种简单高效的额度计算方式是通过估计违约成本给定额度。比如，电商平台可以估算合作企业在生态内的年盈利额给定信贷额度。

第六节　风险传染模型

风险传染模型的构建目标是对潜在关联风险导致企业违约概率的挖掘，即通过机器学习、图分析等技术，提前发现客户之间风险传导的路径、时间、节点等特征，为未来商业银行总结关联风险传导的内在机理、分析传导模式和规律，以及为寻找阻断风险传导的方法、提升关联关系管理水平提供支持。

一、风险传染模型的分类

企业的外部传染风险源可以分为关联企业或者关联个人两类（图 10.2），由于可用的特征存在一定的差异，这两类风险传染关系需要分别建模。

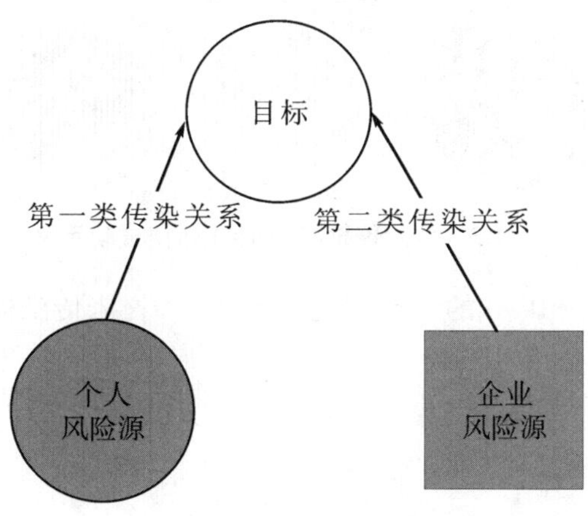

图 10.2　传染模型分类

传统供应链模式下，核心企业与其相关企业、上下游企业的资金流情况往往相互依赖，一个企业出现财务问题往往会导致一系列应收账款等票据无法兑付，继而导致一系列相关企业出现现金流问题。严重的话，可能最终导致相关企业在银行的大面积违约，由于该模式中的风险传染源是企业，因此将其定义为企业—企业类风险传染子模型。

另外，通过观察很多小微企业的历史违约案例，不难发现小微企业在债务违约前，其小企业主、法人或者股东等主要关联人往往已经出现了信用卡或者其他个贷业务的相关违约，由于该模式中的风险传染源是个人，因此将其定义为人—企业类风险传染子模型。

二、风险传染模型因变量的确定

传统小企业信用评估建模中，常用小企业信贷过程中的五级分类阶段定义好坏样本，表现期超出过某个阶段即定义为坏样本。这点在风险传染模型构建中对于源节点或者目标节点的好坏定义依然适用，不同之处在于风险传染模型的目标是预测风险源对于目标节点的传染概率，即源节点→目标节点在一定表现期后从 1→0 转变为 1→1 的概率。基于上述考虑，风险传染模型将表现期内从 1→0 变为 1→1 的节点对定义为模型中的 $y = 1$，成功传染模式如图 10.3 所示。

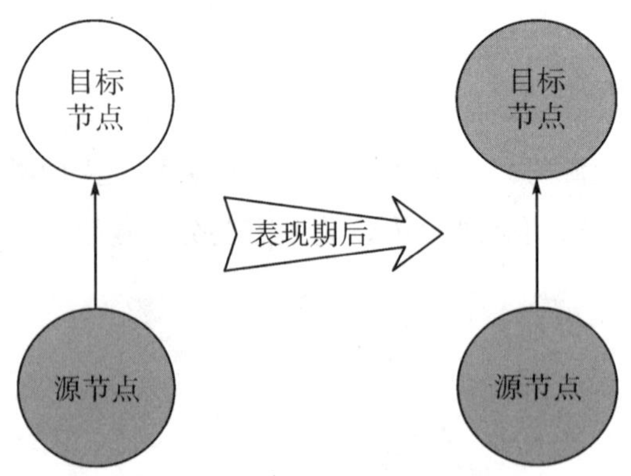

图 10.3 风险传染模型 $y=1$ 传染成功定义

而将表现期内仍然是 1→0 的节点对定义为 $y = 0$，未传染模式如图 10.4 所示。

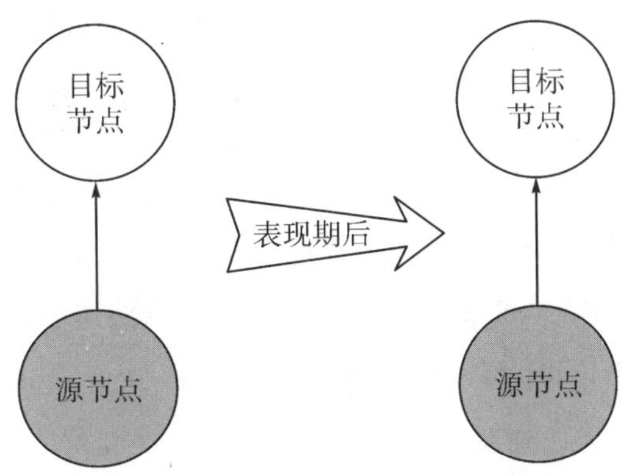

图 10.4 风险传染模型 $y=0$ 未传染定义

三、风险传染模型特征挖掘

相较于传统小微企业信用评价类模型更多地从企业自身角度挖掘变量信息，风险传染模型更加关注企业之间的关联关系类型、拓扑结构以及网络环境信息，从而精准量化出目标节点在源节点变坏后受到影响并变坏的概率。但这类信息在传统的关系型数据库中直接挖掘的时间复杂度极高。幸运的是，随着图技术的发展，节点之间的关联关系以及拓扑结构信息已经可以被有效定义并挖掘出来。目前来看，风险传染模型中表现较好的图指标有三类：节点对领域特征、节点中心度、路径。相关图指标的挖掘可以参考本书第七章介绍的图算法的具体设计。

当然，特征中也可以加入那些和传染关系有关的节点特征，比如源节点，目标节点所在的行业、地区、规模等特征。和传染关系相关度较低的节点自身特征建议不加入变量体系，原因主要是考虑将风险传染模型预测的外部风险和传统信用评分量化的内部风险进行区分，方便策略上对于两类模型的使用。

四、风险传染边子模型构建

如果能在风险传染图特征的构建过程中考虑不同关联关系情况下的风险边权值，可以有效提升相关图指标的精准程度。为此，可以通过构建风险边子模型的方式进行定义，具体做法如下：

（1）使用传染是否成功作为标签 y，而仅使用源节点和目标节点之间存在的各类型关系作为 x，建立风险边子模型。使用该模型预测图中节点和节点之间仅考虑各类关联关系情况下的传染概率 p。

（2）在图中增加一条节点和节点之间的风险边，并将风险边的长度设置为 $-\ln p$，这么设置的原因在于：p 值越大说明两者的风险关系越近，反映在图上应该是风险路径长度越小，函数 $-\ln p$ 满足要求。该设置可以巧妙地将风险概率的传递转化为节点之间路径长度的加法。如在 A→B→C 的风险路径中，如果 A 是源节点，那么 A 传染 C 的概率应该是 $p_{AC}=p_{AB}*p_{BC}$，对应的路径加法即：$-\ln p_{AC}=-\ln p_{AB}+(-\ln p_{BC})$。

在节点之间构建权重为 $-\ln p$ 的风险边后，即可以使用该边权重作为节点之间的路径长度，实现相关图指标在带权图中的优化计算。

五、建模和调优

和传统的信用评价模型相似，风险传染模型的评价可以从模型效果以及模型稳定性两方面开展。模型效果上，可以通过 ROC 和 KS 指标进行量化调优，模型的稳定性也可通过 PSI 进行判断。

从建模方式上看，以 Xgboost、LightGBM 为代表的 GBDT 类模型相较于传统的 logistic 模型可以有效提升模型效果的训练上限，建议可以尝试使用 Xgboost、LightGBM 的建模方式。另外，可以通过对企业之间资金流、拓扑关系等指标的时序变化信息进行挖掘，以进一步提升模型效果。

当完成模型分类、特征定义和模型构建工作后，还需要将企业的所有外部风险进行融合以综合量化企业的外部风险。如图 10.5 所示，目标企业存在 n 个传染源，这些传染源有些是个人，有些是其他企业，可以通过之前建立的人—企、企—企风险传染模型对所有风险源的传染概率进行预测，之后，将所有风险源的概率相乘得到最终目标企业的外部风险水平 $p_1*p_2*\cdots*p_n$。

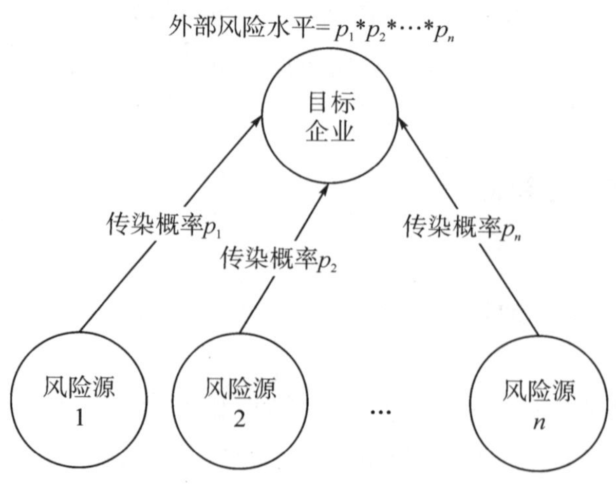

图 10.5 外部风险融合

第十一章

模型风险管理

小微信贷大数据智能风控体系的核心是模型，我们整个小微信贷业务的运行都要依赖模型，那么，万一生产运行的模型出了问题咋办？这可是数字风控带来的新问题，更是个大问题，小则导致审批通过率过低，大则导致审批过松，产生大量的不良贷款，最终造成业务中止。这就是数字风控模式下产生的一种新的风险——模型风险。任何新的事务都会产生新的风险，我们不能因此而否定新生事物，关键是要找到风险防范的方法，建立一整套的模型风险管理体系，防范模型引发的风险。

这就要从模型的生命周期出发，去定义各个节点的潜在风险隐患，从而采取有效的防范措施，确保模型风险可预知、可干预。从生命周期来看，模型可以分为研发、投产前、运行、退出等阶段，我们需要针对各个阶段的特点建立起全生命周期的风险管理体系。

随着时间推移以及相关客群行为表现发生变化，基于历史数据训练的模型往往会面临效果降低和稳定性下降的问题，因此，建立一套长期有效的监控和迭代机制是十分有必要的。下面先介绍模型风险管理的主要指标，然后根据模型的生命周期，对模型在研发、投产前、运行阶段的风险管理进行阐述。

第一节　模型风险管理的主要指标介绍

模型风险管理考量的模型风险指标主要包括三个：稳定性、区分能力、准确性。

一、稳定性

模型稳定性的下降往往会导致模型区分能力和准确性的下降，因此，对于稳定性的监控是十分有必要的。稳定性的监控又可以细分为分数和特征两方面。一般来说特征的波动是造成分数波动的原因，两者的稳定性水平均可以使用PSI进行量化，具体数学公式已经在前面章节介绍过，这里不再重复。

二、区分能力

模型的区分能力是保证模型效果的关键，一般可以按照模型的区分能力，按一定频率定期计算新周期内模型的KS值和AUC值。当新周期验证样本集KS值或AUC值下降20%以上、KS值低于0.3或AUC值低于0.7时，应结合模型结果及变量的PSI监控情况进行筛查，剔除造成模型效果大幅下降的因子后，采取模型重构等迭代措施。

三、准确性

如果模型仅仅用于排序，那么保证模型的稳定性和区分力足矣，但模型很多时候会用在对违约概率的估计上，以方便之后的准入、定价、预测等风控策略的制定。准确性的降低会产生一些负面影响。比如，好坏客户整体评分变高或者变低仍然可能导致风控策略一定的情况下，通过准入线的客户出现一定程度的增加或者减少，这会影响具体业务的通过率等指标，造成业务不稳定。

（一）区间准确性验证

假设训练集样本在分数段 k 的违约概率为 PT_k，最新验证集在分数段 k 的违约概率为 PV_k，那么，区间内准确的程度可以通过对 PT_k 和 PV_k 的差异水平进行度量。假设同一分数段内的违约发生为独立同分布，则置信度 q 水平下的 PT_k 和 PV_k 需要满足条件：

$$|PT_k - PV_k| \leqslant \varphi^{-1}(q) * \sqrt{\frac{PT_k(1 - PT_k)}{n_k}}$$

其中 $|PT_k - PV_k|$ 代表两者概率的差异值，$\varphi^{-1}(q) * \sqrt{\frac{PT_k(1 - PT_k)}{n_k}}$ 定义了置信水平为 q 下的临界差异值，n_k 为验证集在分数段 k 上的样本总数。

（二）总体准确性验证

二项分布解决了单区间准备性的检验问题，但还需要对验证集分数总体分布的准确性进行度量，可以构造 HL 统计量进行相关验证，定义 HL 为

$$HL = \sum_{k=1}^{g} n_k * \frac{(PT_k - PV_k)^2}{PT_k(1 - PT_k)}$$

HL 统计量可以理解为不同区间标准化差异水平的和，假设总体是准确，则 HL 统计量应服从自由度 $g-2$ 的卡方分布，其中 g 为分数区间类别。如果划分为 10 个分数区间，各区间样本量最好能满足条件 $10 \leqslant n * PT_k \leqslant n - 10$ 这一条件，如果按照直接按照样本量均匀划分，可能高分组会存在违约率过低从而造成一些问题，此时可以调整为使用违约数量的十分位来进行分数划分。

假设某次验证分数计算的 HL 统计量为 30，10 个小组的自由度为 8，置信水平 5% 下的 χ^2 是 15.51，由于 30 > 15.51 说明假设错误，即分数总体不准确。

第二节　模型研发的风险管理

模型研发是模型从无到有的孕育阶段，如何保证在其孕育期间就保证模型的研发质量呢？核心是要做到应做必做、可追溯、可审查。就和我们现在人类的孕育过程一样，需要定时做产检，什么阶段需要做什么检查，每个检查结果异常的应对措施都是标准化的。每个环节都不能遗漏，每个环节都可追溯、可复盘，从而，确保出生的婴儿是健康的。同样地，在模型研发阶段，我们需要建立一整套标准化的工作流程，让工作流程可追溯，可以及时检查、复盘评估建模工作流程是否合规、建模方案是否合理、建模方法是否最优、模型是否过拟合等问题，及时发现风险，尽可能将风险扼杀在模型研发过程中。

一是模型研发标准化工作流程。为保障模型研发过程可追溯、可评审、可复盘评估，我们需要建立起标准化的工作流程，具体包括建模可行性评估、形成建模方案、建模方案评审、数据准备、建模、形成模型报告、项目组内评审、模型调整、项目组内再评审、形成最终的模型和建模报告等流程。

在开始建模之前，首先要对建模可行性进行评估，包括数据是否满足建模条件、现有算法是否能解决模型目标、现有工具平台是否能支持建模目标等，形成模型可行性评估报告。评估可行后，接下来要按照模型目标，解决模型怎么建的问题，包括定义建模参数，比如，表现期、观察期、样本选择等，设计建模基础指标，形成模型建模方案，设计的指标以指标说明书的方式作为建模方案的附件。

完成建模方案后，项目组内召开内部方案评审会，就建模方案的合理性进行评估，从源头把控模型质量。评审后，一般需要在对建模方案做一定调整后，再启动正式的建模工作，开始找数据、加工指标，形成建模数据集，在此基础上开展建模工作，模型构建完成后，形成建模报告。接下来，项目组内部召开评审会，对建模过程、建模结果进行评审。如果评审发现模型的问题较多，需要对模型进行调优后再次召开项目组内部评审会。评审通过后，形成最终的建模报告，整理模型代码，准备申请落地应用。

二是模型研发验证。在上述流程中，模型研发出来后，在项目组内评审之前，建模人员要对模型进行充分的验证，一般包括样本内验证和样本外验证。样本内验证主要验证模型训练集和验证集的 KS、ROC 指标是否处于合理的波动范围之内，如果说模型验证集较模型训练集的指标大幅下降或者上升，建模人员需要分析问题的原因并对模型进行调优甚或重构。比如，模型训练集的 KS 值为 0.5，但在验证集直接掉到了

0.2，建模人员就需要去查找原因，做出调优或者重构的决策。

样本外验证则是选取训练集、验证集之外的另一批样本，验证模型的技术指标是否稳定，样本外验证又可以分为同期样本验证和跨期样本验证。同期样本验证指的是选取和建模样本同样时间周期内的样本进行验证，跨期验证则是指选取建模样本时间期间之后的样本进行验证。如果有足够的样本，同期样本验证、跨期验证都应该执行。同样地，样本外验证主要也是验证模型的KS值、ROC值在另一组样本上是否会发生大幅波动。同时，对于跨期验证，我们还可以增加PSI的验证，包括对模型结果和入模变量的PSI的验证，以验证模型以及入模变量的稳定性。

三是模型研发评审。模型研发过程中的评审是发挥集体智慧、保障模型质量的重要抓手。主要的评审节点有两个：一是建模方案评审，二是模型评审；一个管源头，一个管结果。这两个评审节点的评审会，应该要求项目组成员都参加，业务人员、建模人员、数据人员各类角色人员都应该参会，从不同的视角对方案或者模型提出意见和建议，有助于更好地保障模型研发质量。

两个不同评审节点的侧重点也不同，建模方案评审侧重于讨论建模目标是否与业务目标一致、数据探查结果是否支持建模、建模参数定义是否合理、建模方法是否合理、指标设计是否全面、指标口径是否正确等。模型评审则侧重于讨论建模过程是否合理、模型是否存在过拟合、模型验证是否充分、入模指标是否符合逻辑（仅针对可解释模型）、模型及变量是否稳定等。

第三节　模型投产前的风险管理

模型完成研发，经项目组评估拟申请投产后，需要建立投产前的模型风险管理机制：一是建立独立验证机制，进一步验证模型的可用性；二是建立模型投产前测试机制；三是建立模型风险的应急管理机制。

一、模型独立验证机制

一是开展模型分类。考虑到模型验证的深入程度与成本息息相关，在模型较多的情况下，我们需要对模型按照重要程度、带来的风险大小等进行分类，为后续开展差异化验证提供基础。

依据模型应用场景及对业务相关利益影响程度可分为两类：一类模型为银行需要承担风险敞口的，应用于贷前准入的模型，包括但不限于贷前风险评分模型、贷前反欺诈模型等。二类模型为银行需要承担风险敞口的，但应用于除贷前审批外其他场景的模型，包括但不限于银行贷款贷中风险管理模型、贷后风险管理模型等。

二是模型独立验证组织。模型需要由独立的第三方开展验证，这边的独立第三方必须是未参与模型研发且和项目组本身没有利益往来的团队。一般来说，应该建立专职的模型验证团队，专门负责开展模型的独立验证。模型验证团队须包含具有多年模型研发经验的人员，并视需要纳入具备相关业务经验的人员。试想，如果模型验证人员对建模不熟悉，那么，模型验证就很难起到作用。

三是模型的差异化验证。模型研发人员向模型验证团队提供模型建模方案、模型研发报告、模型研发代码、模型研发数据等开展模型验证所需要的材料。模型验证团队组织开展模型验证，主要验证模型的规范性、有效性和稳定性。

（1）模型的规范性主要验证以下内容：

✓ 模型的关键定义、前提假设、排除标准及窗口期是否合理，是否符合对应的业务目标要求。

✓ 模型训练样本抽样方法是否合理，是否满足大数定律的基本要求。

✓ 模型训练样本时间选择是否满足时效性要求，包括但不限于：是否在样本量及表现期足够的前提下，尽量选择离建模时点较近的样本；是否考虑到具有群体性影响的特殊时点的情形等，比如疫情等黑天鹅事件带来的影响。

✓ 模型外推检验样本选取逻辑是否与训练样本保持一致、时间选择是否合理。

✓ 建模数据是否满足一致、完整、准确、全面的要求。

✓ 模型变量筛选的实际过程是否与规则相符，筛选条件和结果与研发报告描述是否一致，入模变量是否符合业务逻辑。

✓ 模型变量清洗方法是否合理，包括但不限于：对数据中的缺失值和异常值进行处理是否合理、变量与因变量的表现关系是否符合模型的数学假设及业务原则等。

✓ 模型算法选择是否与针对的业务问题相适应、细分模型的方法是否合理。

✓ 模型相关的文档、程序、数据存档是否符合规范。

（2）模型的有效性主要验证以下内容：

✓ 模型有效性验证需使用适宜的量化指标。比如，一般使用KS值或准确性等指标。对于特定暂无适宜有效性量化指标的业务问题，需经模型验证团队充分讨论，并参考模型研发团队及相关业务人员的建议，由模型验证团队独立决定采用包括但不限于专家抽样检验统计等，符合模型业务目标且具有可量化性的验证方法。

✓ 模型有效性验证样本与模型所针对的业务有关，应以数据量足以确保模型验证结果稳定可靠为原则，并根据业务实际情况来决定。

✓ 模型有效性验证应结合包括但不限于混淆矩阵、ROC曲线、结果分布曲线等各类图表，并进行综合评估。

✓ 模型有效性验证应对比验证样本和训练样本的各类指标，评估模型受过拟合等因素的影响程度。

（3）模型的稳定性主要验证以下内容：

✓ 模型稳定性一般通过分布稳定性指标 PSI 或转移矩阵进行量化。

✓ PSI 计算中需要定义的基准样本可以是模型训练样本，或其他经过讨论确定的样本；验证样本选取逻辑应与训练样本保持一致，只是样本选取时期不同。

✓ 验证样本结果分布较基准样本的 PSI 在 0.1 以下为稳定；PSI 在 0.1～0.25 的，应给予关注；PSI 在 0.25 以上的，应剖析具体原因并对模型进行修正。

基于上述模型验证内容，按照模型分类，分别采取不同的验证策略，一类模型的验证由验证团队对数据处理、特征工程、模型研发代码进行复现和检验，综合评估模型的关键性定义、数据处理、模型训练、核心指标等方面情况，并出具验证报告。说得更直白一点就是，验证人员要按照建模人员的建模方案、模型研发流程，自己再单独做一套模型，看做出来的结果是否和被验证模型一致。如果一致，则验证通过；如果不一致，但差异不大且对模型结果影响不大的，可以有条件通过；如果不一致且差异较大的，则验证人员需要与建模人员一起讨论、评估，分析、查找原因，决定是否调整或者重构模型。

二类模型由验证团队对关键数据处理、特征工程、模型研发代码进行抽样检验，综合评估模型的关键性定义、数据处理、模型训练、核心指标等方面情况，并出具验证报告。二类模型不需要像一类模型那样进行建模复现，主要采用的是抽查的方式进行。同样地，如果抽查发现数据处理、模型代码、模型结果等方面没有问题，则验证通过。如果存有一些对模型结果影响不大的小问题，则有条件通过。如果发现的问题较多，且会导致模型偏移或者失效，则验证人员需要与建模人员一起讨论、评估，分析、查找原因，决定是否调整或者重构模型。

四是模型投产评审。对于已经通过或者有条件通过验证的模型，需要召开由模型研发部门、应用部门以及风险管理部门参加的模型投产评审会，由模型研发部门介绍模型的建模背景、建模过程、建模结果等模型研发情况，模型验证团队介绍模型验证人员、验证方式、验证过程、验证结果等验证情况，并给出验证结论，与会评审专家就模型建模目标、建模过程、建模结果及验证情况进行有针对性的讨论，通过投票表决的方式，做出同意或者否决的投产决策。

二、模型投产前测试机制

模型正式投产前，需要进行严格的测试，以确保拟投产模型与研发模型在输入、输出上的一致性。测试机制与模型的部署模式高度相关，传统的部署模式往往是由业务部门将模型转化成软件开发需求，再提交给技术部门按照软件开发流程进行开发。一些银行采用的新模式则是由模型研发部门完成模型输入数据开发、模型代码编译、数据接口开放，并由其直接在数据中台部署或者提交给技术部门在数据中台进行生产发布。如果是传统的部署模式则由技术部门负责 SIT 测试，并组织使用部门开展 UAT 测试。如果采用新的部署模式，则 SIT 测试由模型研发部门负责，并组织使用部门开展 UAT 测试。

模型投产前测试内容主要包括输入、输出的测试。输入主要是对数据加工过程的测试，输出主要对模型输出结果的测试。可以设计和建模时一致的样本作为测试案例，以同一批测试样本在建模时的模型结果和拟上线测试环境中的模型结果进行比对，看看是否一致，如果结果不一致，就先看模型输入数据是否和建模加工的输入数据一致，如果数据一致，则要检查模型代码是否有问题；如果数据不一致则要检查数据处理过程是否和建模时候有差异。

从测试流程上来说，要严格遵循软件测试要求，必须通过 SIT 测试、UAT 测试后，方可上线。测试案例必须有足够的正、反案例，对于反案例必须设置最低占比比例标准要求，测试案例要覆盖模型实际应用的各种场景，通过案例评审和案例执行检查，确保案例质量和有效执行。

三、模型风险应急管理机制

银行需要建立模型风险应急管理机制，在模型投产前，模型研发部门、模型使用部门、模型生产运维部门、风险管理部门要协同制订模型风险应急方案，对于模型投产后可能发生的风险要逐一列出，并制订对应的应急措施，同时，要明确各相关部门的职责，确保风险发生后，第一时间及时报告、及时处置，将模型风险对业务的影响降低到最低。

在制订应急预案的时候，可以从模型投产后的生命周期入手，对各个环节可能发生的风险事件进行提前预判，再按照每个可能发生的风险事件分别定义应急策略，明确各个职能部门的职责。

第四节　模型运行期间的风险管理

模型上线运行后，仍然需要持续地对模型进行监控管理，及时发现模型偏移等问题，及时采取干预措施。模型投产后验证的内容主要是模型的稳定性和有效性。

模型稳定性验证是对模型最终结果分布稳定性的监控。一般通过分布稳定性指标PSI或转移矩阵进行量化。PSI计算中需要定义的基准样本可以是上线前一个月的样本或其他经过讨论确定的样本。

一般来说，模型结果分布较基准样本的PSI低于0.1的为稳定；PSI在0.1~0.25的，应给予关注，并提高模型稳定性监控频率；PSI在0.25以上的，在后续运行中应密切关注，提高稳定性监控频率，并剖析PSI变动原因，评估模型可用性。一般来说，对于模型连续两个月PSI大于0.25的，经评估排除短期不可抗力影响且无其他合理解释的，需对模型进行更新，并视影响程度决定是否采取应急机制对线上模型进行紧急干预。

模型投产前，我们需要准备好模型风险应急应对方案，即当发现模型已经严重偏离时，我们应该如何解决。一般来说，可以采用备用的专家审批规则予以临时性替代，同时，抓紧开展模型迭代工作。

模型投产后有效性验证一般使用KS值等指标。对于特定暂无适宜有效性量化指标的业务问题，需使用如专家检核等其他经模型验证团队讨论决定的有效性验证方法。

模型投产后有效性验证开始时间与模型所针对的业务有关，应以数据量足以确保模型验证结果稳定可靠为原则，并根据业务实际情况具体决定。

在具体的操作上，一般通过监控代码实现模型各项监控指标的计算，并通过模型监控报告的方式定期以系统化方式提供，供模型研发人员、验证人员、使用人员、风险管理人员跟踪查看。模型投产后验证的频率可依据模型应用的业务场景的不同而有所不同。对于贷前审批模型，需要加大监控频率，可以按周甚或按天出具监控报告；对于贷后预警模型、催收模型，可以采用按月监控的方式。

模型投产后，如模型因逻辑或适用范围变化而确需迭代的，也就是现有投产模型退出，更换投产模型，应开展模型变更验证。模型变更验证要求应与模型投产前验证保持一致。模型变更上线前测试标准也应与模型首次投产前测试标准保持一致。

综上，模型风险是数字风控模式带来的全新的课题，业界并没有一套统一的标准，上述内容仅仅是作者的一些实践经验和思考总结，相信还有更多未知的领域与方法值得大家去做深入的探索和实践。

Data

数据篇
小微信贷大数据智能风控的数据基础

数据是小微信贷大数据智能风控的核心生产要素，我们需要哪些数据？数据从哪里来？数据会引发哪些新的问题？如何防范这些新问题？

第十二章

风控数据维度与数据应用

数据是小微信贷大数据智能风控的核心生产要素。按照前文第五章介绍的小微信贷大数据智能风控维度，当要落到具体风控体系的时候，需要哪些具体的数据生产要素？数据从哪里来？数据怎么用？这都是本章要回答的问题。

在这里要特别说明的是，按照人民银行 2021 年 9 月发布的《征信业务管理办法》，自 2022 年 1 月 1 日起，所有的用于信贷的风控数据都要通过持牌征信机构获取。本文只是阐述具体数据来源，具体获取数据的方式和渠道要按照国家相关法律规定合规获取。

第一节　宏观数据

从宏观层面来说，数据来源可以包括两大类：一类是政府部门公开数据，另一类是网络舆情数据。

对于政府部门公开数据，我们需要的数据维度主要有政府的经济统计数据以及环境类数据。

经济统计数据主要包括 GDP 总额、增长率、CPI、PPI、分行业统计数据等。这类数据都是政府统计部门根据深入的统计调查得出的数据，数据比较全面，尤其是其中各行业的一些统计数据，对于计算行业均值、波动等指标具有重要意义。这类数据都是公开的数据，在政府统计部门网站上就能免费获得，需要支付的成本就是爬虫程序开发的成本，当然了，现在很多网站都有反爬机制，需要不断迭代爬虫程序。还有一种获得经济统计数据的方式是通过万德获取。万德已经对宏观数据进行了整理，并且其还包含一些统计部门网站没有的数据，使用万德，我们可以更加全面、便捷地获取数据。当然了，万德本身是一个商业化的产品，使用万德是需要支付一定费用的，成本要比从统计局获取数据更高。

环境类数据主要包括气象数据、环境污染监测数据、动物传染病数据等。这类数据主要是会影响一些与环境强相关的产业。比如，农、林、牧、副、渔等行业企业的生产经营活动会受天气、环境污染、动物传染病等因素的影响。就像前几年，受非洲猪瘟的影响，我国生猪产量大幅下滑，猪肉价格一度大幅上涨，给很多生猪生产企业带来了很大的影响。环境类数据可以从相关的政府主管部门网站获取公开信息。比如，气象数据可以从气象局的网站获取，环境污染监测类数据可以从环境保护部门网站获取。这类数据的更新频率较高，像天气预报数据、PM2. 5 数据基本是按天更新，可以通过爬虫程序获取。

网络舆情数据则主要是通过爬虫的方式，爬取一些行业资讯、消费者点评、论坛口碑、热搜等方面的网页信息，再通过自然语言处理技术分析、挖掘出可以判断行业发展态势、企业品牌热度、产品受欢迎程度、企业负面舆情等有价值的信息。这类数据是对政府公开数据的一种补充。政府公开数据主要是一些确定性的统计数据，而网络舆情数据是终端消费者的行为表现。网络舆情数据更多的时候，起到的是预测性的作用，可以作为预测企业经营好坏的变量之一。比如，我们可以通过爬取一些汽车品牌的评论、口碑等信息，通过自然语言理解、情感分析，做成汽车品牌热度指数，从而预测汽车品牌后续的销售情况。汽车行业的企业可以把该指数作为风控模型的输入变量，提升模型的区分度。

无论是政府部门宏观统计数据，还是网络舆情数据，都是用以评估企业未来经营情况的重要维度，我们应该尽可能地去获取这些数据。虽然像网络舆情数据的获取、加工的成本较高，做起来并不容易，但是一旦做好，就是可以免费获取的新鲜数据。

当然了，这些数据也有些缺憾，政府统计数据的更新频率不会太高，很多是月度甚至是季度、年度数据，且更新不是很及时，新鲜度不是太好。相比于政府公开数据，舆情数据主要是一些即时动态信息，能够直接获得市场整体的一手信息，新鲜度较高。但这类数据要应用于风控领域，需要加强对数据的清洗，把好数据质量关，否则，会引发数据风险。在下一章中，我们会就数据风险进行具体的阐述，这里不再详述。

第二节　企业主评价数据

企业主评价数据主要是企业主的个人数据，这个数据种类多，数据来源也多。从数据种类来说，主要包括企业主基本信息类、资产类、行为偏好类、信贷类、社会关系类等。从数据来源来说，主要包括政府部门、互联网公司、运营商、征信机构、银行等渠道。以下主要讲述企业主评价数据的几个种类。

1. 企业主基本信息类数据

企业主基本信息主要包括性别、年龄、学历、职称、婚姻状况、家庭住址、职称、从业年限、过往职业等数据。这类数据获取有两个方式：一是企业主在银行开立个人账户或者在办理小微企业贷款时进行采集。这类数据获取方式的隐患是，由企业主自主填报的信息往往较难核实信息的真实性，而且如果在贷款时让企业主填报，又会影响用户体验。二是通过外部渠道采集，比如通过国家部委或者地方政府大数据机构获取权威的数据。当然了，并不是所有信息都能从政府机构获得，有些信息政府机构不一定掌握，有些则不一定对外提供查询服务。比如，家庭住址信息会出现变动，可能政府机构也没有最新的信息。还有像过往的职业信息可以通过社保缴交记录获取，但是，如果企业主一直都没有缴交社保，同样难以获取相关信息。另外，有些政府信息没有全国联网，没有办法从国家部委获取信息，比如，婚姻登记信息只能通过地方政府大数据机构查询。

有的读者可能会问政府部门会开放这些数据吗？如果说前几年还比较难的话，近两年，随着数据作为生产要素上升为国家战略，国家对数据开放逐渐重视。不论是部委还是地方政府都在探索数据开放之路，一些地方政府组建了大数据管理机构，负责推进政府各部门数据的集中开放和共享。

与此同时，国家正在大力推进普惠金融业务，致力于解决小微企业融资难题，因此，普惠金融成为很多政府机构开放数据的优先支持领域。在第十三届全国人大通过的《中华人民共和国数据安全法》中，更是辟专章就政务数据安全与开放做了相关要求与规定。以上种种必将有力推动政务数据的依法开放和共享。应该说，政府的数据开放环境正变得越来越好，为我们创新小微信贷风控体系创造了更好的外部条件。

2. 企业主资产类数据

企业主的资产类数据主要包括企业主的长期资产、流动资产。长期资产主要是房产、土地等固定资产，流动资产包括现金、金融资产等资产。

房产、土地数据的获取有两种方式：一种是通过银行自有的房贷或者土地抵押贷款数据获取，一种是通过政府的房地产管理部门获取。目前，这块数据涉及个人隐私，还没有看到有政府开放的先例，短期内获取难度相对较大，但从长远来看，在个人授权的情况下，以标签化的方式输出的可能性还是存在的。

金融资产数据根据客户投资渠道不同，可以分为银行的投资理财数据、券商的投资理财数据、基金的投资理财数据、保险投资数据，以及第三方财富管理机构的投资数据。由于目前缺乏数据共享机制，银行只能获取企业主在本银行的投资理财数据，对于企业主在其他银行或者金融机构的投资理财数据，则较难获取。企业主的保险投资数据则可以通过中国银行保险信息技术公司获取。

汽车类数据则有两类获取渠道：一类是通过银行自身的数据挖掘，主要是车辆贷款数据以及 ETC 办理数据，银行前两年大力推进 ETC 业务，在这里就派上用场了。还有一类可以通过外部的获得政府部门授权的数据运营机构获取车辆数据，主要包括 ETC 数据、行驶证数据、保险数据。这里主要是获取汽车的品牌、型号、保险购买情况等。我们还需要通过爬虫爬取对应车型的公开车辆销售价格，以计算车辆的价值。

3. 企业主行为偏好类数据

行为偏好类数据主要是企业主的各类行为中潜藏的习惯、爱好信息，比如，购物偏好、饮食偏好、出行习惯、旅游偏好、住宿偏好、时间偏好等。

购物偏好主要是从个体的消费数据中挖掘出其偏好的品类，比如，企业主喜欢什么样的衣服、喜欢什么品牌的手机、喜欢什么品牌的电脑等。可以说，只要企业主有网购的习惯，其消费偏好就能被识别出来，这类数据主要来源于互联网电商平台，一些大的电商平台会做一些用户标签对外输出。银行自有的快捷支付数据也能够识别出一部分，但是粒度会比较粗，很多只能定位到品牌，没有办法像电商那样细化到具体的商品。

饮食偏好主要是看企业主喜欢的菜系。这类数据银行可以通过快捷支付数据中挖掘出一部分，主要是针对用本银行的银行卡进行支付的这部分数据，无法覆盖所有的数据。还有就是通过一些第三方支付机构可以获得相应的标签数据。

出行习惯主要看企业主经常乘坐的交通工具类型、出行的频率、乘坐交通工具的舱位等级等。这类数据可以通过银行快捷支付数据挖掘出利用本银行的银行卡支付的部分数据，但是，无法覆盖客户的所有数据，也没有办法获得一些诸如舱位等级这样的明细级数据。要获得更全、更明细的数据，需要通过一些诸如航旅纵横 APP 之类的外部渠道获取。

旅游偏好数据主要看企业主喜欢去哪里旅游、喜欢什么类型的旅游等。住宿偏好则主要看企业主喜欢住什么类型的酒店、什么品牌的酒店、什么样的房型等。这两类数据同样可以通过银行自有的快捷支付数据挖掘出部分，但要全部且明细的数据，则需要从线上旅游预订平台或者银联获取。

时间偏好数据则主要看企业主喜欢在什么样的时间段做什么事。比如，喜欢在凌晨时段消费。这类数据可以通过银行卡支付数据获取部分，也可以通过一些大的互联网平台或者银联获取相应的标签。

讲到这里，可能很多读者会有疑问，上述很多数据都是个人的隐私数据，直接从相应的数据源获取数据会不会违规？的确，这些数据都是隐私数据，如何合规获取是个大问题，大家先别着急，我们先把我们需要的数据列清楚，在第四节中再就如何合规获取的问题进行详细的探讨。

4. 企业主信贷类数据

信贷类数据主要包括传统意义上的信贷数据，以及一些类信贷的征信替代数据。传统的信贷数据包括企业主历史的贷款申请记录、还款记录等。贷款申请记录又可以细分为贷款申请次数、被拒次数、审批通过次数、贷款种类、额度等；还款记录可以细分为每月还款金额、逾期次数、逾期金额等。这类数据的来源比较简单，就是征信机构，传统金融机构的贷款情况可以从人行征信获取，前几年的一些 P2P 等互联网贷款情况则要从百行征信获取。

类信贷数据主要是一些具有借贷特征的数据，一般也称为征信替代数据，在美国，主要是用于解决没有信贷记录的人群的贷款问题，比如缴费、房租支付等。缴费数据可以从电信运营商、电力公司、水务公司、燃气公司获取。其中，电信运营商有对外开放输出，其他机构则较少。至于房租支付数据，由于国内租房市场缺乏规范，很难直接获取，可以通过银行一些转账的备注或者快捷支付数据挖掘出一部分，但是，准确性较难保证。

5. 企业主社会关系类数据

社会关系类数据主要包括企业主的配偶、父母、子女、同事、担保人、股权、老乡、朋友等数据，这些数据是创新量化企业主社会资本的基础，所以，应该尽可能获取社交数据。理论上，拥有最丰富的社会关系数据的一个是公安部门，还有一个是腾讯公司一类的社交软件巨头，公安部门拥有你的亲属关系数据，其他关系数据更多的是在你的社交软件上体现的。但是，这类数据太敏感，公安部门和社交软件巨头均不会开放此类数据。这就意味着银行没有招了吗？也不是，事实上银行也是可以基于自身的数据挖掘出一部分社交关系数据的。配偶、担保人这种信息一般会在一些贷款业务中留存，同事关系则可以通过代发工资数据获取，老乡可以通过身份证编号规则识别是否出生于同个地区，朋友、配偶、子女关系可以通过转账交易进行一定程度的推断。股权关系则可以通过工商数据获得。

写到这里，企业主的评价数据就算是介绍完了，可能有读者会有疑问，为什么没有提及企业主犯罪记录、交通违章等数据，这主要是因为这类数据用于信贷领域是否合理，目前业界还是有比较大的争议的，在此就不做具体的描述了。

当然了，笔者也不支持将这类数据用于贷前准入，比如，不能因为你曾经有过犯罪记录，就永远不给你贷款了，这样，反倒不利于个体重新融入社会，如果真要使用，笔者认为还是需要对具体的犯罪行为进行分级、分类后再慎重决策。但是，从贷后管理角度来说，企业主的犯罪记录数据是可以作为贷后风险预警信号的，一旦企业主在贷款后因犯罪入狱，对小微企业的经营必然产生巨大的影响，银行势必要及早介入开展资产保全工作。

第三节 企业经营数据

企业的经营数据主要是一些可以反映企业本身生产经营状况的数据，包括我们常说的水、电、煤等能耗数据，以及税务缴交、工商登记变更、社保、公积金、进出口、专利申请、环保、物流、企业信贷、涉诉、ERP、资金结算等数据。

1. 能耗数据

企业的水、电、煤消耗数据往往反映了企业的开工和经营情况，对数据风控也有较大的潜在价值。这类数据要获取相对比较难，因为全国水、电、煤数据没有集中统计，同时机构较多。就拿用水务数据来说，每个城市都有自己的水务公司，甚至一些大的城市，还不止一家水务公司，要获取这些数据，就要一家一家地谈，难度可想而知。获取用电数据会好一些，全国用电数据主要掌握在国家电网和南方电网手中，而且这两家机构也有意对外开放数据，获取难度相对低一些。

2. 税务数据

税务数据是反映企业经营情况的最有价值的数据之一，主要包括各税种缴纳金额、缴纳频次，上下游交易对手情况等数据。这些数据的第一手来源自然是在税务局，目前，国税总局和银保监会已经签署“银税互动”的协议，支持向商业银行提供用于小微信贷授信的部分税务数据，在具体操作上，还需要各商业银行和各省市的税务局分别商谈对接。目前，税务局一般只提供一些税种缴纳金额、缴纳频次的统计类数据，尚不提供明细的发票数据。当然了，缺乏明细数据，对于风控来说，也是一种缺憾，有些申请人可以通过补缴税款的方式，虚增纳税额，以期获得更高的额度。同时，市场上也有一些公司提供税务数据，但是，这类数据来源是否合规、是否可长期持续使用，值得关注。

3. 工商数据

工商数据主要包括企业工商注册登记信息、变更记录、年检情况等，工商数据是公开数据，在工商局网站上通过爬虫技术就能获得相应的信息，也可以通过工商局授权的公司获取数据。当然了，市面上也有一些专门从事工商数据整合分析的公司，像天眼查、企查查、启信宝想必大家都比较熟悉，做得也都不错。

4. 社保数据

社保数据可以反映企业经营的规范性和经营状况。主要包括社保缴纳总金额、缴纳人数、平均缴纳金额、员工离职率、员工学历水平、与行业比较情况等数据。总的来说，小微企业经营的规范性不高，愿意给员工缴纳社保的比率相对大企业要低得多，缴纳的标准也会更低，但是，这恰恰是识别好坏企业的重要因素。一般来说，愿意给员工缴纳社保或者缴纳社保标准较高的小微企业会相对规范，也会更容易吸引到更高素质的人才，从长远来看，有利于企业的发展。当然了，事物都有两面性，社保缴纳会增加小微企业的经营成本，而且一旦开始缴纳就会变成不可逆的固定成本，如果企业经营陷入困境，这块成本会放大其困境。所以，社保数据作为小微企业信贷风控变量具有重要的意义。

对于社保数据的获取，银行可以尝试通过国家或者地方政府社保相关管理部门获取。当然了，目前，政府部门开放社保数据还处于早期起步阶段，获取难度较高。市场上，也有一些社保数据运营商提供社保数据，银行也可以从这些企业获得数据。但是，同样需要做好使用前的合规性评估，避免出现数据中断的情况，影响业务连续性。

5. 公积金数据

公积金数据和社保数据类似，也可以反映企业的规范性和经营情况，可以获取的数据主要包括公积金缴纳总金额、缴纳人数、平均缴纳金额、缴纳比例、员工离职率、员工学历水平、与行业比较情况等数据。同样地，由于小微企业经营不稳定，管理规范性不高，相比于缴纳社保，小微企业给员工缴纳公积金的意愿更低。因此，如果小微企业愿意给员工缴交公积金，其在人才市场上的竞争力会相对更强，可以吸引到更优秀的人才，但是，也一样会增加企业的经营成本。

由于公积金受各地公积金政策影响较大，目前，公积金数据主要由各地公积金中心管理，尚未实现全国集中管理。该类数据的获取需要和各地公积金中心分别商谈，难度较大。

6. 进出口数据

进出口数据主要是反映具有进出口业务的企业经营情况的数据。包括企业进口金额、进口订单数、进口国家、出口金额、出口订单数、出口国家、出口退税金额、关税金额等。其中，进出口国家对企业的经营也会产生影响。比如，企业对单一出口市场过于依赖，一旦这个国家发生政局动荡，导致经济衰退，就会给企业的生产经营带来致命的影响。就像最近一段时间，印度新冠肺炎疫情严重，浙江义乌一些专门做印度出口生意的小企业就面临着无单可做的窘境。

进出口数据主要通过海关电子口岸或者一些较大的跨境电商平台获取。目前，市场上还有少数一些企业有在对外输出海关进出口数据，银行也可以在明确合法合规的前提下，尝试进行对接。

7. 专利申请数据

专利申请数据体现的是企业的研发能力、研发水平，是衡量企业竞争力的重要因子，对于一些科技型企业更是如此。随着我们进入数字时代，人类对科学技术的应用将迎来新的高潮，不论是对于科技型企业还是传统企业，都提出了新的挑战。更多的企业需要依赖科技的手段取得市场竞争优势，实现创新发展。因此，专利申请数据在小微企业信用评价中将起到越来越重要的作用，作为小微信贷业务的从业者，必须高度重视专利申请数据的价值。这类数据既可以从国家相关专利管理机构获取，又可以通过相应的爬虫技术获取。

8. 环保数据

环保数据主要包括两类：一类是环保处罚类数据，这类数据主要是企业生产经营过程中因为违反国家的环保政策而被处罚的数据，比如违规排放等。在具体的数据上，包括环保处罚金额、环保处罚类型、环保处罚次数等。环保处罚由政府环境保护部门负责实施，因此，数据可以通过爬虫的方式从政府环境保护部门网站获取。另一类环保数据则是碳排放数据。在我们国家已经提出碳达峰、碳中和目标的背景下，未来碳排放数据必将对企业生产经营产生重大影响，尤其是对于一些高能耗的制造型企业影响尤甚。在小微企业大数据智能风控体系中要逐步纳入该类因子。这类数据未来应该会成为碳排放交易市场的公开数据，可以从中获取。

9. 物流数据

物流数据也是企业经营情况，尤其是制造业、物流业等对物流强依赖行业的重要表征，对于制造业来说，企业经营得好，产品销售情况好，物流运输需求就会更旺盛，反之，则会减少。对于物流业来说，经营情况则直接与物流订单强相关，单子多，运输繁忙，代表企业经营得好，反之，则经营得不好。物流数据主要包括一些物流企业掌握的数据以及一些交通数据，物流企业掌握的数据主要是像顺丰、德邦等物流巨头掌握的运输数据，交通数据主要是 ETC 的高速通行数据等。

10. 企业信贷数据

企业信贷数据主要是企业历史申请贷款记录、还款情况等数据，通过历史信贷数据评估企业的还款意愿。企业历史信贷数据可以通过人行征信获取，人行征信主要记录贷款交易结果。要掌握更全面的信息，还要进一步挖掘好企业在本银行的信贷记录，包括申请的过程数据、还贷的过程数据等，这些数据是人行征信所没有的，也是风控模型的有价值变量维度。当然了，这也只是企业在本行贷款的过程数据，在他行贷款的过程数据则无法获取。

11. 涉诉数据

涉诉数据主要是反映企业当下或者历史上涉及诉讼的情况，对于判断企业信贷风险具有重要的价值。但是，涉诉并不代表一定是不好的，需要对数据进行深入的分析，挖掘有价值的信息。涉诉数据主要包括：涉诉类型，是刑事诉讼还是民事诉讼；诉讼角色，贷款申请人是主诉还是被诉；诉讼金额，诉讼涉及的金额；诉讼次数，历史上不同类型、不同角色的累计诉讼次数等。为什么要对诉讼数据进行深入的分析挖掘呢？因为涉诉数据往往是以法院判决文书的形式出现，本身是非结构化数据，涉及的领域比较广，也比较复杂，在很多对业务不熟悉的建模人员眼里，往往会被当成是很严重的事，认为只要涉诉就有问题，殊不知有很多诉讼，企业可能还是受益者。比如，企业知识产权被侵犯，发起诉讼后，法院判定侵犯方支付赔偿金，对于主诉企业来说，短期内还多了一笔收入。

因此，涉诉数据的应用一定是要建立在对法院判决文书文本进行精准挖掘的基础上，形成一批准确的企业涉诉结构化标签，再将标签用于建模，切不可草率行事，否则，会影响很多企业获得贷款。毕竟企业在经营过程中，发生涉诉事件的概率和次数都是要远高于个人的，处理不好，数据出现差错，就会形成误判。

12. ERP 数据

ERP 数据包括两个方面：

一是小企业在使用 ERP 过程中留存的数据。银行可以通过选择和获得用户授权的 ERP 提供商合作获取该类数据，另外，银行可以考虑通过免费提供 ERP 服务的方式和小企业进行强绑定。

二是供应链相关数据。这部分数据目前主要集中在核心企业中。传统核心企业手中往往掌握着大量系统内上下游的商业交易数据，银行可以通过与核心企业合作的方式，尝试获取该类数据。

13. 资金结算数据

资金结算数据是银行的自有数据，是判断企业经营情况的重要变量，是银行掌握的关于企业的最有价值的数据，也是银行掌握的为数不多的动态行为数据。企业的资金结算数据蕴含着很多信息，包括企业资金流向、转账用途、交易对手等。

从结算数据中，我们可以发现一些企业的异常交易行为。通过资金流向，我们可以知道企业的钱都去哪儿了，是否正常经营，还是经常出现资金一日游的情况。所谓资金一日游指的是企业同样金额的资金当天进、当天出的情况，很多这类交易往往和刷流水、虚增结算量有关。通过交易关系，我们还可以看到是否存在资金闭环空转的现象，比如，经常出现 A、B、C 三家企业之间的资金互倒，很明显，其目的也在于互相刷流水，虚增结算量。

刷流水、虚增结算量的行为在小微企业当中较为普遍，因为小微企业较难从银行获得足额的贷款，为了获得贷款或者提升授信额度，普遍存在着刷流水的冲动。所以，对于这类行为不能一拒了之，否则，大部分小微企业都可能被我们拒之门外。最好的方式是什么呢，是基于转账交易流水数据，通过大数据建模的方式，识别刷流水的交易，将剔除这部分流水之后的真实结算作为审批和授信的依据。

转账交易数据并不仅仅可以用在识别不好的行为上，也可以用在好企业的识别上。通过上下游交易关系，我们可以识别出小微企业的客户情况，包括是不是大中型企业、企业状况好坏等，再进一步基于转账频率、金额判断企业和客户之间关系的稳定性。如果小微企业的客户都是一些比较大的企业客户，且供应关系比较稳定，那么，这样的小微企业显然是相对较好的企业。

在实际业务中，很多企业的法定代表人就是企业的实际控制人，但也存在一些实际控制人和法定代表人不是同一个人的情况。这时候，我们通常采取客户经理调查的方式获取真实信息，成本高，且往往比较难获取真正的企业实际控制人，而转账交易数据给了我们从数据中挖掘小微企业实际控制人的机会。小微企业在账务管理方面相对没有那么严格，很多企业往往会和企业老板之间发生很多转账交易，通过交易数据，基于大数据建模，我们可以识别出部分企业的实际控制人，有助于我们做好风控。

企业的资金用途构成也是我们在风控中比较希望获取的。从中，我们可以获取一些与企业财务相关的信息，比如，企业的管理费用、销售费用占比等。企业的资金用途可以通过转账数据的交易类型、备注等字段采集一部分信息。为什么是一部分信息呢，由于银行的备注字段并非必填项，交易类型字段也存在误选的情况，所以，我们只能获取部分有价值的信息。

银行的资金结算数据价值密度高，是一个大金矿，上文只是举例介绍了对风控比较有价值的部分信息，还有很多其他信息值得深挖。当然了，银行自有的资金结算数据也存在一定的局限性。我们都知道很多企业会在多家银行开户，资金交易并不会集中在一家银行中，而是分散在多家银行，从一家银行很难看到全貌，只能是冰山一角。所以，一家银行应该致力于成为企业的主办银行，获得尽量全面的企业资金结算数据。当然了，鉴于市场竞争日趋激烈，一家银行要成为所有向本行申请贷款企业的主办行并非易事，要实现对贷款申请人资金结算数据的全局掌控，就要寄希望于人民银行了。随着数据作为生产要素的价值日益凸显，数据融合使用环境的日益完善，我们相信这一天早晚会到来。

第四节 数据应用模式

上一节我们介绍了很多小微信贷大数据智能风控体系所需要的数据，绝大部分是银行自身不掌握的外部数据，有些读者可能会有疑问，这么多外部数据，尤其很多数据还涉及个人隐私，怎么合法合规地开展合作，应用的模式有哪些？这就是本节要回答的问题。

不同的数据源有不同的数据输出要求，不同的业务场景下也会有不同的数据对接要求，也就决定了不同的数据合作模式。

一、数据对接模式

单从数据流通的角度来说，数据的对接模式可以分为单笔调用、批量传输两种模式。单笔调用是银行在获得客户授权同意后，通过与数据源约定好的数据接口格式，向合作数据源发送数据查询指令，合作数据源按照约定好的数据接口格式实时返回数据查询结果的一种形式。单笔调用模式采取先授权、后查数的方式，合规性保障较强、数据新鲜度高，主要适用于一些敏感、更新频次高的数据，从应用上来说，适合应用于对数据新鲜度要求较高的银行风控、营销领域。批量传输则是合作双方按照约定的频率，定义好数据接口格式，由数据源按照约定的频率将数据批量推送给银行，这种模式数据新鲜度较差，主要适用于一些数据本身更新频率不高，非敏感类数据，比如工商数据，大部分企业的工商数据都很少发生变动，且是公开的。

二、数据合作模式

从数据合作方式来看，目前的主流方式主要有直接采购和联合建模两种。

（一）直接采购

直接采购就是银行直接从数据源购买数据的方式。在确定购买数据之前，银行需要对数据进行测试，以验证数据的覆盖率、使用的有效性以及稳定性。从流程上来说，银行需要在和数据源有效沟通的基础上，制订数据测试方案，描述测试方式、测试数据要求、测试内容、数据加密方式等，并就测试方案与数据源达成一致。

接下来，就是双方准备测试数据。一般来说，需要由银行先将样本数据匹配字段按照双方约定好的加密方式完成加密，再将加密后的数据发送给数据源方，数据源方按照同样的加密逻辑对自身数据匹配字段进行全库加密，用加密后的数据和银行的样本数据进行匹配，将匹配后的数据，挑选银行指定的字段，按照银行要求的数据周期加工完后，反馈给银行。

银行收到数据后，按照测试方案开展数据测试，计算样本覆盖率、数据稳定性等指标。对于应用于风控领域的数据，可以计算数据字段的 IV 值或者 KS 值；如果是评分类字段，还要计算评分的 KS 值，以验证评分模型的区分能力，计算稳定性指标 PSI，以验证评分模型的稳定性。

举个例子来说，银行甲为了提升小微信贷风控的精准度，拟引进某外部数据源乙的企业主信用评分数据。乙向银行甲提供信用评分材料及可输出字段，银行甲收到材料后，和乙沟通以企业主身份证号为匹配关联字段，确定以申请日期在 2018 年 5 月、2019 年 5 月两个月份的小微贷款作为样本，银行甲据此制订测试方案，将方案发送乙方确认后开始正式测试。流程一般如下：

- 银行甲与外部数据源乙签订保密协议。
- 银行甲将样本身份证号码按照双方约定的加密的方式加密后提供给乙，一般以 MD5 加密的方式居多。
- 乙按照双方确定的样本申请日期，提供样本申请日期前最近一期的样本信用评分数据反馈给银行甲。

- 银行甲拿到乙的反馈数据后，计算样本查得率（即返回非空样本占整体样本得比率）、覆盖率（即查得样本中有评分结果数据占返回非空样本比率）、KS 值、PSI 等指标，并形成测试报告，给出测试结论。
- 银行甲将测试结果返还给乙，并做出是否采购的决策。如果决定不采购，则流程中止；如果决定采购，则发起相应的采购流程。
- 完成采购之后，双方定义数据接口，分别提交内部开发流程。
- 接口开发完成，双方开展接口联调测试，测试通过后上线，正式开启数据对接应用。

（二）联合建模

在业务初始阶段，通过直接采购外部风控数据，能助力银行快速构建有效的小微信贷业务线上风控体系。这当中，银行采购最多的就是通用信用分数据，但随着业务的不断发展，通用信用分的局限性就会逐渐显现出来。一方面，因为通用信用分往往由数据源自己积累的坏样本进行建模而来，可能与银行的业务场景、客群相差较大；另一方面，很多数据源由于坏样本获取难度的增加以及银行缺乏完全的掌控力，模型的更新也存在一定的滞后性，模型的区分能力随着外部环境、客群的变化而减弱；再一方面，随着客户数的增多，模型可解释性问题也会日益凸显。

为了解决上述问题，商业银行在业务初步形成规模后，必然需要进行依托自有样本的建模来完成定制化的风控体系构建。因此，对于大部分银行而言，随着业务的发展和对风控要求程度的提高，通过联合建模的方式，提升风控自主能力与有效性成了银行保证业务健康、持续发展的必然要求。

按照实现技术的方式不同，联合建模又可以细分为现场联合建模和基于联邦学习和多方安全计算的联合建模两类。

1. 现场联合建模

现场联合建模主要是合作双方中的一方带样本到另一方的数据环境中完成建模。这种模式主要是合作中的一方处于比较强势的地位，双方又不能就联邦学习达成共识，只能采取一方带样本到另一方数据环境现场建模的方式来解决。就流程来说，双方需要在有效沟通的基础上，形成联合建模方案，由一方派人进驻另一方数据建模环境所在场地开展建模工作，现场联合建模的主要流程如下：

（1）形成建模方案，达成合作共识。合作双方就数据匹配关键字段、加密方式、建模数据周期、建模数据范围进行讨论，达成共识，形成联合建模方案。一般来说，由于银行是数据的使用者，需要先出具建模方案，之后双方在此基础上进行讨论，重点需要确认的问题是双方用什么字段进行匹配，数据周期能否满足建模需要，模型部署在哪里等问题。

对于匹配字段的问题，一般是用加密后的个人的身份证号或者手机号、企业的统一社会信用代码等作为唯一的匹配字段，确保两边的数据可以连接融合使用。

对于数据周期的问题，主要是要确保历史数据存储周期能够满足银行建模的需要。比如，一些数据源由于数量过大，可能只保留了 1 年或者 2 年的历史数据，而有的银行建模可能需要使用 3 年的数据，这个时候，双方就要协商进一步的解决方案。先是数据源方要尝试获取更早的历史数据，如果实在无法获取，那么银行就要调整建模方案，按照可获取的数据周期进行调整。

模型部署也常常是合作双方较难达成共识的问题。有些数据源方会要求将模型部署在数据源的生产环境中，数据源方只向银行输出模型结果。由于风控模型是银行的重要资产，银行需要对模型进行持续的监控和管理，无论是出于监管的要求还是自身诉求，银行都不希望模型部署在银行之外。因此，银行会尽力争取将模型部署在自己的生产环境中，如果实在没有办法，一定要部署在数据源的生产环境中，这也需要向数据源提出相应的监控要求，由数据源方按照银行的要求，定期提供模型监控结果或者支持银行实时远程访问查阅模型日志等。

此外，还有一个需要双方讨论的问题就是数据字段的选取范围。一般来说，数据源方会给银行提供一份其可以开放的数据字段，银行往往会在此基础上提一些额外的数据需求。这个时候，可能遇到两种情况：一种是数据源方同意进一步开放数据，如果数据源数据治理做得比较好的话，可以快速提供，如果数据源数据治理做得比较差的话，就需要重新整理数据，一般来说，挑战会比较大，甚至需要银行自己动手整理。另一种情况是数据源方不同意进一步开放数据，银行只能从数据源方提供的开放数据字段清单中获取建模数据。

（2）签署保密协议，正式启动合作。双方就联合建模方案达成一致后，就可以签署保密协议了。经过双方内部法务审核后，正式签署保密协议。保密协议主要是对双方在联合建模过程中的数据保密义务进行约定，以保障联合建模的合规、顺利开展。

（3）入场建模。签完保密协议之后，银行要和数据源方约定好入场建模时间，入场后银行建模人员需要服从数据源方的相关管理规定。不同的数据源方往往会有不同的管理要求：有的会要求使用数据源方的计算机办公，有的会要求入驻专门的联合建模办公区，使用数据源方的计算机办公，有的还会通过摄像头对联合建模办公区进行监控。

建模人员入场后，要先将从银行带过去的加密样本提交给数据源方的技术人员导入建模环境，再由数据源方的技术人员提供匹配后的数据集给建模人员在数据源方的数据环境中建模。建模人员按照建模方案开展建模，在建模过程中遇到相关数据问题，由数据源方人员提供支持。

建模有了初步结果之后，银行负责建模的部门就要组织经验丰富的建模人员到数据源方与数据源相关人员一起召开内部评审会，初步评估模型效果及可用性。对于模型效果不佳的，提出进一步优化调整的方案；对于模型效果符合预期的，要通过跨期验证、跨样本验证等方式进一步加强模型验证，做好模型的可用性评估。

（4）建模结果应用。建模完成后，银行要按照模型风险管理要求，组织模型验证团队对模型开展独立验证，模型验证通过后，组织相关业务部门召开正式的模型评审会对模型进行评审，以确定模型是否符合投产要求。对于通过评审的模型，银行要明确模型的应用策略。对于未通过评审的，银行要决定是放弃模型还是继续调整后使用。如果是放弃对模型的使用，则双方的合作中止。如果是要继续对模型进行调整，则要与数据源方进一步协商，继续安排建模人员现场建模。

对于模型结果的具体应用，有两种方式：一种是将模型结果直接运用于风控策略之中；第二种方式则是将模型结果作为变量，与银行内部的数据融合，再建立一个模型，即联合建模的模型结果作为融合模型的一个输入变量，这也就是母子模型的模式，联合建模的模型作为子模型，成为整个融合模型这个母模型的一部分。

两种方式，各有利弊。第一种的优点是可以快速落地应用，当外部数据中断的时候，更容易处置；缺点则是没有与银行内部数据进行融合，效果要差一些。第二种方式的优点是行内外数据实现了融合，整体效果更佳；缺点是还要再次建模，落地速度较慢，同时，一旦出现外部数据中断的情况，由于数据融合程度深，处置起来比较难。

（5）采购与部署。模型评审通过后，银行就要与数据源方洽谈采购事宜。采购完成后，双方要定义好接口，对于模型部署在银行的生产环境的，主要的接口就是模型入模变量涉及的数据字段接口；对于模型部署在数据源方的生产环境的，主要的接口就是模型的结果、模型监控指标的数据字段接口。接口定义好之后，双方将开发需求提交各自的开发流程，约定上线日期。

同时，银行要制订好相应的应急预案，主要是应对数据源方数据中断、数据质量导致的模型偏移等问题，以确保业务的连续性。

（6）模型监控。模型不论是部署在银行的生产环境还是数据源方的生产环境中，都需要按照模型风险管理要求，持续开展对模型的监控。对于部署在银行生产环境中的模型，除了对模型结果进行 KS 值和 PSI 的监控，还要对变量的 PSI 进行常态化的重点监控，因为变量数据的加工是由数据源方提供的，银行自身并不掌握，需要通过日常的监控，确保数据输入较建模时未发生较大的波动。对于部署在数据源方生产环境中的模型，则要在数据源方生产环境部署模型结果及输入变量的监控程序，并将监控结果按照双方约定的频率提供给银行。同时，银行要开展不定期的现场检查，派人进驻数据源方，对监控程序代码进行检查，以确保监控程序符合银行的模型监控要求。

2. 基于联邦学习和多方安全计算的联合建模

（1）联邦学习。早在2016年，谷歌就提出了联邦学习的概念，最开始是用于解决安卓手机终端用户在本地更新模型的问题，其设计目标是保障大数据交换的信息安全，在保护终端数据和个人数据隐私、保证合法合规的前提下，在多参与方或多计算结点之间开展高效率的机器学习。其中，联邦学习可使用的机器学习算法不局限于神经网络，还包括随机森林等重要算法。联邦学习有望成为下一代人工智能协同算法和协作网络的基础，其对于金融机构的联合建模方式有着极强的借鉴意义。

目前，针对不同的数据集，联邦学习主要分为横向联邦学习、纵向联邦学习与联邦迁移学习三大类：

一是横向联邦学习。该模式主要针对两个数据源方之间用户交集较小，但特征有较高重叠的情况。此时，我们可以取出双方特征相同而用户不完全相同的数据进行训练。这种方式的一种典型应用场景是两家地区银行进行联合建模，因为此时仅基于单一方的数据可能存在用户样本过少的问题。因此，横向联邦学习主要解决的是样本不足的问题。

二是纵向联邦学习。该模式主要针对数据源方之间用户重叠较多，而特征重叠较少的情况，该情况往往适用于大型机构之间的数据合作，比如，大型商业银行和地方政府或大型互联网企业之间的合作。由于双方均呈客群数量大、覆盖面广的特点，一般来说，用户会存在较多的交集。同时，从数据特征来看，银行以交易、资产类数据为主，政府保有交通、水、电、气等日常生活类数据，互联网企业则更多的涵盖消费、社交、出行类数据，因此，两两之间的用户特征交集很少，互补性强。这在银行还未积累到足够数据维度的新/次新客群中使用该建模方式效果最为显著。

三是联邦迁移学习。在两个数据集的用户与用户特征交集都较少的情况下，我们不对数据进行切分，而可以利用迁移学习来克服数据或标签不足的情况。这种方法叫作联邦迁移学习。比如，有两个不同机构，一家是位于中国的银行，另一家是位于美国的电商。由于受到地域限制，这两家机构的用户群体交集很少。同时，由于机构类型的不同，二者的数据特征也只有小部分重合。在这种情况下，要想进行有效的联邦学习，就必须引入迁移学习来解决单边数据规模小和标签样本少的问题，从而提升模型的效果。

在讨论了联邦学习的定义与分类之后，本节以纵向联邦学习为例，深入介绍一下联邦学习的整体构架，理解其工作的流程与细节。联邦学习与上述现场联合建模模式下的母子模型的建模方式区别主要在于：

第一，将先建立子模型，再建立母模型的方式替换为并行建模的方式，以解决模型有损和模型解释性不足的问题。

第二，引入了RSA算法，以完成对企业间交互数据的保护。

第三，引入了区块链概念，以激励更多的企业加入联邦以提升总体的模型效果。

首先，研究第一个问题，如何在不把数据源的数据加载至同一个数据库的方式下完成并行建模？笔者将基于简单的多元线性回归模型进行展示：

第一步需要知道多元线性回归模型在联邦学习模式下的数学表达式，具体如下：

$$y_i = \theta_A * X_i^A + \theta_B * X_i^B$$

其中，y_i 代表样本 i 的预测结果，θ_A 代表第一数据源的各项指标系数，X_i^A 代表样本 i 在第一数据源的各项指标取值，θ_B 代表第二数据源的各项指标系数，X_i^B 代表样本 i 在第二数据源的各项指标取值。

接下来，使用最小二乘并加入 L2 正则作为最终的损失函数：

$$L(\theta_A;\ \theta_B) = \sum(\theta_A * X_i^A + \theta_B * X_i^B - y_{i_{\text{real}}})^2 + \lambda(\theta_A^2 + \theta_B^2)$$

其中，$\theta_A * X_i^A + \theta_B * X_i^B$ 代表了模型在当前参数下样本 i 的预测值，$y_{i_{\text{real}}}$ 代表样本 i 的真实取值，λ 代表了正则化的水平，因此训练目标即变成使损失函数 $L(\theta_A;\ \theta_B)$ 最小。

使用梯度下降法进行迭代求解，为此求得：

$$\frac{\partial L}{\partial \theta_A} = \sum(\theta_A * X_i^A + \theta_B * X_i^B - y_{i_{\text{real}}})X_i^A + \lambda\theta_A$$

$$\frac{\partial L}{\partial \theta_B} = \sum(\theta_A * X_i^A + \theta_B * X_i^B - y_{i_{\text{real}}})X_i^B + \lambda\theta_B$$

参数更新：

$$\theta_A = \theta_A - \eta\left(\frac{\partial L}{\partial \theta_A}\right)$$

$$\theta_B = \theta_B - \eta\left(\frac{\partial L}{\partial \theta_B}\right)$$

其中，η 为梯度更新速率。

由于模型 A 部分参数更新时需要计算的子项 $\theta_A * X_i^A + \theta_B * X_i^B - y_{i_{\text{real}}}$ 涉及 B 模型的参数和样本信息，因此，A 可先将 $\theta_A * X_i^A$ 传输至 B。模型 B 部分计算完 $\theta_A * X_i^A + \theta_B * X_i^B - y_{i_{\text{real}}}$ 后求得 $\frac{\partial L}{\partial \theta_B}$，并将 $\theta_A * X_i^A + \theta_B * X_i^B - y_{i_{\text{real}}}$ 传至 A，A 即可求出 $\frac{\partial L}{\partial \theta_A}$。之后 A、B 完成 θ_A、θ_B 更新并不断重复上述流程即可。并行联合建模方式如图 12.1 所示。

联邦学习通过引入 RSA 加密算法分别保证了 A、B 交互数据部分的互相保密性，同态加密技术则保证了加密数据的可计算性。另外，联邦学习使用 RSA+hash 的加密碰撞机制替换了传统的 hash 加密后直接进行的样本交集确认过程，提升了数据安全性。最后，联邦学习会将 A、B 以及更多方在模型优化过程中的贡献，以及在未来模型使用中的贡献量化出来，从而激励更多的数据拥有方主动加入联邦。

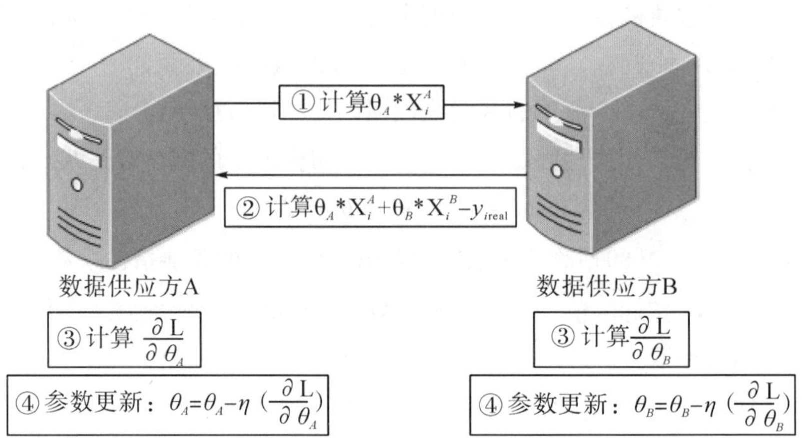

图 12.1　并行联合建模

假定引入 C 方，并且使用【】代表对于数据进行 C 的公钥加密。基于同态加密技术，并记 $u_i^A=\theta_A * X_i^A$，$u_i^A=\theta_B * X_i^B$，则有

$$【L】=【\sum(u_i^A+u_i^B-y_{i_{real}})^2+\lambda(\theta_A^2+\theta_B^2)】$$

$$【\frac{\partial L}{\partial \theta_A}】=\sum((【u_i^A】+【(u)_i^B-y_{i_{real}})】)X_i^A+【\lambda\theta_A】$$

$$【\frac{\partial L}{\partial \theta_B}】=\sum((【u_i^A】+【(u)_i^B-y_{i_{real}})】)X_i^B+【\lambda\theta_B】$$

$$记【L_A】=【\sum(u_i^A)^2+\lambda\theta_A^2】,$$

$$【L_B】=【\sum(u_i^B-y_{i_{real}})^2+\lambda\theta_B^2】,$$

$$【L_{AB}】=2*\sum[【(u_i^A)】*(u_i^B-y_{i_{real}})],$$

显然有

$$【L】=【L_A】+【L_B】+【L_{AB}】$$

基于上述分析，具体建模流程如图 12.2 所示。

上述模型由于使用了 C 的公钥【】，A 和 B 仅可在每一步骤中学习梯度中己方变量的信息，无法获得任何对方的任何有效信息。另外，由于 A、B 在将梯度使用公钥加密传输给 C 前进行了掩码操作，C 解密后获得的也仅仅是 A、B 的掩码梯度，因此 C 并不知道 A、B 的真实梯度信息。

联邦学习的模式确保了各方仅掌握了自己方相关的模型信息，保证了各方数据安全，实现了数据的可用不可见。

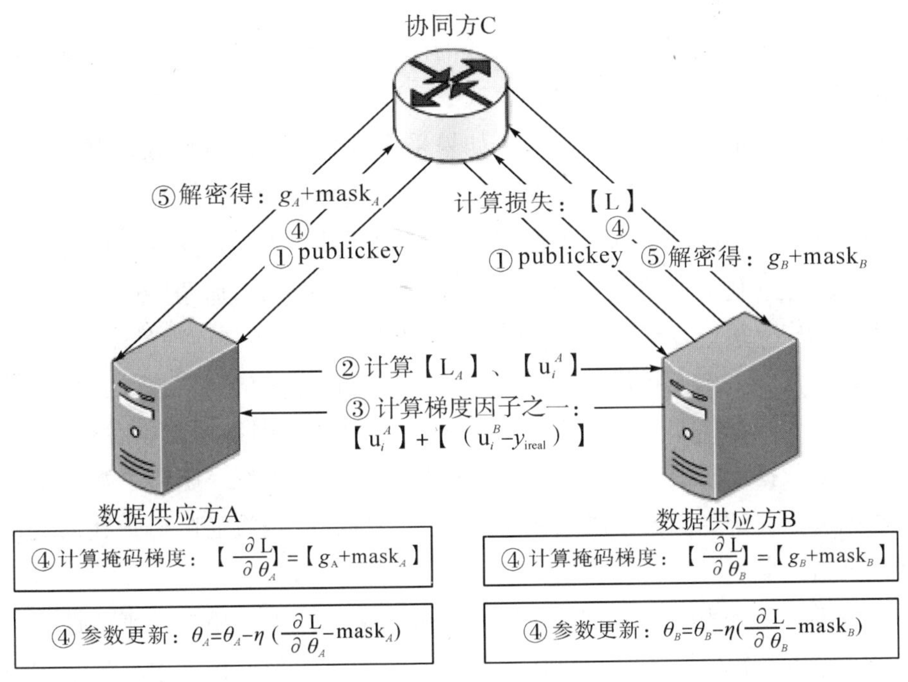

图 12. 2 联邦学习建模

最后，在模型的应用上，可采用如图 12. 3 的方式完成模型的调用。

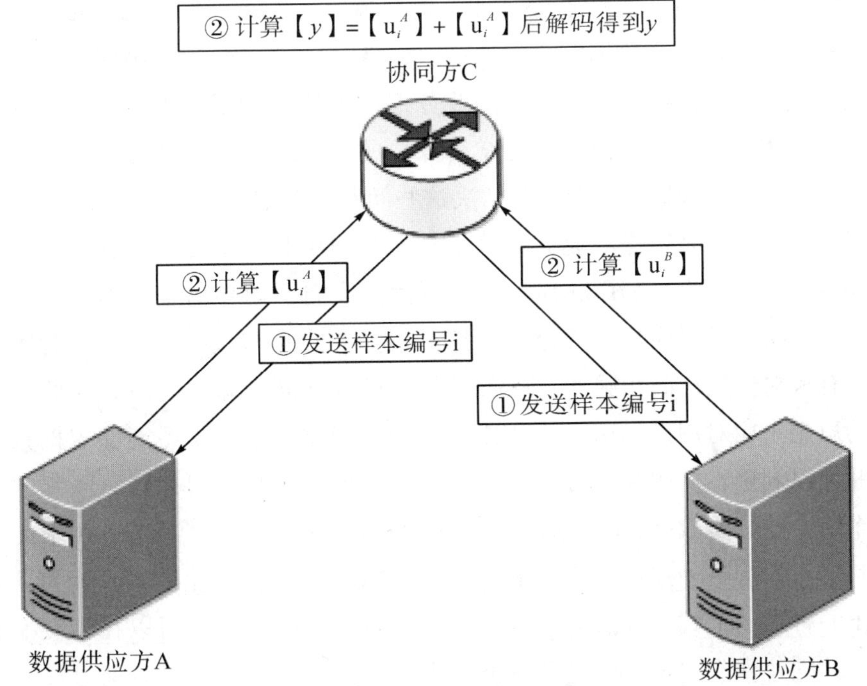

图 12. 3 联邦学习模型调用

总的来说，联邦学习在一定程度上解决了数据交互的安全性问题，但是，也面临着一些挑战。目前，联邦学习在信贷领域的应用以银行等机构出样本标签，数据源方出标签的纵向合作模式为主。在这种模式下，联邦学习主要存在的问题是难以找到权威且合作意愿强烈的可信第三方机构。如果采用简化版的两方模式，总会存在一方梯度泄露给另一方的情况，而根据之前伯克利大学的研究表明，在样本量达到一定程度的情况下，通过梯度信息可以反推出数据的原始信息，可见，仅仅采用梯度交互的联邦学习可能仍在存在一定的安全隐患。因此，联邦学习迫切需要解决的是如何找到各方都可接受的中立第三方的问题，这可能需要政府信用的背书才能最终破解。

但是，不管怎么说，联邦学习作为一种保障数据安全的建模方法，依然具有巨大的应用前景。受知识产权、隐私保护、数据安全等诸多因素影响，各行业、各企业、各机构之间的数据无法被直接聚合来进行机器学习模型训练，阻碍了数据生产力的释放。在数据成为关键生产要素成为共识的今天，打破数据流通障碍迫在眉睫，联邦学习的作用日益凸显。

以智慧零售业务为例，它的目的是利用机器学习技术为用户带来个性化的产品服务，如产品推荐与销售服务等。智慧零售业务中涉及的数据特征主要包含用户购买能力、用户个人偏好以及产品特点三部分，但在实际应用中，这三种数据特征往往分散在三个不同企业中。如银行拥有用户购买能力的特征，社交网站拥有用户个人偏好特征，而购物网站则拥有产品特点的特征。这种情况下，我们面临两大难题：第一，出于保护用户隐私以及企业数据安全等原因，银行、社交网站和购物网站三方之间的数据壁垒很难被打破，因此，智慧零售的业务部门无法直接把数据进行聚合并建模。第二，这三方的用户和用户特征数据通常是异构的，传统的机器学习模型无法直接在异构数据上进行学习，而联邦学习正是解决这些问题的关键。

设想一下，在智慧零售的业务场景中，我们使用联邦学习与迁移学习对三方的数据进行联合建模。首先，利用联邦学习的特性，我们不用导出企业的数据，就能够为三方联合构建机器学习模型，既充分保护了用户的隐私和数据安全，又为用户提供了个性化、有针对性的产品和服务，从而实现了多方共同受益。同时，我们可以借鉴迁移学习的思想来应对用户和用户特征数据异构的问题。迁移学习能够挖掘数据间的共同知识并加以利用，从而突破传统人工智能技术的局限性。可以说，联邦学习为我们建立一个跨企业、跨数据、跨领域的大数据 AI 生态系统提供了良好的技术支持。

联邦学习作为一种技术规范，未来极有可能成为一种商业模式。其为大数据的使用提供了一种新的范式。其强大之处在于，参与联邦的各企业可以在不交换数据的情况下完成共同建模。同时，通过区块链技术的运用，联邦学习可以通过设立相应的利益分配机制，激励各类数据方加入数据联邦。

（2）安全多方计算（MPC）和可信硬件环境（TEE）。若要在联邦学习的基础上进一步提高安全性能，可以采用基于密码学的安全多方计算（MPC）或可信硬件环境（TEE）。

MPC 以蚂蚁集团旗下的蚂蚁摩斯为代表，其支持基于安全多方计算模式的 LR 和 GBDT 等风控领域常用算法。MPC 模式下的模型参数训练过程完全基于密码学中安全加法和乘法的设计实现，从理论上保证了当样本量大于模型参数时的绝对安全，代价就是大幅提高了模型参数更新过程中的资源开销，模型训练耗时显著增加至明文建模的百倍左右。TEE 是在双方认可的可信硬件环境中进行数据的交互、建模计算。TEE 的核心优势是速度快，其安全性主要来源于双方对硬件交互环境的认可程度，因此 TEE 对于硬件安全性的要求极高，需要满足业内权威机构的认证标准。

联邦学习、安全多方计算以及可信执行环境 TEE 的核心特点总结如表 12.1 所示。

表 12.1　安全联合建模方式对比

	联邦学习	安全多方计算	TEE
技术代表	腾讯联邦学习	蚂蚁摩斯	蚂蚁/腾讯
支持学习	机器学习	机器学习+联合统计	机器学习+联合统计
安全性	会泄露梯度， 多方获得部分模型	样本量>参数个数时， 几乎无泄漏	无泄露， 需认可硬件标准
速度	明文耗时的 10 倍左右	明文耗时的 100 倍左右	取决于可信域算力， 一般不高于明文耗时的 10 倍
建议场景	集团间合作	集团间早期合作	集团内合作
部署要求	合作方+中间方	合作方	合作方+中间方+ TEE 硬件特性支持

第十三章

数据风险管理

数据是小微信贷大数据智能风控体系的基石，就像一座大楼的地基一样，地基不稳，大楼就岌岌可危。同样地，随着数据在信贷风控领域的广泛、深入应用，数据合规、数据质量、数据源的可持续性、数据解读等问题对信贷风控的有效性，甚至业务可持续性的影响与日俱增。具有鲜明数字时代特征的数据风险作为一种新的对信贷资产安全产生重大影响的风险形式正在变成现实。对于全部采用数据来进行风控的小微信贷风控体系来说，数据风险的影响会更大，我们更需要高度关注数据风险的管理。

第一节　数据风险的表现形式

一、数据合规风险

数据合规风险突出表现在数据合作的合规性、用户授权的合规性和数据使用的合规性等几个方面。

一是数据合作的合规性。开展大数据智能风控是当前以及今后一段时间内，银行都必须走的路。而要做好小微信贷大数据智能风控，银行必然要通过市场化交易的方式尽可能多地获取企业经营及企业主相关信用数据。然而，目前，我国在数据管理、使用等方面的相关法律法规在实操方面的指引还不清晰，数据流通交易还缺乏统一的规范。在这种情况下，如何评估外部数据源是否合规、如何评估数据合作模式是否合规，都是摆在银行面前的新课题，一旦没有把握好，就可能引发风险。

二是用户授权的合规性。一方面，如何评估合作数据源是否合法获取数据主体授权的？有没有存在未经用户授权获取数据的情况？另一方面，银行自身在获取用户数据的时候，采取何种方式获取用户授权？如何减少因银行操作风险导致的未取得用户授权而采集了用户数据等问题？

三是数据使用的合规性。用户数据采集后，银行要如何使用这些数据？哪些角色可以使用哪些数据？如何避免数据在使用过程中出现泄露的情况？

二、数据质量风险

数据作为小微信贷大数据智能风控的基础生产资料，对信贷风控体系的影响可谓牵一发而动全身，一个小小的数据字段出错，可能引发巨大的信贷风险。就像飞机一样，一颗看着不起眼的小小螺丝钉出了质量问题，就可能引发严重的飞行事故。大数据智能风控体系出现一个小小的数据差错，轻则导致信贷审批结果发生剧烈的波动，重则导致业务中断。比如，如果银行使用的外部数据字段从原来的数值型字段突然变成文本型，就可能导致数据接口处理报错，从而导致整个业务中断。不要小看业务中断带来的影响，对于全线上办理的小微信贷模式来说，客户都是即时需要即时申请的，如果你无法满足他当下的需求，他可能就马上到其他银行办理了，这样，你的客户就流失了。哪怕是你只中断了一个小时，你都可能损失几百甚至几千位客户。这就是线上业务和传统线下业务的一个重要的区别，即线上业务的放大作用特别明显。

即便没有发生数据中断，只是发生了因为数据差错导致的模型偏移问题，也可能会带来两种不同的后果：一种是模型的拒绝率大幅度上升，使得一些原本能通过审批的客户被拒绝，导致大量客户投诉，造成客户流失；还有一种情况是模型的拒绝率大幅下降，审批通过率大幅提高，使得一些资质比较差的客户通过审批，从而，给银行信贷资产安全带来威胁。更严重的是，一旦欺诈团伙发现这一漏洞，便会蜂拥而至，这会进一步放大信贷风险。对于线上贷款业务来说，这点尤其要注意防范，否则，可能瞬间就会带来难以估量的损失。

数据质量风险并不仅是外部数据才会引发，银行内部数据也同样会出现类似的问题。比如，银行一些用于审批的数据因前端功能上线，程序代码出错导致数据采集出错，进而引发上文提到的模型偏移问题，对审批结果带来严重的负面影响。银行尤其是大型银行自身数据种类多、来源广、数据量大、数据流通链条长，数据流动各个环节难免出现这样那样的问题，都会导致数据质量受到影响。

还有一个更大的问题是，很多银行尤其是中小银行对数据治理不够重视，数据质量更加难以保障。一些中小银行由于自身数据规模较小，对自身数据能产生的价值缺乏信心，认为投入产出不成正比，因此，对于数据治理几乎不做投入，导致数据缺乏有效的规整，数据质量参差不齐。

三、数据中断风险

大量外部数据的使用，有力地推动了小微信贷风控向智能化方向发展，推动了小微信贷业务的线上化；有力地提升了小微信贷的客户体验，促进了小微信贷业务的快速发展。但是，事物总是有两面性，大量外部数据的使用也为小微信贷业务带来了新的潜在风险，数据中断风险就是影响最大的风险，会导致小微信贷业务中断。

数据中断主要由几个方面的因素导致。一是数据不合规引发的数据中断，由于数据源方的数据来源不合法，或者数据对外输出不合规，导致数据源方对外数据输出业务被相关监管机构叫停，数据源方无法再向银行提供数据。二是数据源方系统故障导致的数据临时中断。数据源方因为硬件或者软件出现故障导致数据输出系统无法正常工作，无法支持银行对数据接口的正常访问。这种情况一般持续时间不会太长，属于临时性的数据中断。三是政策变化导致的数据中断。受一些新发布的相关法律法规影响，一些数据源方经过评估后，数据输出不再合规，进而中止输出。

数据中断轻则可能造成小微信贷业务审批结果发生变化，重则可能造成小微信贷业务无法开展，这取决于中断的数据在小微信贷风控中的所起到的具体作用。

四、数据解释性风险

在小微信贷大数据智能风控体系中，我们用了借款人的数据来对其进行评价，以决定是否给他贷款。一旦借款人审批没有通过，有些借款人就会质问银行为何其贷款没有通过，这个时候银行就要给借款人一个合理的解释。一般来说，如果借款人本身存在征信上的瑕疵，还相对比较好解释，但是如果借款人本身没有明显的瑕疵，只是因为模型评价结果不理想，这个时候的解释工作就比较费力了。这当中也存在着多种情形。

第一种情形是数据出错。如果是银行自己的数据出错，给客户道个歉，并尽快进行调整，往往能较快平息客户的不满情绪。但如果是获取的外部数据出错，就会相对麻烦一些。一方面，客户可能会质问你为什么获取他的数据，虽然客户之前已经进行了授权，但是，很多客户往往不会详细阅读授权书，有些客户甚至会耍赖。如果解释不好，容易引发客户投诉。另一方面，由于外部数据出错，银行没有办法马上进行处理，需要协调数据源一起解决，处理的时间会比较长，也容易引发客户不满，导致客户投诉。

第二种情形是数据难解释。如果客户是被银行直接采购的模型结果拒绝的，更容易引发数据解释方面的问题。由于银行对模型本身并不是太了解，无法及时给客户满意的答复，尤其是如果外采模型用的是一些类似神经网络的机器学习算法，那就更难解释了，客户投诉的风险将大增。当然了，就算是银行自己研发的模型，本身也存在着解释的问题。

最后一种情形是保密与解释之间的平衡。风控模型、策略作为银行的核心机密，一般来说，银行不太愿意直接将自己的机密对外公开，否则，银行的风控将形同虚设，借款人只要按照银行的风控逻辑提前做好相应的准备，就能轻松获得贷款，最终，银行贷款沦为一些不法分子的提款机。所以，当客户投诉时，银行如何在保密与解释之间做好平衡，向客户做出令其信服的解释成了一个新的挑战。

五、数据欺诈风险

数据作为小微信贷审批的依据，在贷款审批中发挥了核心的作用，数据可以决定贷款是否通过、贷款额度的大小，因而，伪造数据对于部分借款人来说，具有巨大的诱惑力。通过伪造数据，使得原本无法获得贷款的借款人获得了贷款，原本额度不高的大幅提升了额度。可以说，伪造数据已经成了小微信贷大数据智能风控体系面临的最大的风险挑战。

如果说借款人伪造数据获取贷款或者增加额度，仅仅是出于企业经营的需要，风险还相对较小；而如果借款人纯粹是为了骗取贷款而伪造数据，这种风险就是最高的，也是银行要重点防范的。

六、数据理解风险

要将数据用于小微信贷风控体系之中，我们需要确保对数据有充分的了解和理解，要弄清楚数据的来龙去脉，数据的业务含义、加工逻辑和口径等，毕竟数据发挥的作用实在太大了，如果在没有搞清楚的情况下贸然使用，要么可能导致风险上升，要么可能导致大量客户被错误拒贷。

但是，在实际的操作中，我们要完全了解、理解数据并不是一件容易的事，一家银行所拥有的数据字段，少则几千个，多则数万个，每个字段的背后都隐藏着业务逻辑，需要你对银行的业务有全面、深入的了解，才能避免落入数据中潜藏的“坑”。对于数据和建模人员来说，要完全搞清楚每个字段从哪里来，每个字段的含义和口径，几乎是不可能的，所以，不可避免地会出现理解上的偏差，从而导致字段的误用、口径的错误。

银行内部数据尚且如此复杂，更别提外部数据了，银行对于外部数据的了解就更少，字段误用、数据加工口径错误的可能性明显要更高。就拿税务数据来说，一些小微企业、个体工商户会通过挂靠其他公司的方式进行缴税，这就会导致被挂靠企业的缴税金额虚高，尤其在物流行业，这种现象更为普遍。如果你对业务不了解，你就无法知道数据中存在的问题，更别提怎么去解决了。

第二节 数据风险管理机制

针对数据风险，银行需要建立集中统一的管理机制，要发布相应的管理办法，明确数据风险管理范围以及各个职能部门的职责，实现数据风险的应管尽管。由于数据风险管理是一个崭新的课题，目前，业界并没有成熟的方法和体系。下面，仅谈谈笔者对数据风险管理的一些思考，供各位读者参考。

一、数据合规风险管理

在数据合规风险管理中，我们需要针对不同的风险形式，建立不同的风险管理模式。

一是建立外部数据合规性评估机制。首先，要针对外部数据源开展数据来源合规性审核。对于拥有自有数据的数据源方，可以根据营业执照上的经营范围以及公开的市场信息，判断数据源方本身业务能产生哪些数据，对于超出其经营范围的数据，要求数据源方提供合法的数据授权证明。比如，电商企业自身拥有平台消费数据是正常的，但是，如果它还提供税收数据，就要进一步判断其数据来源。对于不拥有自有数据的一些大数据公司，则要求其提供数据授权协议，以证明其数据来源的合规性。其次，要对数据源方自有数据用户授权书进行审核，主要看用户是否向数据源方提供了授权，以及具体的授权内容是否合规。最后，要结合国家相关法律法规，对于数据源方对外输出数据的合规性进行评估，是否有相关的对外输出资质或者许可等。根据2021年9月人民银行正式发布的《征信业务管理办法》，自2022年1月1日起，凡是向金融机构输出征信信息的公司或者机构，都需要持有征信牌照。

二是建立数据使用合规性管理机制。一方面，对于所有的数据采集都要落实用户授权。不论是引进的外部数据，还是银行自身业务中采集的数据，都要落实授权，不仅是线上要落实授权，线下办理业务也要落实授权，做到应授尽授。要以管理制度的方式落实授权要求，明确各个职能部门、各个岗位的职责，对于应授未授的情况，要严厉问责，追究相关部门、人员的责任，避免出现操作风险。另一方面，要利用信息技术手段对用户授权协议进行集中统一的存储，支持即时查询访问，避免协议丢失。

另外，在数据使用环节，要建立严格的管理机制。数据作为生产要素，只有用起来才能产生价值，否则，就只是一堆躺在数据库里的字节而已，银行还需要支付存储成本。但是，由于银行的数据价值密度较高，一旦泄露，会使得客户隐私大量暴露，侵犯客户权益。因此，银行在数据使用环节，要建立严格的管理机制，避免出现客户数据泄露。具体的措施可以包括以下几种：

（1）可以参照国家相关法规、数据标准对客户数据进行分类分级，尤其是要区分敏感数据和非敏感数据。

（2）对不同分级、类别的数据，采取不同的数据处理手段，对于敏感数据在使用前要先进行脱敏。

（3）针对不同的角色建立不同的管理机制。建模人员、数据人员必须接触数据且需要使用的数据范围较广，需要将数据存储在用数人员无法下载的安全容器中。其他人员使用数据时，尽可能采用系统化的方式支持，可以建立集中统一的不可下载的用数平台，通过建立不同用户的权限等级机制，支持用户对明细数据、敏感数据的有限权限内的查询访问。对于系统无法满足，确需由人工统计支持的，必须遵循一事一议的原则，建立数据使用审批机制。用数部门、人员要写清楚用数的理由，写清楚数据加工逻辑，由数据部门加工好后，以统计数据的方式提供。对于确需下载且涉及敏感数据的，要经过严格的审批手续后，由信息技术部门下载数据后再提供给用数部门，数据流转各环节都要留痕，确保可追踪、可回溯。

二、数据质量风险管理

银行要对数据质量引发的风险进行管理，需要区分内、外部数据，分别建立风险管理机制。对于内部数据，主要依靠数据治理来减少数据质量问题，降低因数据质量引发信贷风险的概率。数据治理是个系统性的工程，不是三言两语能说清楚的，市面上有很多数据治理相关的书籍，感兴趣的读者可以买来看看，这里就不再赘述。我们还是重点谈谈外部数据质量的管理问题，毕竟这在业界也是一个新课题。具体如下：

一是明确数据质量管理的职责。要发布外部数据质量管理办法，明确数据质量风险应急机制以及具体的职责分工，避免在实际使用过程中出现推诿、找不到责任人的情况。此外，对于外部数据源方也要进行约束，需要在数据采购协议种明确约定相应的处罚机制，对于数据出错，需要对数据源方进行追责，由其承担相应的损失。

二是建立数据穿透管理机制。银行要对所使用的外部数据进行穿透管理，对于使用数据标签的，要掌握数据加工口径、逻辑、数据源，并指派数据人员深入数据源数据环境中，按照数据源方提供的数据加工口径、数据映射，重新加工一遍数据，并与数据源方自身加工的数据结果进行比对、校验，检验数据映射、数据加工逻辑是否准确。对于基于联合建模方式获取的数据，要对入模变量采用同样的方式进行校验。对于直接使用数据源方自建模型的结果的，要掌握模型底层数据加工逻辑，按照上述方法开展校验。

三是建立集中统一的外部数据质量检核平台。通过建立外部数据管理质量检核平台对外部数据进行集中统一的质量监控，通过系统化的方式运行数据质量检核规则，实现对外部数据质量的实时检核，第一时间及时发现外部数据质量问题，以便开展及时的干预，将外部数据质量问题带来的影响控制在最小范围内。

三、数据中断风险管理

要管理好数据中断风险，要对外部数据从采集、使用到退出进行全生命周期的管理。

一是要强化采购前的合规性审核。要按照前述外部数据合规性评估机制，采取现场和非现场调查相结合的方式，深入开展数据合规性评估，由数据管理相关职能部门联合数据采集需求部门出具《外部数据合规性评估报告》，作为采购的强制性要件。要明确各审核人员的职责、权利和义务，完善奖惩机制，对于因玩忽职守、收受贿赂等掩盖外部数据合规性问题的，要从严从重处罚，对于涉及违法行为的，移交公安机关调查处置。通过制度设计与执行约束，规避操作风险。

另外，要提前在采购协议中明确数据源方在保证数据合规、可持续使用方面的义务，明确违约责任。对于数据源方违约的，应要求数据源方支付相应的赔偿款，以弥补银行因业务中断遭受的损失。

二是做好数据中断应急预案。要根据所使用的外部数据在业务中的重要性进行分级、分类管理。对于重要性高，直接导致银行业务无法正常开办的外部数据，应有相应的临时性替代方案。对于会影响审批结果但不会直接导致银行业务无法开办的情况，应在产品上线前做好压力测试，预估会对审批结果产生的影响情况，定义可接受的影响区间，超出影响区间，直接启用临时性替代方案。银行应在产品上线前准备好数据中断应急预案，作为产品上线审批的要件，没有应急预案的产品，不得审批上线。

四、数据解释性风险管理

数据解释性风险管理的核心是做好客户解释，避免引发客户投诉。因此，要做好数据解释性风险管理，需要针对不同的问题做好客户咨询及投诉处理方案，确定解释口径和解释策略。

一是要建立咨询或者投诉处理流程。一般来说，业务部门对于数据逻辑、口径并不了解，同时，由于小微数字信贷产品往往是由总行研发，分行对产品、数据逻辑也不清楚，咨询及投诉的处理只能依赖于总行数据人员，这对于习惯层层上报的银行来说，建立高效的处理流程就显得极为重要。可以通过建立咨询或者投诉处理平台来提升效率。对于直接通过线上投诉或者咨询的客户，可以直接将相关问题发给总行对应的数据人员进行处理；对于通过网点、电话客服咨询或者投诉的客户，由受理人员做好安抚工作，并在平台上登记问题发送到总行处理。数据问题定位往往需要一定的时间，容易引发客户不满，总行要根据业务量，尽量配备专门的处理岗位，提高问题处理效率。

二是要建立问题应对知识库。总行业务部门要和数据团队一起建立问题应对知识库，通过问题处理平台提供给一线网点、分行管理部门人员使用，对于知识库中已有的问题和应对话术，由一线受理人员直接按照标准话术应对。总行要将客户咨询或者投诉的问题应对结果转化为知识，及时更新到知识库中。

三是要分门别类，采取不同的应对策略。对于银行自身的数据出错，要诚恳地向客户道歉，并建立快速修复机制，给予客户修复时间承诺。对于外部数据出错，银行要和外部数据源方建立协同工作机制，尽快定位问题，在对客户解释方面，一定要清晰告知客户是在客户授权的情况下查询了相关数据，并承诺一定时间予以修复，取得客户的理解。

最麻烦的是外采的模型结果，只能给客户一个大致的解释。比如，可能你近期负债过多等模棱两可的解答，同样地，对于银行自己的模型也是一样，只能往入模变量的某些维度上靠。对于这方面，目前来看，的确没有太好的办法，只能通过提前设计好应对话术，尽量给客户一个可接受的答复。

五、数据欺诈风险管理

数据欺诈风险的管理有两个重要的方向：一个是从源头管控，一个是通过构建反欺诈模型进行风险的识别管控。

一是强化数据源头管控。就是要对数据产生的源头进行严格的管控，对于银行自有数据，要在前端业务系统中强化数据的逻辑校验，以及通过可信外部数据的比对核查。比如，客户的金融资产突然大幅度增加，可以通过与其历史数据进行交叉校验，评估其自有金融资产的真实性。再比如，客户提供车辆登记证的照片，银行可以通过 OCR 识别后，与外部可信车辆登记数据进行比对核验，核实其真实性。

对于外部数据，则是要按照前文所述，对于来源的合规性开展评估，对数据源方的数据治理进行调研，协调数据源方对银行所使用的数据，强化源头管控，加强核实校验。

二是建立数据反欺诈模型。利用各类机器学习算法，针对各种不同的数据种类，分别建立数据反欺诈模型，根据模型结果，对涉及欺诈部分的数据进行剔除或者压缩。就像前文所述，我们可以建立结算数据反欺诈模型，对企业的伪造数据进行识别，通过剔除或者压缩的方式，降低伪造数据带来的信贷风险。

六、数据理解风险管理

数据理解风险的管理重点是要让数据可理解、易理解。可以从以下几个方面展开：

一是要强化数据治理。数字时代，数据作为关键生产要素，数据治理愈发重要。通过建立完善的数据治理体系，可以有助于用数人员了解数据的血缘关系，看清数据的来龙去脉，知其然，也知其所以然。基于完善且更新及时的数据字典，用数人员可以较为清晰地了解数据的业务含义、加工逻辑和口径，减少出错的可能性，提高用数效率。可以说，数据治理的好坏就像一片碎石地和一片水泥地的差异，事关一家银行在数字时代的竞争力。对于小微信贷大数据智能风控体系来说，数据治理效果的好坏，更是会直接产生影响。具体怎么做数据治理，还是一样建议大家去看一些专门介绍数据治理的书。

二是建立专业化的数据团队。银行尤其是大型银行的数据来源广、数据量大、数据字段多，一个人要搞清楚全行所有的数据绝非易事，即便花了很多的时间和精力，也很难真正精通。因此，最好的办法就是建立一支分领域的专业化数据团队，专门负责为建模人员提供数据加工支持工作。按照银行的业务领域或者业务条线分工，分别配置专门的数据人员，每个人都要成为自己所负责的业务领域的数据专家，甚至可以成为一部活的数据字典。

要培养这样的团队，一方面，要加大培训力度，通过建立定期培训的机制，持续提升团队人员对数据的理解；另一方面，要加大业务交流，数据是业务的沉淀，要搞清楚数据中蕴含的业务，首先就需要了解业务、理解业务，因此，可以通过定期交流或者到业务部门轮岗的方式，让数据人员了解自己负责的领域的业务情况。

三是建立紧密的协同机制。数据团队要和业务人员、IT 人员、建模人员建立紧密的协同机制，有些数据口径业务人员能搞定，有些则需要找到负责开发对应系统的 IT 人员才能搞清楚某个字段的含义和加工逻辑。建模人员则是要解释清楚目标，让数据团队带着清晰的目标去工作，避免走弯路。

由于数据风险是一个全新的课题，本章关于数据风险的描述及数据风险管理的思考，仅仅是抛砖引玉，希望可以引发业界更深入的讨论。

参考文献

陈建，2005. 信用评分模型技术与应用［M］. 北京：中国财政经济出版社.

古德费洛，本吉奥，库维尔，2017. 深度学习［M］. 赵申剑，黎彧君，符天凡，等译. 北京：人民邮电出版社.

雷法特，2013. 信用风险评分卡研究：基于SAS的开发与实施［M］. 王松奇，林志乾，译. 北京：社会科学文献出版社.

刘忠雨，李彦霖，周洋，2020. 深入浅出图神经网络：GNN原理解析［M］. 北京：机械工业出版社.

梅子行，2020. 智能风控：原理、算法与工程实践［M］. 北京：机械工业出版社.

腾讯安全. 联邦学习应用服务白皮书［R/OL］.（2020-04-17）［2020-6-30］. https://blog.csdn.net/qcloud_security/article/details/105598005.

周志华，2016. 机器学习［M］. 北京：清华大学出版社.

后记

经过近半年的努力，书稿终于完成。这本书更多的是我们对自身多年从业经验的总结，以及基于对未来的判断形成的一些思考。眼下，我们正在大踏步迈入数字时代，人类的生产、生活行为无时无刻不在变化之中，本书的经验总结和思考必然无法长期适应这种变化，想要以不变应万变来应对小微信贷风控面临的新形势和新挑战，显然是行不通的。

从方法论的角度来说，一方面，我们要始终坚守普惠金融的初心，坚持以小微企业为中心，深入了解小微企业的需求、痛点、行为，真正理解小微企业；另一方面，我们应始终紧抓新兴技术的发展趋势，不断探索新兴技术在小微信贷风控中的应用，持续做好小微信贷风控，持续做好小微信贷业务。

第一，始终坚持以小微企业为中心。小微企业可以说是中国经济最底层的经营主体，是具有强大生命力和活力的“草根”，是中国经济持续焕发勃勃生机的主力军。而长期来说，银行往往让人感觉很“高大上”，以服务高端客户、大中型企业为主，有些不接地气。直到今天，仍然有很多银行人甚至是从事小微业务的银行人对小微企业的生存状态、经营行为并没有真正了解，其对小微企业的感知主要来源于书本、媒体等。“纸上得来终觉浅，绝知此事要躬行”，笔者始终认为风控和产品、营销是一样的，你要做好它，就必须要深刻地理解你的目标客户，必须始终保持新鲜度。我们要做好风控，一定要下沉，要和小微企业做朋友，去了解它，理解它，了解它所处的行业，自身的梦想、目标、路径以及当前面临的困难和挑战。只有这样，我们才能在这瞬息万变的时代中，及时洞察小微企业的行为变化、处境变化，才能更好地创新我们的风控模式，持续做好小微信贷业务风控，持续为小微企业赋能。

第二，始终紧抓新兴技术的发展趋势，不断探索新兴技术在小微信贷风控中的应用。科学技术是第一生产力，我们很幸运地处于科技大爆炸的时代，小微信贷业务能够实现从传统的线下到线上的全流程即时办理，就是科技赋能的体现。然而，事物都有两面性，银行能利用科技实现业务风控创新，那些专门盯着信贷资金的诈骗团伙也同样可以利用科技的力量撕开银行的风控防线，欺诈已经成为数字贷款的最大挑战。魔高一尺，道就要高一丈，我们只有在新技术的应用上始终走在诈骗团伙前面，才能更好地堵住欺诈的口子。当前，随着 5G 时代到来，物联网必将迎来蓬勃发展，这也为小微信贷业务风控带来了新的机遇，我们可以探索利用 IOT 技术增加风控的手段，比如，利用 IOT 设备的厂区监管、押品管理等，这里面有很多值得我们去研究的新课题、新方向。

未来已来，不管你愿不愿意，新模式、新业态必将大量崛起，新技术、新应用、新风控必将成为时代的选择。做一个有情怀的小微金融人、数据人，沉下心，融入社会，做小微企业的朋友，时刻感知变化的气息，向前看，拥抱新技术，探索新应用，不断开创小微信贷大数据智能风控新模式，赋能新商业模式、新商业形态，为中华民族的伟大复兴贡献一份小微金融人、银行数据人的力量，这是时代给予我们的新机遇，更是时代赋予我们的新使命。

最后，对在本书定题、撰写过程中悉心工作的西南财经大学出版社的编辑，以及在本书付梓过程中给予关心和指导的各位老领导、老师、师兄、同学及业界同人表示衷心的感谢！向曾经在普惠小微事业中并肩作战的建设银行普惠及数据条线的前领导和同事致以由衷的敬意！很庆幸能和一群有情怀、敢担当的同事携手度过那段令人难忘的激情燃烧的岁月，一起追寻普惠金融的创新梦想！

黄丁聪　宋梦超

2021 年 10 月